CHILDBEARING
AMBIVALENCE
AND
FERTILITY CHOICE

SOCIAL WORK PRACTICES IN
DIVERSE FAMILY CONTEXTS

生育矛盾与选择

多元化家庭情境中的
社会工作实务研究

姚红 著

社会科学文献出版社
SOCIAL SCIENCES ACADEMIC PRESS (CHINA)

序言 1

非常高兴看到姚红博士（我通常称她为 Sylvia）的新书《生育矛盾与选择：多元化家庭情境中的社会工作实务研究》由社会科学文献出版社出版。2018 年首次见到 Sylvia 时，她还是一个年轻的学者。如今，她已经是一位母亲、一位科研工作者和一位受学生爱戴的青年教师。作为她的导师，我对她的成就感到十分欣喜。回顾 Sylvia 在港读书的岁月，她在港大行为健康中心的科研项目中展现出极大热情和奉献精神，积极参与了有关肺癌、湿疹、不孕症等多个研究项目的项目申请、数据收集和论文撰写工作。与 Sylvia 相处时，我发现她具备出色的理论想象力，总能在具体的工作中找到自己的兴趣点。在亲身参与多个项目后，Sylvia 向我提出了继续研究生育和家庭议题的愿望，并最终选择了不孕不育群体作为博士论文课题的研究对象。当她在北京完成数据收集后，我们再次坐在一起，讨论她的博士论文。她热情洋溢地向我描述了实地调查中的各种情节，并提出了运用"Ambivalence"（矛盾情感）来解释因非意愿不生育而引发的家庭内部情感挣扎的想法。以往，我们常关注如何提升患者的积极情感，或者如何减少消极情感。然而，Sylvia 提出"Ambivalence"这一概念后，我们尝试将其应用于港大 IBMS 团队为临床人群提供的身心服务，取得了显著的效果，这也反映了华人情感体验的独特性。

Sylvia 的新书出版在即，这本书在形式上别具一格，文字阐述简明扼要，融入了 Sylvia 丰富的个人临床经验，涵盖了生育情境下的多个重要议题。对于专业助人者来说，这本书既提供了理论支持，也可以成为实用工具，帮助他们更好地理解和应对复杂的生育问题。我对 Sylvia 的工作感到非常自豪，期待她的研究能在社会科学领域产生更深远的影响。

香港大学社会工作及社会行政学系荣休教授

陈丽云

序言 2

　　我的学术出版生涯与中国社会学学科的恢复重建发展紧密相连。1985 年起，我在主持编辑出版《中国大百科全书·社会学》的前后 8 年时间完成了自己的社会学知识体系的建构，随后数十年，一直以学术出版人的身份为中国社会学的重建发展效力，1992 年秋开始主持中国社会科学院所属社会科学文献出版社直至 2020 年 11 月卸任，社科文献出版社始终是中国社会学最主要的学术出版重地。尽管业界对我在学术出版领域的贡献给予了高度认可，但就我个人而言，最值得自豪的是建立师生共同体，培养了一批优秀的研究生。

　　自 2009 年起，我在中国社科院开始带研究生。尽管身为学术出版社的社长，日常工作紧凑繁忙，但培养学生始终是我最开心的事情。2020 年，我卸任了社科文献出版社社长职务，将精力专注于社会学学术研究和学生培养上。同时，我受邀担任云南大学特聘教授，主持了大学"双一流"学科项目"中国乡村大调查 CRSS（云南）"。在这个项目中，我统筹多家大学和科研机构，动员在大学任教的青年教师和仍在深造的学生，进行学术讨论和实地调研，共同探索乡村振兴的云南经验。在此期间，姚红博士因缘际会下，加入了调查团队，成为我师生共同体中的一员。在我的鼓励下，她积极探索社会学的问题意识，不断拓宽个人的学术兴趣。于是，为她的个人专题研究著作出版作序，便成了我的应有之义。

　　在这个信息爆炸、数字化、智能化飞速推进的时代，我深信出版的核心价值在于价值发现。作为出版人，我们的职责不仅在于筛选和编辑高质量的内容，更应关注和回应社会问题。在生成式人工智能日益变革人类生活的当下，图书出版更需具备前瞻性眼光，挖掘那些对社会有益、具有价值的内容。

本书是自姚红的博士课题延伸而来的选题，聚焦于生育矛盾问题。当前，生育问题逐渐成为社会热点话题。学者如何参与其中，以助力生育问题的妥善解决，是一个值得深入探讨的课题。姚红博士敏锐地观察到生育文化和生殖医学对大众生育意愿带来的改变，并试图提出关于生育矛盾的分析框架。事实上，经济学、人口学、心理学和生物医学在研究生育意愿上各有所长，但在理解关乎生育意愿的矛盾心态上却缺乏想象力，而社会学恰恰能填补这一缺口。在分析了全球生育政策之后，她利用非虚构写作的形式，生动地向读者展示了多个家庭情境。在这些情境中，生与不生、生几个、什么时候生等生育矛盾的形式被表达出来，进而揭示出生育矛盾作为一种更普遍、更隐蔽的情感体验是如何塑造家庭过程的。书中提出，生育不仅仅是一个瞬间的事件，而是一个涉及意愿、行为、资源和结果的实践过程。从生理角度看，妻子在孕育生命方面起着关键作用；从社会角度看，夫妻均是生育过程的主要参与者。当生育的愿望、行为和资源之间存在紧张关系时，就会产生生育焦虑。更重要的是，生育矛盾是医疗情境、婚姻家庭和社会环境之间相互作用的结果，涵盖了个体的心理反应和社会情感。

此外，姚红博士还从社会学、社会工作学科的角度出发，深入剖析了生育问题的根源、发展及其对不同社会群体的影响。我相信，这项研究将为政策制定提供有力的科学支撑，同时帮助公众更全面地理解生育问题的复杂性和重要性。生育问题绝非个人和家庭的私事，它关系到整个社会的福祉与未来。尤为可贵的是，姚红博士将这本书定位为一本实用的工具书，旨在惠及研究者、社会工作者以及生育服务相关人士。这样的创作理念使得本书不仅具有理论价值，更具有实际指导意义，为解决生育问题提供了有益的参考。

是为序。

谢寿光

中国出版协会副理事长

中国社会学会学术委员会副主任

云南大学特聘教授

2024 年 7 月

目 录
CONTENTS

前 言 ………………………………………………………… 1

第一章　绪论 ……………………………………………… 1
　第一节　生育文化的变革 ………………………………… 2
　第二节　新技术与生殖革命 ……………………………… 4
　第三节　现代性与生育矛盾 ……………………………… 7

第二章　家庭研究中的生育相关理论 …………………… 12
　第一节　生育决策理论 …………………………………… 12
　第二节　生育心理学理论 ………………………………… 18
　第三节　文化决定论 ……………………………………… 36
　第四节　性别决定论 ……………………………………… 46
　第五节　生育技术伦理学 ………………………………… 57

第三章　各国生育政策的变迁 …………………………… 72
　第一节　欧洲地区生育政策变迁 ………………………… 73
　第二节　美洲地区生育政策变迁 ………………………… 83

第三节　亚洲地区生育政策变迁 …………………… 88
第四节　我国生育政策变迁 ………………………… 96

第四章　多元化的家庭生育情境 …………………… 101
第一节　孕产实践中密集母职 ……………………… 101
第二节　做"丁克" ………………………………… 118
第三节　妇科癌症幸存者的婚育挑战 ……………… 128
第四节　不孕不育与辅助生殖治疗 ………………… 142

第五章　基于多元生育情境的家庭社会工作实务 … 160
第一节　全生命周期的生育关怀 …………………… 160
第二节　家庭生育需求评估工具 …………………… 168
第三节　基于多元化的家庭情境的社会工作介入 … 171

附　录 …………………………………………………… 199

参考文献 ………………………………………………… 201

后　记 …………………………………………………… 243

前　言

　　生育是一个充满情感和社会意义的复杂过程，与家庭、性别、文化和社会结构等多个社会过程互构。在这个过程中，人们经历着复杂的情感和心理体验。有时候，我们既渴望成为父母，又担心生育可能带来的责任和挑战。不同的家庭情境也影响着人们的生育决策，例如丁克家庭、不育家庭、单亲家庭、同性家庭和跨文化家庭等，这些多元家庭情境更进一步增加了生育问题的复杂性。生育矛盾，作为对生孩子的渴望相互冲突的状态，将微观的个体选择与动态的社会情境紧密相连。随着社会结构和家庭结构的演变，人们对生育的期望和体验变得越来越多样和复杂。生育不仅仅是个体的理性化家庭选择，还受到个体所掌握的生活机会的限制，并在很大程度上体现了一个社会中对个人选择的包容程度。如今，生育率和子女数量不仅与个人对自己所处的微观和宏观环境的理解有关，还与家庭收入、父母分配给子女的时间、子女养育质量和其他家庭变量等客观因素有关。

　　本书从社会科学的角度出发，通过综述国内外文献，回顾了不同国家的生育政策演变，力图澄清中国家庭目前所处的生育制度环境。在此基础上，我采用非虚构写作的方式，介绍了产妇、丁克夫妇、妇癌幸存者和不孕不育夫妇所处的四种家庭情境的实证材料。通过这些实际经验，我试图展现多元家庭情境中的生育需求，以便更好地理解和关注这些家庭的挑战和需求。本书中，我试图在多元家庭情境中讨论不同生育选择的合法性，针对生育矛盾这一普遍而又个人化的现象，激发学界和大众更多的思考和对话。无论处在何种家庭境遇中，每个人都应该有权自主选择是否要生育以及何时生育，无论他们的选择是什么，都应该能够得到全面的支持和关怀。本书所涉及的所有经验研究的最终目标是建设一个生育友好型的社会，为每个人在自己的生育决策中找到支持和关怀创造条件。我相信，通过分享生育的故事和经验，个体可以从生命历程视角出发，超越时空所限，做出符合自身需求的生育决策。同时，讨论生育矛盾本身可以更好地理解和尊重每个人的生育选择，让社会更加温暖和包容。

此外，本书还探讨了倡导生殖正义的重要性。从社会工作的学科角度，生殖正义与社会工作的使命和价值紧密契合。然而，长期以来，促进生殖正义，包括生育权、不生育的权利、安全和有尊严地养育子女的权利、性自主权和身体自主权，并没有成为社会工作领域的标志性实践。通过强调社会工作在生育服务中的积极角色，本书建议将生殖正义置于社会工作研究、实践和教育工作的核心位置，提出社会工作参与生育服务的可行路径，包括生育保存、生育咨询、心理社会支持、哀伤辅导、亲职教育，以及倡导生育选择等多种干预策略。通过这些策略，我们可以促进全社会对不同家庭情境下的生育权利有更深刻的理解，使社会工作者能更好地协助家庭应对生育矛盾，从而实现更健康、更幸福的生育选择和家庭生活。通过实现全社会的生殖正义，社会工作不仅能够助力释放社会中的生育潜力，还有助于重新定义社会工作在追求健康公平方面的角色和使命。

在此，我衷心地向所有支持本研究的同仁表达感激之情。对于那些参与访谈、慷慨分享故事的家庭，以及在研究过程中给予帮助和鼓励的同事与友人，我怀有无尽的谢意。特别要感谢责编老师在本书定稿阶段的辛勤编辑工作，为文稿增色不少。在我的学术探索之路上，我深深感激陈丽云教授、陈可欣教授和陈劲松教授的悉心指导与无私支持。同时，我还要向谢寿光教授表达最诚挚的感谢，他的鼓励与扶持对我而言意义非凡，指引我不断前进，实现自我超越。对于我的父母和公婆，是你们的参与和奉献，让我能够在养育孩子和追求职业之间找到平衡。我的先生和儿子，你们是我的至亲，也是我的田野。正是因为有了你们的陪伴和支持，我才能深入探讨生育中的矛盾与挑战。

我真诚地期望，这本书能够成为社会工作者、学者和决策者手头的有益资源，为他们理解与探索关于生育矛盾的问题提供一定的视角，并为未来社会工作在生育服务领域的实践提供理论与实际支撑。在此，我邀请各位同仁携手并进，继续深入探讨生育矛盾问题，以期早日构筑一个更加生育包容型和家庭友好型社会。在这样的社会中，每个人都能在自己的生育选择中追寻幸福与满足。这份美好愿景不仅是我个人的期望，也是我们共同的社会理想。再次感谢大家的支持，期待我们未来共同努力，将这一愿景变为现实！

姚红于北京海淀
2024.7.18

第一章 绪论

作为人类社会中最古老、最普遍的组织形式，家庭是一个具有丰富内涵的概念。在中文语境下，家庭不仅承载着特殊的文化象征，甚至与民族、国家等集体概念密切相连。然而，如今中国的家庭正在经历显著的变革。家庭规模缩小、女性参与职场、教育全球化、银色浪潮的到来等因素都为中国人的家庭生活增添了变数，并促使与新型亲密关系和婚育相关的新叙述不断涌现，更强调在家庭生活中爱与陪伴的重要性。其中，一些新兴概念如丁族词[①]、共同养育、丧偶式育儿和"海淀妈妈"等开始引起广泛关注。此外，生殖医学技术创新与数字化的飞速发展不仅为建立家庭关系提供了新的可能性，还从根本上改变了亲子关系、亲属关系和家庭观念。辅助生殖技术似乎允许人们以多种多样的方式构建家庭。在不断变化的世界背景下，家庭似乎同时具备传承和革新的双重功能。然而，对于中国人而言，普婚普育依旧是大势所趋。虽然中国家庭内核的演变含蓄且持久，但人们对家庭关系和亲属关系的组织形式的理解必将进一步多元化或被重新定义。作为家庭变迁讨论的一部分，本书旨在理解处于连续性的复杂动态中的中国家庭关于生育

[①] "丁族词"是一种流行于网络的用语，指由"丁克"这个概念所衍生出的众多相关词汇。"丁克"对应的英文 DINK 即 Double Income, No Kids 的缩写，是这一系列词汇的鼻祖。所谓的丁族词包括诸如丁狗、丁宠、丁琪、丁啃、白丁、铁丁、被丁克、假丁克等，这些都是围绕着"丁克"概念演变而来的。

或不生育的生活经验和情感过程。

第一节 生育文化的变革

半个世纪前，生育在全球范围内被视为一种自然而然的过程，几乎每个家庭平均拥有六个孩子（弗里德曼等，2016）。但在迈向现代化的过程中，受到个体、文化、社会因素甚至国际政策的影响，这一趋势发生了改变，甚至迅速逆转，以至于今天，许多国家的生育率在未来几十年内都将是社会挑战。实际上，人们对生育的欲望在历史上曾经是创世的重要目标之一，但后来逐渐转化为社会期望的一部分，并成为解释和评估社会个体地位的关键因素。勒内·弗里德曼曾组建过一个跨专业的写作团队对生育史进行梳理，发现神话、宗教、文学、艺术和传统文化等领域都涉及了生育和生育符号的概念。这些关乎生育的文化符号对不同社会塑造其价值体系和文化规范都至关重要，证明了生育作为人类永恒的渴求在回应存在和不朽问题上的重要性。

生育观念是一个多维度、多层次的概念，与文化、社会、经济、政治等多个因素紧密相连。在狩猎和捕鱼为生的时期，家庭通常是同质化的扩展型家庭，家庭成员都住在同一屋檐下，共同消耗收集的食物资源和猎物，并明确定义了两性关系和亲属关系。在农业社会中，经济活动导致了生产力的提高和更大的扩展型家庭的出现。在这个时期，随着家庭成员数量的增加，农田开垦更多，收获也更丰富。个体家庭逐渐形成，男性负担经济方面的责任，女性则负责生育。在工业时期，人类作为主要劳动力的作用变得不再重要。家庭规模逐渐收缩，子女数量也不再作为衡量社会声望的标准。在现代和后现代时期，家庭规模变得更小，生育的家庭功能也发生了变化，人们更关注夫妻关系的亲密程度和子女的品质培养。男女在经济领域的地位越来越平等，女性获得了更多的受教育和工作机会。科技的进步为男女在经济和社会领域的竞争提供了平等的机会，降低了男性在经济上的核心地位，而女性也在社会各个领域发挥着作用，不再只被看作生育的工具。

随着从以农业为基础的自然经济转向以现代服务为基础的工业经济，个体的生殖力和关于繁衍的社会期望也发生了变化。在以农业为基础的社会中，家庭与农业生产组织之间存在关系，家庭成员都参与到生产过程中；每个成员都负责团队工作的一部分。在这样的社会中，家庭生活费用的资金筹集任务由家庭负责，农村家庭的主要责任似乎就是生育子女。因此，对于农村家庭来说，拥有子女多被视为获得高社会声望的一种形式。与农村家庭相比，子女数量不足和不育问题对城市家庭的破坏性较小，主要是因为在城市生活中，邻里关系较少，工作场所与居住地分开，家庭更在意隐私而且自主性更强。久而久之，消费、享受、自由、媒体和虚拟环境变成了城市家庭的重要特质，而现代家庭也获得了现代世界的常见特征，即城市化。

尽管生育的社会价值观发生了许多变化，但生育仍然是夫妻生活和家庭发展中的重要议题，特别是对女性的心理和社会地位具有深远影响。在传统社会中，生育子女被认为是上天的祝福，而不生育通常被视为不孝或不负责任。然而，随着时间的推移，我们对生育的社会价值观已经发生了改变，不再将其仅仅看作生产劳动力的实践，而是根据每个时期的文化、经济和政治条件来理解它。在过去，婚姻是双方家庭资源的交换和配置，即"门当户对"的过程，并且更加强调生育的数量。生育决策通常被视为属于"大家庭"而不是"小家庭"的事情，因此，"不孝有三，无后为大"，不育的女性可能会感受到家庭和社会的压力，甚至可能会被休掉（闫萍，2016）。如今，生育被高度"性别化"，"不能成为母亲"似乎依然被视为女性的失败和母职的缺失，女性或夫妇不得不竭尽所能地解决这个问题。因为不生育，这些女性可能会受到家庭暴力、社会边缘化，以及丈夫提出离婚或再婚的威胁。一项荟萃分析显示，不孕女性在过去 12 个月内遭受亲密伴侣暴力的发生率高达 36%，其中心理暴力占 24.6%，躯体暴力占 11.9%，性暴力占 8.7%，经济胁迫占 2.6%（Wang et. al.，2022）。此外，非自愿不生育所带来的巨大心理压力在当前中国的大众传媒中随处可见。许多自媒体账号都记录了不孕女性或夫妇在辅助生殖治疗中的经历和情感体验。

总之，生育观念的演变反映了社会的现实和变迁。从传统的农耕社会到现代化的城市社会，每个时期都塑造了人们对生育的认知和态度。随着社会不断发展变化，中国人的生育观念也将继续演变，多样性和包容性必将成为未来的主题。

第二节　新技术与生殖革命

从社会科学的角度来看，新技术与生殖革命之间存在着复杂的社会影响和伦理挑战。人类辅助生殖技术（Assisted Reproductive Technology，ART）的快速发展是现代生殖医疗革命的直接结果。ART 指的是采用医疗辅助手段来协助人们完成生殖过程中的某一个或多个环节的技术。在中国，ART 包括对配子、合子和胚胎进行人工操作以达到受孕目的的医学技术。根据技术的成熟程度，它们可以分为体内受精、体外受精及其衍生技术，以及无性克隆。然而，由于我国法律禁止代孕和无性克隆，国家卫生健康委员会将 ART 分为两大类，包括人工授精（Artificial Insemination，AI）和体外受精－胚胎移植（In Vitro Fertilization and Embryo Transfer，IVF-ET）及其衍生技术，后者包括体外受精－胚胎移植、卵胞浆内单精子显微注射、胚胎冻融、植入前胚胎遗传学诊断等。对于一些先天性无卵巢者、无精症患者、因癌症或事故等切除生殖器官的不孕不育患者，借助于 ART 是他们实现生儿育女心愿的唯一出路。

1978 年，世界首例试管婴儿路易斯·布朗在英国诞生。之后数十年间，ART 被广泛应用至全球，由其引发的伦理争议和社会挑战也日益凸显。首先，ART 改变了传统的家庭和亲子观念。过去，生育通常依赖自然过程，但 ART 的出现使得不孕不育夫妻可以实现生育梦想。这引发了对于亲子关系的重新思考。例如，在代孕情境下，亲子关系的法律和伦理定义变得复杂，因为涉及基因母亲、代孕母亲和意向母亲的角色问题。这挑战了传统的核心家庭结构观念，人们对于什么构成一个家庭以及家庭成员之间的关系需重新思考。其次，新技术也引发了性别平等和道德伦理方面的讨论。在性别平等方面，ART 提供了更多的选择，但也可能导致性别选择的滥用，从而引发性别歧视和不平等的问题。我国《人类辅助生殖技术管理办法》明确规定，实施人类辅助生殖技术的医疗机构不得进行性别选择（法律法规另有规定的除外）。很多国家允许以规避性别遗传性疾病为目的，对胚胎或配子进行遗传检查，例如英国、德国、丹麦、澳大利亚等。基本上，各国在法律规范层面禁止以个人偏好为目的的性别选择，但这类现象在实践中难以杜绝。此外，基因编辑等技术的发展，使得伦理问题更为突出，因为它们涉及对胚胎和基因的干预，引发了社会对于人类干预自然过程的疑虑。

新技术还涉及医疗和经济不平等问题。虽然一些国家为不孕不育夫妇提供 ART 的经济支持，但在其他地方，高昂的治疗费用可能仍然限制了许多人的生育选择。这可能加剧社会中富人和贫穷群体之间的不平等，因为只有经济条件较好的人才能负担得起这些费用。此外，国际上的不同立法和伦理标准也对 ART 的应用产生了巨大的影响。基本上，欧洲大部分国家都为公民的人工辅助生殖治疗提供资金支持（白俄罗斯、爱尔兰和瑞士除外）。其中，丹麦、法国、匈牙利、俄国、斯洛文尼亚和西班牙全额负担不孕不育治疗费用。美国大多数覆盖不孕不育治疗的保险为私人商业保险。截至2023年，美国已有19个州出台了不孕不育保险法，这些法律要求雇主为员工提供涵盖不孕不育治疗的保险。不同州的相应政策在全面性、报销范围和资格要求上存在很大差异。日本严格限制人工辅助生殖治疗补贴系统的资助对象，对于年龄在40岁到42岁的女性，最多资助三次。不同国家对于性别选择、胚胎捐赠、代孕等问题持不同态度，催生了跨国界的医疗旅游的繁荣，有需求的夫妇寻求在法律和伦理上更宽松的地方进行ART治疗。

代孕也是一个引发广泛争议的话题。在一些国家，商业代孕被视为合法行为，例如乌克兰、俄罗斯和美国部分州等。在我国，《人类辅助生殖技术管理办法》规定，医疗机构和医务人员不得实施任何形式的代孕技术。代孕所生的孩子的亲子关系也是一个复杂的法律和伦理问题，因为涉及基因母亲、代孕母亲和意向母亲的角色定义。各国在代孕相关法律方面存在差异，包括是否允许代孕、如何定义法定父母等。在美国，多个承认代孕合法性的州以意向母亲为法定母亲（例如，科罗拉多州、伊利诺伊州等），否定代孕协议合法性的州则将代孕母亲视为孩子的法定母亲（例如，密苏里州、宾夕法尼亚州等）。在日本和欧盟国家，代孕母亲作为代孕所生子女的法定母亲的身份得到普遍认可。分娩后，代孕母亲可以通过收养程序完成亲权转移。另外，生活在禁止代孕国家的夫妻很有可能去其他允许代孕的国家或地区寻找代孕母亲，这样由代孕而出生的孩子的法定身份就变得更为复杂了。

新技术所引发的生殖革命彰显了人类在自然面前的能动性。然而，这场生殖革命所伴随的生育矛盾、性别不平等、医疗资源分配，以及社会经济不平等问题也反映了个人在社会互动中的脆弱性。这本书中提及的众多与生殖革命相关的议题不仅仅是自然科学、社会科学和医学领域的挑战，同时也构成了家庭社会工作介入多元生育情境的核心内容。在新技术不断发展的背景下，本书深入探讨生育矛盾及其所引致的生育焦虑，旨在为家庭社会工作在多元生育情境中的介入提供必要的指导，以更好地应对社会所面临的挑战。

第三节 现代性与生育矛盾

生育矛盾（Childbearing ambivalence）通常被定义为关于生孩子的矛盾愿望。这一概念已经在性健康和生殖健康学者中获得了广泛的关注，成为解释生殖欲望和生育行为不一致的有用工具（Higgins, Popkin and Santelli, 2012; Yoo, Guzzo and Hayford, 2014）。这些研究主要集中在探讨生育矛盾所引起的焦虑情绪的影响，即本书中的生育焦虑。研究表明，对生育的矛盾心理与避孕药具的使用减少和不一致有关（Campo, Askelson, Spies and Losch, 2012; Huber, Esber, Garver, Banda and Norris, 2017; Yoo et al., 2014），并可能导致孩子出生体重值较低（Mohllajee, Curtis, Morrow and Marchbanks, 2007），以及更高的流产率（Santelli, Lindberg, Orr, Finer and Speizer, 2009）。为了更深入地理解谁可能表现出生育焦虑，许多研究暗含将生育矛盾视为一种静态状态的基调，与个体的社会人口统计学特征或社会心理特征相关联，或者与生命周期的特定阶段相关（Higgins et al., 2012; Miller, Jones and Pasta, 2016; Withers, Tavrow and Adinata, 2011; Yoo et al., 2014）。

在本书中，笔者试图超越将生育矛盾视为静态概念的传统观念，而是从社会学的视角来更好地理解生育矛盾引发的社会心理影响，即生育焦虑。首先，我们要将生育焦虑视为一个动态的互动过程，将它视作男性和女性随着生活和关系变化而频繁经历的一个情感体验过程。然后，我们要探讨如果生育焦虑是动态的，是什么因素预测了矛盾情感的波动，并更深入地掌握这些动态情感如何帮助我们理解生育矛盾的含义。实用主义理论认为，基于生育矛盾的心理状态常常是可变的，依赖家庭环境，并受到不同社会中生育文化的影响和制约（Joas and Beckert, 2002）。根据这种观点，生育矛盾即为动态的和情境性的，需要通过纵向方法来更好地理解。

回顾生育社会学的发展历史，我们会发现它是一部文化、技术和情感的协奏曲。20世纪80年代后，辅助生殖技术在全球范围内得到广泛应用，体外受精、捐精冻卵、基因筛查等生殖医学新技术不断冲击着生育的具身性体验（Inhorn and Birenbaum-Carmeli, 2008）。医学人类学家最早注意到生殖技术对个体情感、医学伦理、亲属关系和社会文化的挑战（Almeling, 2015；Franklin, 2022），主要以女性为研究对象，涵盖受孕过程的人为管控、生殖细胞捐赠的异化、跨境生育旅游和生殖医学中的消费主义等议题（Almeling, 2007；Takhar and Rika, 2019；Thompson, 2005）。90年代后，生育社会学对父权社会中的女性"非意愿不生育"展开文化解读，近年来则多采用夫妻互动视角研究生育的社会意义，将议题延伸至男性不育、女性生育权利、辅助生殖医疗不平等、非传统家庭建立等（Mamo, 2007；Miller, 2011）。另外，亲职实践研究将生育焦虑带入"生育—抚养—教育"的连续谱，涉及父职参与、密集型育儿和代际合作育儿等话题（Hays, 1996；Hochschild and Machung, 2012）。目前，生育矛盾、生育焦虑研究不再限于在生殖治疗情境中，更看重生育过程与婚姻家庭、社会环境之间的紧密联系。

国内生育矛盾、生育焦虑的相关研究大致可以分为两类：第一类研究更为主流，从经济、社会、家庭、制度和文化规范角度分析生育意愿/行为的影响因素，包括高昂育儿成本（王志章、刘天元，2017；郑真真、李玉柱、廖少宏，2009），住房负担（靳天宇、刘东浩，2019），人口流动（宋健、陈芳，2010），婚育年龄推迟（郭志刚、田思钰，2017），家庭支持弱化（钟晓慧、郭巍青，2017），母职惩罚（许琪，2021），托幼资源不足（洪秀敏、朱文婷，2020）和教育资源配置不均（杨晓锋，2019）等。这类研究从结构角度解释了"不生少生"，却忽略了造成生育焦虑的关键因素本身的复杂性（郑真真，2021）。第二类研究则更加微观，注意到了生育决策过程伴随着复杂且矛盾的情绪体验（赖立里，2017；余成普、李宛霖、邓明芬，2019；邢朝国，2020）。随着我国生育政策调整和婚育观念转变，个体的生育决策中"愿"、"敢"和"能"相互纠缠，这对生育焦虑的理论构建和测量方法均提出了新挑战。在社会生活中，个体对生育的矛盾情感汇聚，最终形成社会成员共有的"内生性低生育"的社会情绪（穆光宗、林进龙，2021）。

　　生育不仅仅是一个分娩的行为，还是一个涉及意愿、行为、资源和结果的实践过程。从生理角度看，女性在孕育生命方面起着关键作用。从社会角度看，夫妻均是生育过程的主要参与者。当生育的愿望、行为和资源之间存在矛盾、紧张关系时，就会产生生育焦虑。更重要的是，生育焦虑是医疗情境、婚姻家庭和社会环境之间相互作用的结果，涵盖了个体的心理反应和社会情感。因此，我们可以将婚姻和育儿视为重要标识，将育龄期分为已婚未育、已育夫妇（一胎、多胎）和不孕不育三个阶段，以探讨生育矛盾之下引发的生育焦虑的核心内容。如图1-1所示，育龄夫妇的生育焦虑可以分为三类：生育观念焦虑、生养成本焦虑和生殖能力焦虑。在特定的育龄阶段，这三种焦虑相互交织，并以不同的方式影响夫妻。家庭生命周期中，夫妻对于"要不要生"、"生多少"和"能不能生"的矛盾情感在不同阶段的发展过程中，特别关注夫妻之间矛盾情感的互动。

　　如图1-1所示，笔者在本书强调生育焦虑应该具有双重属性，既是个体情感又是社会情绪。个体矛盾情感和社会消极情绪相互影响，不断涌动并最终汇聚成了一种社会情境。作为个体情感，生育焦虑主要体现在育龄夫妇因生育问题而产生的矛盾情感上。作为社会情绪，生育焦虑体现在不同队列的育龄人群中，因文化、制度和结构等因素，围绕生育问题而产生的消极情绪上。个体矛盾情感在围绕生育问题的社会情绪的作用下汇聚形成社会消极情绪，这些社会情绪进一步影响个体矛盾情感。

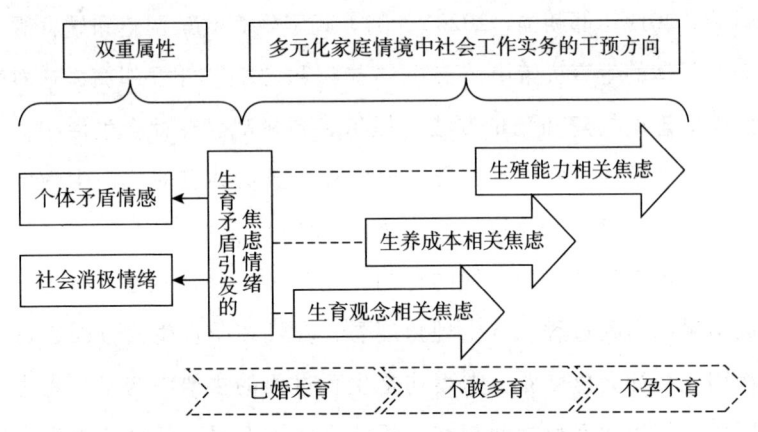

图 1-1 生育矛盾引发的焦虑情绪的分析框架示意

本书结构

在本书中，笔者将用社会学范式探讨生育矛盾，并在多元化家庭情境中重新审视生育矛盾引发的生育焦虑的形成机制（Lendon，2017），从而具象化不同家庭情境下的生育焦虑体验，并试图提供家庭社会工作的介入路径。全书共五章。第一章是绪论，阐述了生育、文化和技术如何相互交织，并提出本书中涉及的生育矛盾的分析框架。第二章对家庭研究中的生育理论进行综述，详细介绍了生育决策理论、生育心理学理论、文化决定论、性别决定论和生育技术伦理学。第三章对各国生育政策变迁进行分析，从各国生育友好政策出发，进一步理解我国在建设生育友好型社会所面临的挑战。第四章重点介绍生育和中国多元化的家庭情境的交互,包括产检过程中的具身体验、丁克夫妻的社会污名、妇科癌症幸存者的婚育挑战和不孕不育夫妇的二元应对等。这些经验材料源于笔者的一系列实证研究,但本书中更强调通过非虚构写作的方式来重新叙事,从而探索生育矛盾在不同家庭情境中的表达,进而揭示生育矛盾作为一种更普遍、更隐蔽的情感体验是如何塑造家庭过程的。第五章重点介绍家庭社会工作如何介入多元化的家庭生育情境,包括生育情境为本的家庭社会工作基本内容和实务技巧。

第二章 家庭研究中的生育相关理论

第一节 生育决策理论

生育决策是一个复杂的过程，受到多方面因素的综合影响，包括经济、社会、文化、制度、家庭和个体因素。在宏观层面上，家庭生育决策过程受到突发公共卫生事件、经济波动等的影响，这些因素会导致失业率上升或个人与家庭收入不稳定，使得家庭选择延迟生育孩子从而减轻暂时的家庭经济负担（骆娜等，2023）。在微观层面上，影响家庭生育决策的主要原因是生育成本，包括经济、心理、机会、家庭生活质量、职业发展和人际关系等多方面的成本，这些经济因素均会影响一个家庭的生育决策（刘昉，2020）。此外，住房、教育、医疗、家庭养老等对生育决策的影响不容忽视（殷豪、肖丹，2023）。这个决策不仅影响个人和家庭的发展，还紧密关联着国家、民族和社会的可持续发展，以及人口战略的制定。因此，生育决策理论是社会科学领域中的一个重要研究领域，它主要着眼于个体和夫妇在是否生育、何时生育以及生育多少子女等关键问题上所做出的决策。

生育决策研究由经济学家主导，他们提出了最早的生育决策模型，强调了个体或夫妇在生育问题上如何权衡成本和收益。20世纪早期的研究主要关注了家庭经济状况、劳动力市场机会以及教育水平对生育决策的影响。在生育和养育孩子方面,家庭需要承担包括教育、医疗、食品、住房等各种费用。从经济学的角度来看,目前生育决策的经济学方面的研究理论主要有"成本-效益"理论、外部效用理论、风险最小化理论以及消费选择理论,这些理论有助于分析生育决策的机制(庄渝霞,2009)。经济学领域中使用以上理论分析生育决策,本质上还是围绕着成本和效用对其进行解释,区别在于侧重点与出发点的不同。

一 生育的"成本-效益"理论

在研究发展中国家生育行为的时候,莱宾斯坦(Leibenstein)把人口作为经济发展的内生变量,人口变量与各种经济变量发生关系,提出了家庭规模的成本效用分析,建立了生育的微观经济模型,构建了生育的"成本-效益"理论。经济学理论认为,个体是否购买商品和购买数量取决于商品的价格和获得商品的收益,同时也取决于该商品与其他可提供商品的价格和收益的比较。生育的"成本-效益"理论继承了这个观点,认为人们的生育决策也会经历这样的理性选择过程。在进行生育决策时,人们会计算生育孩子的成本和效益,进而决定是否要生育孩子以及生育孩子的数量。这里的成本是父母对孩子投入的成本,包括直接成本(父母或家庭向子女投入的物质和金钱)、间接成本(父母或家庭向子女投入的时间和精力)、数量成本(父母对孩子的吃、穿、住、用等生活费用的投入)、质量成本(父母为提高子女质量而在教育、保健等方面的投入);效益是孩子对父母的回报或其他社会作用,包括经济效益、养老效益、安全效益、精神效益等。在莱宾斯坦看来,直接成本是父母把一个孩子抚养到成年所花费的一切费用,间接成本是父母为抚养一个孩子所遭受的各种损失,如母亲因必须照料孩子而失去工作机会、怀孕期间收入的损失等(Leibenstein,1957;罗丽艳,2003)。

受到西方"成本-效益"理论的启迪，中国学者们集中探究了适合我国特有的社会经济背景及当前生育状况的应对策略。考虑是否要孩子时，家庭会仔细衡量当前的投资与未来可能的回报，以确定未来的收益能否足以补偿当前的成本。随着经济的快速增长和价格的上涨，人们的生活水平正在提高，然而这种繁荣也带来了相应的挑战。养育孩子的财务负担已经显著增加，这不仅限于基本的生活费用，还扩展到如教育和医疗等领域，其中父母的投资正在增加。除了"成本"外，国内学者在"效益"方面也进行了很多研究。现代的父母不仅期望从子女那里获得情感上的满足，还希望他们能成为经济上的资产和家庭的支柱。何蕾蕾（2015）使用"成本-效益"分析框架来解析中国双收入、无子女，即"丁克"的家庭模式，研究发现夫妇选择丁克生活方式是他们经过仔细评估养育孩子的成本和效益后的决策。此外，家庭的经济富裕程度在塑造这些态度中起到了决定性的作用。随着经济的繁荣和家庭财富的增加，养育孩子的成本急剧上升，而感知到的效益则下降。这种经济动态促使人们更加重视子女的质量，而不是数量，导致他们不愿意生育多个孩子。

二 生育的外部效益理论

在经济学领域，外部性是一个关键的概念，用于描述一个经济行为对其他未参与该行为的人或团体产生的未被考虑的成本或效益。外部性可以分为正的外部性和负的外部性。正的外部性是指一个行为对其他人产生的正面效益，而负的外部性是指一个行为对其他人产生的负面效益。在生育行为中，正的外部性可能包括新生人口对社会发展的贡献，而负的外部性可能包括人口过多对资源产生的压力。人口学研究指出，在公共资源有限的情况下，人口的增长可能会导致资源的过度消耗，如教育和医疗资源的不足。公共补贴可能会影响家庭的生育决策，如教育补贴和社会保障。这些补贴可能会导致社会的净成本增加，但也可能带来社会的净收益，具体情况如何，取决于税收制度、贴现率和孩子的预期收入。此外，社会中公共基础设施健全水平也是一个重要的考虑因素。如果公共基础设施已经饱和，那么生育可能会导致外部净成本增加。但如果公共基础设施还有增长的空间，那么生育可能会带来外部净收益。土地和资本的拥有者也可能会从人口增长中受益，因为他们可以获得更多的劳动力，但人口的增长可能会导致工薪阶层工资下降。

从生育的外部效益理论的角度看，生育的成本包括私人成本和社会成本。作为一种由个人自身产生的行为，生育可能对整个社会都会产生影响，但这种影响并没有为社会或其他人提供合理的补偿。家庭在做生育决策时很少会考虑到这些社会成本。当实际的人口数量低于最佳人口数量时，新生儿的出生会使实际人口数量接近最佳人口数量，从而对社会发展产生正面影响，这意味着生育行为具有正外部性（邱红、王晓峰，2010）。相反，当实际人口数量高于最佳人口数量时，新生儿的出生会使实际人口数量远离最佳人口数量，从而给社会发展带来沉重的负担，这意味着生育行为具有负外部性。生育决策的过程也是一个复杂的过程，它既是个人或家庭的行为，也是社会的行为，受到家庭决策和社会制度的双重影响（夏鸣、魏一，2004；庄渝霞，2009）。

三　风险最小化理论

在人类的生命历程中，每个阶段都伴随着各种风险。如何有效地降低这些风险并采取适当的应对策略，成为每个人和家庭在生命中所面临的重要决策问题。正如著名心理学家马斯洛（Maslow）在其需求层次理论中所提到的，人们首先需要满足基本的生存和安全需求，只有当这些低层次的需求得到满足后，人们才能追求更高层次的需求。经济学为我们提供了一个框架来理解人们的生育行为。这种行为不仅受到宏观经济环境的影响，还受到家庭内部的决策和其他微观因素的影响。麦克尼柯（McNicoll）和凯恩（Cain）首次在制度层面上引入了风险环境概念来分析人口的生育行为。他们认为，在其他经济条件相同的情况下，家庭所处的风险环境是导致生育率差异的重要因素。

回顾中国历史，我们可以看到，在传统农村社会中，由于生存条件恶劣和资源稀缺，家庭和宗族之间的矛盾和冲突较为激烈。为了应对这种风险，许多家庭和宗族选择了多生育的策略。这种策略是基于风险最小化原则和效益最大化原则的综合考虑。在这种文化背景下，风险最小化成为一种生活方式，深深植根于人们的传统家庭观念中。风险最小化原则作用于生育观一般分为两种情况：一是风险与经济收入和市场成熟程度关联，二是风险与法治和社会安定关联（彭希哲、戴星翼，1995）。当下，随着现代化的推进，人们的生存条件趋于良好，家庭的生育决策则更多地受着社会环境的影响，部分家庭功能渐渐被社会性职能所替代。在社会新风尚引领下，传统的生育观念与习俗弱化，女性在生育决策方面有了更多的选择权（朱洪峰，2020）。随着改革开放和社会变迁，相比年长一代，当代育龄女性的生育意愿从家庭导向转变为个人导向，并且存在明显的生育计划推迟现象（张晓倩，2023）。由此，家庭生育决策不再单单考虑生养孩子所带来的风险，还会更多地思考养育成本给家庭带来的负担。

实际上风险最小化原则与效益最大化原则在生育决策中的作用是相互关联的。风险最小化原则强调了在经济落后的农村地区，多生育是一种合理的选择，因为这可以帮助家庭降低所面临的风险。而效益最大化原则强调了随着社会经济的发展，生养孩子的成本逐渐上升，而其带来的效益却逐渐下降。因此，年轻的夫妇可能会选择不生育或减少生育（庄渝霞，2009）。目前，风险最小化理论在中国的农村地区仍然具有一定的适用性。但随着社会经济的发展，社会保障体系的完善，以及人们观念的现代化，"成本-效益"理论在生育决策中的作用逐渐增强。在一个更为发达和现代化的社会中，家庭在做出生育决策时，会更多地考虑生养孩子的经济和社会成本，及其可能带来的长期效益。

四 消费者选择理论

消费者选择理论在家庭生育决策中的应用，为我们提供了一个理解家庭如何做出生育决策的视角。这种理论的开创者是著名的人口经济学家贝克尔（Becker），他首次将经济学原理引入家庭规模和生育率的研究，为此提出了"孩子需求理论"。在这一理论中，孩子被视为一种特殊的"产品"，其不同于市场上可以购买的其他商品，因为孩子是家庭生产出来的，而不是从市场上购买的。对于大多数家庭来说，没有哪一种产品能像孩子这种"产品"一样是家庭可以自给自足的。贝克尔在其理论中强调，在决定生育孩子时，父母会从经济学的角度进行权衡。他们会考虑生育和抚养孩子所需的时间、金钱和情感等投入，以及从孩子那里获得的各种回报或产出。这种回报不仅包括经济上的回报，还包括情感上的满足、社会地位的提高等。因此，父母会将孩子视为一种特殊的"耐用品"，根据其"质"和"量"来进行投入和产出的权衡。

黄步云（2005）在研究中国家庭的生育决策时，也采用了消费者选择理论。他认为，家庭在决定生育孩子时，会考虑孩子所带来的回报和成本，并在此基础上做出决策。这一决策过程遵循了一系列经济选择原则，包括消费者选择理论、跨期消费选择理论、投资资产组合理论等。在中国的传统文化中，子女被视为家庭的延续，是家庭的一部分，而不仅仅是独立的个体。这种观念在贝克尔和李维斯（Becker and Lewi, 1973）的理论中得到了体现，父母在决定生育孩子时，会考虑家庭整体的利益，而不仅仅是个人的利益。这种家庭内部的"利他动机"在中国的传统文化中尤为明显，如"养儿防老""望子成龙"等观念，都体现了这种家庭内部的利他主义（袁扬舟，2021）。在当今社会，随着经济和文化的发展，家庭的生育观念和决策也在发生变化，但消费者选择理论仍能为我们理解生育决策过程带来启示。

相比而言，"成本-效益"理论将生育决策过程看作一场家庭基于投入和回报的权衡，认为家庭会根据其资源和需求，尽量使得效益最大化。生育的外部效用理论则强调了家庭生育决策与社会整体利益之间的关系，认为家庭在做出生育决策时，考虑了其决策对社会的影响。风险最小化理论则强调了家庭生育决策与风险管理之间的关系。消费者选择理论则突出了家庭作为消费者的角色，强调家庭生育决策与市场经济原理之间的关系。

第二节　生育心理学理论

2021年5月，国家统计局发布了《第七次全国人口普查公报》。这份报告揭示了一个令人关注的数据：2020年，我国育龄妇女的总和生育率降至1.3，这是首次跌破国际公认的生育率警戒线。这一数据立刻激起了公众对低生育率问题的广泛关注和讨论，使得生育议题迅速上升为社会的焦点话题。随着对这一议题的讨论不断深入，一系列与生育相关的心理话题，如恐婚、恐育、生育焦虑以及产后抑郁等，逐渐为大众所熟知。这也使得生育心理学这一领域逐渐受到人们的关注。生育心理学的核心目标是探索与生育决策和生育过程中涉及的各种心理因素，关注女性在生育过程中可能遇到的心理健康问题，并试图探究这些心理问题的成因和影响。目前，生育心理学的主流研究已经涵盖了生育过程的各个阶段，包括育龄女性的生育意愿、孕妇在怀孕期间的心理压力和焦虑，以及产妇在生产后可能出现的抑郁症状。

回溯到20世纪初，学术界对生育心理学的研究还相对有限，当时的研究主要集中在生育决策背后的基本心理动机。随着时间的推移，心理学家和社会学家开始更加深入地探讨为何人们选择生育，以及生育意愿是如何与社会、文化和家庭因素相互交织的。在这一时期，研究焦点主要在性别角色、家庭关系动态以及生育的心理动机等方面。进入20世纪后半叶，随着心理健康和应对策略理论的引入，生育心理学的研究范围也得到了扩展。研究者开始更加关注个体在面临生育决策和经历生育过程时的情感反应、如何应对这些情感，以及其心理健康状况。由于生育被视为一个可能的心理压力源，后来的研究者对生育焦虑、抑郁症状以及如何选择应对策略进行了深入探讨。此外，为了帮助个体应对与生育相关的心理挑战，心理治疗方法也被纳入研究范畴。

一　生育意愿相关研究

生育意愿不仅仅是关于生育的简单想法或决策，它更深层地反映了人们对于生育行为的情感和认知态度。生育意愿与实际的生育行为之间存在密切的联系。鉴于其重要性，生育意愿已经成为众多研究者热切探讨的焦点话题。从社会心理学的视角出发，对生育意愿的研究可以概括为三大理论框架：首先是计划行为理论，它强调了个体意图与行为之间的关系；其次是动机序列理论，该理论探索了驱动生育意愿的内在动机和过程；最后是接合行动理论，它集中于理解不同因素如何共同作用，影响个体的生育决策。

（一）计划行为理论

作为社会心理学中的重要理论，计划行为理论旨在研究个体态度与实际行为之间的复杂关系。该理论强调了三个核心因素，分别是行为态度、主观规范以及知觉行为控制，它们对于决策和行为意向的形成具有重要影响。行为态度关注了个体对于某一特定行为可能带来的结果的评价；主观规范则牵涉了个体对于周围社会和重要他人对该行为的期望感知；知觉行为控制集中于个体对于自身能够掌控和实施该行为的评估（Ajzen，1991）。

计划行为理论认为，生育决策并非简单的行为选择，而是受到多种因素的复杂影响。这些因素可以被划分为国家、社会和家庭层面。在国家层面，政策法规如独生子女政策、二孩生育政策以及最新的三孩生育政策都会对个体的生育决策产生外部制约和影响（庄亚儿等，2014）。在社会层面，生育文化和个体生育偏好会塑造个体的生育观念，指导其生育决策（吴莹等，2016）。同时，医疗技术的发展和社会福利制度的健全为个体提供了物质层面的生育支持（陈秀红，2017）。在家庭层面，诸多因素都会影响个体的生育意愿，其中包括生育子女所需的经济成本和心理成本、女性在职业领域的工作机遇以及教养子女与职业发展之间的冲突。此外，家庭对于生育决策的照料支持也发挥着重要作用（郑真真等，2009；杨芳、郭小敏，2017；宋健、阿里米热·阿里木，2021）。这些因素相互交织，构成了影响个体生育决策的复杂网络。

在计划行为理论的指导下，国内研究者开始探索生育态度、主观规范和知觉行为控制如何共同作用以影响生育意愿。例如，杨宝琰和吴霜（2021）的研究揭示了不同代际在生育观念上的差异，揭示了当前青年的生育意愿由成本约束逐渐演变为幸福价值驱动，展示了生育意愿的演变过程。李森林和张乐（2023）则将民生风险感知与三个分析路径相结合，发现民生风险感知对于生育意愿产生抑制效应，育儿抚养负担在其中扮演着重要角色。基于计划行为理论，还有学者进一步探索了其他可能影响生育意愿的因素。例如，李瑶玥和王桂新（2021）的研究证实了人口学特征、经济因素、保障因素等背景因素对于育龄流动人口的生育态度、主观规范和知觉行为控制的影响。胡安荣、杨明媚等（2023）的研究进一步关注到工作家庭冲突如何通过负向影响生育态度、主观规范和行为知觉控制，从而减弱了二孩生育意愿。而周国红、何雨璐等（2021）的研究则强调了物质支持和社会网络支持对于生育态度和行为知觉控制的不同影响。

（二）动机序列理论

生育动机是指个体或夫妇决定生育的内在驱动力，可能受到多种因素的影响，包括文化、社会、经济、心理和生物学因素。生育动机是决定一个人或夫妇是否选择生育、何时生育以及生育多少孩子的关键因素。动机序列理论由米勒首次提出，强调了生育动机在整个生育决策过程中的中心地位，为我们提供了一个独特的视角来探讨生育意愿。它将生育过程划分为五个连续的步骤：从最初的生育动机，到生育意愿，再到生育计划和中介行为，最后达到实际的生育结果。这五个步骤构成了一个相互关联、相互影响的连续序列。在这一序列中，生育动机是最为基础的，它位于潜意识层面，深受个体的性格、成长背景和生活经验的影响。而生育意愿则更为明确，它反映了个体对于生育的明确期望和渴望（Miller，1993）。米勒进一步将生育动机细分为三个层次：一般动机、中间动机和具体动机。其中，一般动机关注个体对生育的总体倾向和意向；中间动机则关注个体在特定情境下的生育选择；而具体动机则深入关注个体对生育的具体看法和态度。

在动机序列理论的指导下，许多学者开始深入研究生育动机与生育意愿之间的关系。他们发现，生育动机是影响生育意愿的关键因素，它受到个体内部心理需求和外部环境的双重影响，表现出多元性、多源性和可变性（张义泉，1994）。例如，谭雪萍（2015）从经济角度，探讨了二孩养育的经济成本对生育动机和生育意愿的影响。而宋健和胡波（2022）则引入了自我决定理论，认为育龄人群的生育动机具有较高的自主性，这种内在的自主动机对生育意愿产生了显著的正面影响。与基本心理需求相比，研究发现自主动机对于青年生育意愿的影响更大（张良驯等，2022）。风笑天（2018b）在研究城市一孩育龄人群时发现，二孩生育动机从"为自己生孩子"逐渐转向"为孩子生孩子"。陈滔和胡安宁（2020）则将生育动机划分为个人主义和家庭主义两种类型，发现个人主义的生育动机对生育意愿产生了抑制效应。此外，靳永爱和沈小杰（2022）将生育动机分为个体价值取向和子女发展取向两类，发现社会经济地位较高的个体更容易同时具备这两种取向的动机，其中子女发展取向的动机能够在一定程度上弥补个体价值取向的动机对于生育意愿的负面影响，从而提升了生育意愿。

动机序列理论能够帮助我们理解生育动机与生育意愿之间的复杂关系，为未来的研究和政策制定提供了有力的理论支持。但值得注意的是，现有的研究有时会将生育动机和生育意愿的概念混为一谈，导致这两个环节的次序断裂或混淆，我们需要更加严谨地区分和研究这两者。随着家庭情境的多样化演变，生育动机和生育意愿之间的关系仍然存在许多未知之处，需要进一步的研究和探索。

（三）接合行动理论

生育，作为人类生活的重要组成部分，不仅仅是一个生物学上的过程，更是一个深受社会、文化和心理因素影响的复杂决策。为了更好地理解这一决策背后的心理机制，接合行动理论应运而生，这一理论试图探索生育行为的深层次原因。接合行动理论由约翰逊（Johnson）等学者于2011年提出，主张生育行为是宏观社会因素与微观个体心理因素交织的结果。这一理论特别强调了心理图式的作用。心理图式，作为一种深层次的心理结构，是个体对于社会经验和身体感受的认知建构，它不仅影响着个体的社会行为，更决定着生育意愿的关键因子。在这一框架下，生育意愿被视为个体心理图式与宏观社会结构之间的交融产物，它直接影响着个体的生育决策（转引自吴帆，2020）。

从微观层面看，个体的生活经验对其生育认知模式有着深远的影响。在个体还未经历生育之前，其原生家庭，特别是父亲的生育意愿，就已经对其产生了深刻的影响。其中，父亲的生育意愿会对儿子的生育意愿产生持续性的影响（卿石松，2022）。当个体真正经历了生育，尤其是女性，她们的生育经验和育儿体验会对其生育意愿产生重大影响，甚至可能导致其再生育意愿的降低（颜学勇、刘璐璐，2023）。研究还表明，生育经验的累积往往与生育意愿的下降呈正相关，也就是说，经验越多，生育意愿通常越低（原新等，2020）。

从宏观层面看，接合行动理论强调了宏观社会结构和政策期望对个体心理图式和生育意愿的影响。例如，何兴邦（2020）的研究指出，随着中国城镇化进程的推进，农民工的城市融入程度对其生育偏好产生了显著影响，从而抑制了其生育意愿。这种城镇化进程可能改变了个体的价值观和生活方式，从而影响了他们对于生育的看法和意愿。而在政策期望方面，政策的不确定性和频繁变化可能导致个体的心理图式与宏观环境之间的差异，从而产生逆向的生育意愿（张原、陈建奇，2015）。政策的频繁变化和不一致性可能会让个体感到困惑，难以确定自己的生育意向，这进一步表明了宏观社会因素对于个体决策的复杂影响。

接合行动理论的提出弥补了计划行为理论的一些不足，尤其是它引入了外在结构对于个体的影响，并将宏观社会结构与微观个体意愿相联系，从而扩大了研究的广度和深度。通过深入研究个体的心理图式以及社会结构和政策的作用，可以更好地解释生育意愿的形成和生育行为的变化，为社会和人口研究领域的进一步探索提供可能。

二 生育焦虑相关研究

焦虑是一种普遍的情绪体验，它在人们的日常生活中随处可见。当个体面临不确定性、潜在的危险或感到无法控制某些情境时，这种情绪往往会浮现。焦虑的核心特征是持续的不安、忧虑、恐惧和紧张感，这些情感可能会影响个体的思考、决策和行为。特别是在生育过程中，焦虑成为许多女性不可避免的体验。例如，计划怀孕的女性可能会对自己是否能够成功怀孕、胎儿的健康以及分娩过程是否会顺利等问题感到担忧。而已经怀孕的孕妇可能会对分娩的疼痛、胎儿的健康和自己的身体变化感到不安。产后，新手妈妈们可能会对如何照顾新生儿、自己的身体恢复以及如何平衡工作和家庭生活等问题产生焦虑。

为了更好地理解和解释生育过程中的焦虑，学者们提出了多种理论。其中，压力源理论从实证主义角度为我们提供了一个系统的框架，将生育过程中的焦虑看作个体面对压力源的直接反应，这些压力源可能包括生理上的变化、心理上的调整、社会角色的转变以及与伴侣、家庭和社会的关系变化等。当个体感知的压力超出他的应对能力时，就可能产生焦虑。另外，风险感知理论从建构主义的角度探讨了生育焦虑的形成。该理论认为，个体如何感知和解释生育过程中的风险和挑战以及他们如何建构自己的生育经验，是产生焦虑的关键。即使在相同的生育情境下，不同的个体可能会有不同的焦虑体验，这取决于其如何感知和评估自己面临的风险。

（一）压力源理论

压力源理论是心理学领域中对于压力和应激反应的核心理论，它为我们提供了一个深入理解个体如何面对和应对生活中的压力的框架。该理论可以追溯到20世纪中叶，临床心理学权威理查德·S·拉扎鲁斯（Richard S. Lazarus）是压力研究领域的先驱，他的研究深入探讨了压力的本质和机制。压力源理论的核心思想是个体所经历的压力并不仅是由外部环境中的客观事件所决定的，而是由个体与这些事件之间的交互作用所产生的（Lazarus and Folkman，1984）。这意味着，同样的外部事件，对于不同的个体可能会产生不同的压力反应，这取决于个体的认知评价和应对策略。

首先，我们要明确什么是潜在压力源。这些是个体在其生活中可能遭遇的各种挑战和困难，如工作中的任务、与他人的关系、健康问题等。这些潜在的压力源可能会对个体产生威胁，导致他们感到不安和紧张。其次，当个体遭遇这些潜在的压力源时，他们会进行一系列的认知评价。这一过程涉及个体对事件的解释、其对自己的意义，以及可能的后果。例如，当一个人面临工作上的挑战时，他可能会评估这一挑战的难度、自己是否有能力应对，以及如果不能应对可能会发生什么。这一评价过程将决定个体是否将这一事件视为真正的压力源，以及这一事件可能带来的情感和生理反应。在认知评价之后，个体会采取各种应对策略来面对压力。这些策略可以是积极的，如寻求帮助、制定计划，也可以是消极的，如逃避或否认。不同的应对策略会导致不同的压力反应，有些策略可能会缓解压力，而有些可能会加剧压力。最后，个体的应对策略及其效果将导致一系列的心理和生理反应。这些反应可能包括焦虑、抑郁、生理上的紧张和疲劳等。这些不仅反映了个体对压力的感受，而且也是他们身体和心理对压力的应激反应（王道阳、姚本先，2011）。

压力源理论之所以在心理学领域中占有举足轻重的地位，是因为这一理论的核心在于，压力并不仅是由外部事件直接引发的，而是由个体与这些事件之间的交互作用，特别是个体的认知评价和应对策略所共同决定的。因此，压力源理论在临床心理学、心理治疗和心理咨询领域中得到了广泛应用。它为心理健康专业人员提供了一个理论基础，帮助他们更好地理解和应对压力的相关问题。这一理论的出现和发展，不仅推动了心理学对情感、压力和应对机制的深入研究，而且为我们更好地理解和促进人类的心理健康和适应性行为提供了宝贵的理论支持。

当压力源理论被应用于生育焦虑的研究时，我们可以看到两种明显的研究取向。有研究者选择从横向的角度出发，关注那些可能影响生育焦虑的各种压力源。这些压力源包括健康、经济、文化、职业和环境等多个方面。例如，健康方面的压力可能涉及孕产妇的身体健康状况和胎儿的发育情况，如不孕不育症患者可能会因为生殖障碍而产生的病耻感而感到焦虑（李晖等，2010）。经济方面的压力考虑到生育和育儿所需的经济成本，如购房的经济压力可能会影响到个体的幸福感（张雨、朱亚鹏，2022），间接影响个体的焦虑水平。文化压力主要关注的是传统的生育文化和性别文化对女性的压迫，如在某些农村地区，生男的文化压力可能会导致女性产生从众压力（陆益龙，2001）。职业压力与母职惩罚有关，有研究表明生育对职场女性的工资、就业和职位晋升都有所影响（庄渝霞，2020）。环境压力与社会支持有关，如情感支持可以有效地降低父母的焦虑和压力（李敏谊等，2017）。此外，还有其他的压力源，如医疗环境的不确定性和辅助生育技术的复杂性等（曹慧中、杨渝东，2021；赖立里，2017；余成普等，2019）。

另一种研究取向则更加纵向，它依据"压力认知交互模型"的基本框架，深入探讨生育焦虑的形成过程。例如，有研究者在研究再生育压力感时，提出了一个观点，即潜在的压力源不仅可以直接影响再生育压力，还可以通过间接影响再生育意愿来影响再生育压力感（李静雅，2018）。在这一过程中，个体的认知评价环节对于自我效能感的影响尤为关键。低自我效能感可能会导致孕妇在面对压力时无法有效地调节自己的情绪，从而增加其生理应激，进而产生焦虑（文华、龚斐，2017；张鑫等，2020）。

在压力源理论的指导下，研究者广泛研究了不孕不育与心理困扰之间的关系，发现不孕不育可能会威胁精神健康，造成抑郁、焦虑、内疚、羞愧、不足、不完整、绝望、无意义、自我悲悯感低、自我效能感低，心理灵活性低，婚姻满意度和性满意度下降等（Cousineau and Domar, 2007; Galhardo, Cunha, and Pinto-Gouveia, 2011; Joja, Dinu, and Paun, 2015; Pinto-Gouveia, Galhardo, Cunha, and Matos, 2012; Sultan and Tahir, 2011）。对于具有不合理的生育认知和强烈的怀孕意愿的不育夫妇，往往会出现更多的心理症状和不适应感（Greil, Shreffler, Schmidt, and McQuillan, 2011）。这些心理困扰可能既来源于个体对于生育失去的内在感受，也可能来源于家庭和社会带来的外部压力（Abbey, Andrews, and Halman, 1991; Martins, Peterson, Almeida, and Costa, 2011）。

从最初通过诊断和各种侵入性治疗到怀孕成功或接受无子女生活方式，不孕不育过程中的任何时候都可能发生心理困扰（Carter et al., 2011; Johansson and Berg, 2005; Lechner, Bolman, and van Dalen, 2007; Péloquin and Lafontaine, 2010）。与未接受治疗的女性相比，接受辅助生殖技术的不孕女性往往会感到希望，并与配偶关系亲密（Domar et al., 2012）。然而，不成功的治疗结果可能会引发抑郁和情绪混乱，而成功的结果会缓解精神障碍（Baldur-Felskov et al., 2013; Yli-Kuha et al., 2010）。对女性来说，不孕不育造成的有害的心理和情感影响可能会导致长期的和复杂的悲伤（Johansson and Berg, 2005）。

加纳和雅库博夫斯卡解释说，生活干扰和未实现父母身份的高水平不孕压力可能导致更多的情感困扰和较低的婚姻满意度（Gana and Jakubowska, 2016）。方法导向的应对方式对不育夫妇管理不育困扰情绪和保持心理健康非常有帮助，包括问题导向的应对方式、情绪调节的应对方式和意义导向的应对方式（Berghuis and Stanton,

2002；Lee et al.，2009）。不孕症患者积极的应对方式（如对抗、接受、情感表达等）导致更少的痛苦和更好的社会心理调整，而回避或自责则与更高的痛苦相关（Peterson，Newton，Rosen and Skaggs，2006a；Yu et al.，2014）。情感调节应对策略对解决焦虑、抑郁、羞耻、内疚和躯体化的感觉非常有效（Jahromi and Ramezanli，2015；Nagy and Nagy，2016）。女性更倾向于采取基于情感的应对策略，如情感表达和自我同情，以建立对不孕不育压力的心理弹性，而男性更倾向于使用自我评判、疏远和回避策略来调节情绪波动（Galhardo，Cunha，Pinto-Gouveia and Matos，2013；Peterson，Newton，Rosen and Skaggs，2006b；Raque-Bogdan and Hoffman，2015）。

近年来，采用夫妻二元应对视角来观察不孕不育人群的研究越来越多。首先，不孕不育是丈夫和妻子的共同压力源，因此需要夫妻共同应对和行动，以维持婚姻幸福（Ying et al.，2015）。其次，关于不孕不育如何根据性别影响婚姻关系的研究结果不一。有研究发现，女性的婚姻满意度低于伴侣（Bayley，Slade and Lashen，2009），而其他研究表明，丈夫和妻子经历的婚姻痛苦没有性别差异（Peterson，Newton，Rosen and Skaggs，2006b；Sultan and Tahir，2011），尤其是在不明原因不孕不育的夫妇中（Lee，Sun，and Chao，2001）。这表明，有必要通过更全面和相互依赖的视角来理解不孕不育，以捕捉丈夫和妻子之间的情感、认知和行为变化。由于不育的困扰在丈夫和妻子之间存在交叉效应，二元应对被证明可以提高主观幸福感并加强婚姻关系（Berghuis and Stanton，2002；Peterson et al.，2014）。在不孕不育相关观念和决定上一致的夫妇往往有着表现更好的治疗满意度、心理健康、婚姻适应和家庭适应（Clifton et al.，2013；Olafsdottir，Wikland，and Möller，2012；Peterson，Newton，and Rosen，2003；Phillips，Elander，and Montague，2014；Steuber and Solomon，2011；Thompson，Woodward，and Stanton，2012）。

本亚米尼等人（Benyamini et al., 2009）认为，不同性别的互动和夫妻应对灵活性所形成的各种二元应对模式值得进一步探索。

（二）风险感知理论

风险感知理论在社会心理学领域中占据了举足轻重的地位，它为我们揭示了个体如何在面对风险和不确定性时进行主观的感知、评估和应对。这一理论不仅为我们提供了一个深入而全面的视角来理解风险感知的复杂性，而且为解释和预测个体以及社会群体在面对各种风险时的行为和情感反应提供了坚实的理论基础。风险感知并不是一个简单、单一的概念，而是一个多维度、复杂且丰富的心理和社会过程。它涉及人们对风险的态度、认知和情感反应，这些都是受到个体的心理特质、经验、信念以及所处的社会文化背景的深刻影响的。例如，方曼（2017）曾经描述风险感知为"当代精神中的不安全感"，这一描述揭示了风险感知不仅仅是一个冷静、客观的评估过程，更多的是一个充满情感和主观性的心理体验。

此外，风险感知理论强调了风险感知是主观的、构建的，并受到多种内外部因素的影响。这意味着，不同的个体可能会对同一风险事件产生完全不同的感知和评估。这种主观性和多样性是风险感知的核心特征，也是它在社会心理学研究中受到广泛关注的原因。例如，一个人可能会认为某一风险事件的可能性很低，而另一个人则可能认为其发生的可能性很高。这种差异可能源于他们的个人经验、信念、情感以及所接受的信息来源。风险感知理论还特别强调了社交媒体在风险传播和感知中的关键作用。在当今的数字化时代，信息传播的速度和范围都达到了前所未有的水平。社交媒体平台成为人们获取和分享风险信息的主要渠道。然而，这些信息的真实性、准确性和可信度都可能受到挑战，这给个体的风险感知带来了更多的复杂性和不确定性。

在生育心理学领域，风险感知理论旨在理解个体在生育过程中面对风险和不确定性时产生焦虑情绪的机制，将焦虑视为个体对风险和威胁的感知和认知的产物。在生育过程中，个体面临着多种风险，包括健康风险（如分娩的安全性）、经济风险（如子女的抚养成本）、职业风险（如职业前景受限），以及生育环境风险（如社会文化背景对生育的期望和压力）（刘娟、宋亭亭，2022）。例如，健康风险可能涉及孕妇和胎儿的健康状况，如分娩的安全性和胎儿的健康状况。经济风险则关注生育和育儿所带来的经济压力，如子女的教育和抚养成本。职业风险可能涉及生育对女性在职场上的影响，如可能的职业发展受限。这些风险因素会被个体感知，并在其心中构建对风险的认知。风险感知理论还强调了焦虑是个体对风险的感知和评估的结果。个体的风险感知可能受到心理因素和社会文化因素的影响。例如，个体的焦虑水平可能受到个人特质、过去的生育经历以及社会文化对女性生育的期望和压力的影响。因此，风险感知理论认为生育焦虑是一种相对主观的情感体验，取决于个体对生育风险、养育困难和教育压力的感知和评估。

在风险感知理论中，风险放大机制是一个重要的概念。这一机制由卡斯帕森提出，他主张个体对风险的认知是一个被塑造和建构的过程，而社交媒体在这一过程中起到了关键的作用，它能够放大或者缩减风险信号，从而深刻地影响人们对社会和环境的认知（Kasperson，2012）。随着数字化时代的到来，社交媒体迅速崛起，成为信息传播的主要渠道。人们在这些平台上不仅可以获取与风险相关的信息，还可以与他人分享自己的风险体验和感受。这种信息的传播和分享很容易导致风险信息的过度扩散，从而对大众的风险感知产生深远的影响。

特别是在生育焦虑背景下，社交媒体已经成为女性获取与生育相关信息的主要途径，这些信息包括其他女性的生育经验、医学专家的建议，以及社会舆论的态度。例如，当一位女性在社交媒体上分享她的分娩经历，描述了分娩过程中的疼痛、并发症和情感波动后，这些信息很快就会被传播到更广泛的社交网络中。这样的信息传播可能会引发其他女性的关注和担忧，使她们对生育过程中的风险产生更深的认知和感知。此外，医学专家和媒体也经常在社交媒体上发布关于生育的最新研究和建议，这进一步加强了女性对生育风险的感知。乔嘉如（2019）指出，随着网络媒体的普及，女性对生育风险的"在场感"得到了显著增强，这不仅增加了她们的生育压力，还可能导致生育焦虑。当这种个体的焦虑在媒体空间中得到呈现时，它可能会触发一种集体的应激反应和情绪表达，进而导致生育风险信息的过度生产。刘璐（2022）也指出，这种风险信息的过度生产最终可能放大为一种集体的生育焦虑，影响更多女性的生育决策和心理健康。

三 产后抑郁相关研究

产后抑郁是一种在分娩后发生的情感障碍，它在新手妈妈中是一个普遍存在的问题，通常表现为持续的沮丧、不安、焦虑等情绪。这种情绪状态不仅是生育后的"蓝色忧伤"（baby blues），还是一种更为严重的情绪障碍，可能导致反应迟钝、睡眠障碍、食欲丧失等行为表现。在最为严重的情况下，产后抑郁甚至可能导致产妇产生自杀的念头或行为。产后抑郁的成因是多方面的，涉及生理、心理和社会多个层面。首先，从生理层面来看，分娩后女性体内的激素水平会发生急剧的变化，特别是雌激素和孕酮的水平下降，这可能导致情绪的不稳定和抑郁情绪的产生。此外，与生育相关的一些健康问题，如产后出血、剖宫产手术等，也可能增加产后抑郁的风险。遗传因素也不容忽视，一些研究发现，有家族史的女性更容易发生产后抑郁（Kimmel et al., 2015; Payne et al., 2008）。

从心理层面来看，产后抑郁与个体的心理健康状况、应对策略、心理弹性等都有关。面对生育带来的压力、新的角色定位以及与之相关的责任和挑战，一些女性可能感到不知所措，这种压力和不适应可能导致抑郁情绪的产生。此外，如果产妇在怀孕前或怀孕期间已经有其他心理健康问题，如焦虑、抑郁等，那么她们在分娩后更容易发生产后抑郁。此外，社会因素也是产后抑郁的一个重要因素。在现代社会，女性在生育后面临的社会压力和期望越来越大，这可能导致她们感到焦虑和不安。例如，社会对"完美母亲"的期望、对女性在家庭和职业中的角色的期望等，都可能增加产妇的心理压力。此外，社会支持，包括家庭、朋友和社区的支持，对于预防和治疗产后抑郁至关重要。缺乏社会支持可能是产后抑郁的一个重要风险因素。

在生育心理学中，产后抑郁已经成为一个热门的研究领域。研究者们提出了多种理论来解释产后抑郁的成因和机制，其中最为重要的是身份认同理论和社会支持理论。身份认同理论认为，女性在生育后的身份转变可能导致她们产生心理压力和焦虑，而社会支持理论则强调了社会支持在预防和治疗产后抑郁中的重要作用。

（一）身份认同理论

在心理学研究中，自我概念始终是一个核心和关键的议题。自我不仅仅是关于"我是谁"的简单定义，它更是关于个体如何看待自己、如何理解自己在社会和文化背景下的位置，以及如何与他人互动的复杂结构。自我是个体的内在反映，是他们对自己身份、价值和地位的认知和感知。身份认同理论进一步深化了我们对自我的理解，它强调了个体如何确立和维护自己的身份。这种认同不仅仅是关于自我认知的，更是关于如何在不同的社会和文化背景下建立和维护这种认同的。张淑华等人（2012）的研究提出了多种身份认同的类型，包括个体认同、社会认同、种族身份认同、角色身份认同和职业身份认同。这些不同的身份认同类型反映了个体在不同的社会和文化背景下如何看待自己的位置和角色。特别是对于女性来说，生育是一个重要的生命事件，它深刻地影响了女性的角色身份认同。生育不仅仅是一个生理过程，它更是一个心理和社会的转变。生育使女性从一个角色转变为另一个角色，例如从女儿、妻子或姐妹转变为母亲。这种角色的转变带来了一系列的心理和社会挑战，需要女性重新定义自己的身份和角色。

在产后抑郁的相关研究中，身份认同理论主要有三种研究取向。第一种研究取向关注角色的转变和适应。生育是女性生命中的一个重要转折点，它带来了身份和角色的巨大变化。从一个女儿、妻子或姐妹，女性突然成为一个母亲。这种角色的转变需要女性重新定义自己的身份，重新建立自己的自我认知。陈淳和陈洁冰（2017）的研究指出，母亲的角色适应与产后抑郁之间存在密切的关系。而家庭关注中心的转变（邓欢，2021）和母乳喂养的自我效能感（姚微、谈小雪，2014）都可能影响女性的角色适应。第二种研究取向关注角色内涵带来的压力。母亲不仅仅是一个生理角色，它更是一个被社会和文化构建的角色。传统的母亲形象强调了母亲的无私和奉献，这种理想化的母亲形象可能给女性带来巨大的心理压力。倪渊淳（2020）的研究指出，这种理想化的母亲形象可能导致女性产生能否成为好母亲的恐慌感。第三种研究取向关注多重身份之间的冲突和矛盾。随着女性社会地位的提高，她们不仅要扮演好母亲的角色，还要在职场上展现自己的能力。这种多重身份要求可能导致女性在家庭和职场之间产生冲突。朱瑞娟（2015）的研究证实，当女性难以平衡家庭和职场的关系时，她们可能会产生情绪波动，甚至出现产后抑郁的症状。

身份认同理论强调了个体的身份认同对于产后抑郁的发展具有重要影响。当产妇难以接受自己作为母亲的新身份时，产后抑郁的风险增加。这种身份认同的不稳定性可能导致情感困扰、焦虑和自我怀疑，进而加剧抑郁症状。此外，社会对母亲角色的期望也会影响个体的身份认同。如果社会期望与个体的自我认知产生冲突，产后抑郁的风险可能增加。相关研究表明，帮助产妇建立积极的母亲身份认同，接受并适应新的家庭角色，是预防和治疗产后抑郁的关键。

（二）社会支持理论

社会支持是一个在心理学和社会学领域都受到广泛关注的概念，它涉及个体如何通过与他人的互动和联系来获得情感、认知和实际的帮助。这一概念最早由精神病学家引入，被定义为"一个人通过社会联系所获得的能够减轻心理应激反应、缓解精神紧张状态，并提高社会适应能力的影响"（李强，1998）。这种定义强调了社会支持对于个体心理健康和社会适应的重要性。在社会支持理论中，研究者提出了两种关于社会支持作用的假设。第一种假设认为，社会支持对所有人都有普遍的增益作用，无论他们是否面临压力或困境。这意味着，社会支持可以为个体提供情感上的满足、认知上的指导和实际上的帮助，从而增强个体的心理健康和社会适应能力。第二种假设则强调了社会支持的缓冲作用。这意味着，社会支持可以在个体面临压力或困境时，减少压力对个体的负面影响，从而降低疾病和心理障碍的风险。这种假设认为，社会支持可以作为一个"缓冲器"，帮助个体应对和适应压力和困境。在产后抑郁的相关研究中，社会支持的缓冲作用受到了特别的关注。产妇在分娩后的初期，特别是在面临生育压力、身体恢复和新生儿护理等挑战时，社会支持可以为她们提供情感上的安慰、认知上的指导和实际上的帮助，从而降低产后抑郁的风险。潘晓放等人（2004）的研究进一步证实了这一观点，他们发现，社会支持不足是产妇出现产后抑郁的重要因素。

社会支持涉及个体如何通过与他人的互动和联系来获得情感、认知和实际的帮助。在生育研究中，学者们已经对社会支持进行了深入的分类和探讨，主要可以分为以下几类：物质支持、情感支持、信息支持和评价支持。第一类，物质支持主要涉及经济和实际的帮助。这种支持通常体现在金钱、物资和其他实际资源的提供上。在产后抑郁的研究中，李绍敏（2004）发现，经济条件的恶化是导致产后抑郁的一个重要危险因素。这可能是因为经济压力会增加新妈妈的心理负担，使她们更容易出现抑郁症状。第二类，情感支持主要涉及情感和心理的安慰。这种支持通常体现在关心、理解和鼓励上。仇剑崟等人（2001）的研究发现，夫妻关系的满意度较低与产后抑郁有较强的联系。此外，徐英（2000）也发现，产后亲属关心较少是导致产后抑郁的一个重要因素。这些研究都强调了情感支持在产后抑郁中的重要作用。第三类，信息支持主要涉及知识和信息的提供。这种支持通常体现在建议、指导和教育上。陆虹和郑修霞（2001）的研究发现，初产妇因缺乏育儿及自我护理的相关信息和知识，从而产生精神压力，导致抑郁。此外，初产妇对被"污名化"的产后抑郁了解不足，这同样会导致产后抑郁的治疗障碍（Dennis and Lee，2006）。第四类，评价支持主要涉及对个体的评价和反馈。这种支持通常体现在鼓励、肯定和批评上。陆虹和郑修霞（2001）的研究发现，初产妇在产后期较为脆弱和敏感，因此在此时给予产妇鼓励和肯定，可以帮助她们树立自信，反之则可能导致负性情绪。

近年来，生育心理学的研究逐渐转向了对社会支持和社交网络的深入探讨，从更为宏观的角度出发，强调了外部环境中的支持对个体心理健康的积极影响，尤其是在生育这一特殊的生命阶段。在生育决策的过程中，社交网络的建议和支持之所以起到了决定性的作用，是因为当个体面临重大的生活决策时，他们通常会寻求亲近的人的建议和意见。这种社交支持不仅可以帮助个体更好地理解和评估生育的风险和收益，还可以为他们提供必要的心理和实际支持。对于产妇来说，生育后的生活充满了挑战。她们不仅要面对身体的变化和康复，还要应对育儿压力、家庭责任和新的社会角色。研究已经证实，充足的社会支持不仅可以帮助产妇减轻心理压力，还可以提高她们的自尊和自信，从而降低焦虑和抑郁的风险。相反，当产妇感到社会孤立和缺乏支持时，她们可能会更容易出现抑郁症状。这是因为，社会支持可以为产妇提供一个安全的环境，帮助她们处理和应对生育带来的各种挑战。此外，社会支持还可以帮助产妇更好地适应和接受自己的新角色，从而减少身份认同的冲突和压力。然而，生育心理学领域尚未形成自身的系统的理论体系，更多的研究仅仅偏向于运用心理学的相关理论讨论女性在生育过程中的心理健康状态，或者从相关问题入手讨论心理问题的形成原因及后果。后续研究可以尝试构建生育心理学的理论框架，更好地解释生育过程中的家庭经验，从而为临床心理学、家庭治疗和咨询服务提供有价值的指导，最终帮助人们应对与生育相关的心理挑战。

第三节 文化决定论

在过去的几十年里，中国的生育率受到了多种因素的影响，其中最为显著的是计划生育政策。国家统计局的数据显示，从20世纪80年代开始，我国的生育率呈现持续下降的趋势。这一趋势在很大程度上是受计划生育政策的影响。在2016年至2021年间，政府相继实施了"单独二孩"、"全面二孩"，以及"全面三胎"政策，旨在提振生育率，产生了一定的社会影响力，但对生育文化的影响还需验证，然而，卢茨和希尔贝克研究发现，低生育率存在自我强化机制，一旦陷入低生育陷阱，就很难再提高生育率（Lutz and Skirbekk, 2005）。有学者指出，这种现象背后的原因可能与新的生育文化有关。卞晶晶（2016）提出，"全面二孩"政策的实施标志着一种新型生育文化的形成。这种文化与传统的生育观念存在显著的差异，它强调生育是个体的自主选择，而不再是社会或家庭的期望。这种转变意味着，当代的生育主体面临的是一种全新的生育环境，其中包括传统家庭结构的改变、性别比例的失衡，以及生育观念的转变等多种因素。

在这种新的生育文化背景下，产生了许多新的社会现象和问题。例如，在育儿方面，由于不同代际在育儿观念、生活方式和价值观上存在显著的差异，青年父母与上一代之间的冲突和矛盾加剧。肖索未（2014）指出，尽管多代同住有助于家庭成员之间的互助和支持，但代际的观念和行为差异，也可能导致更多的家庭矛盾和冲突。此外，生育文化的变迁也反映在人们对生育的认知和态度上。田雪原和陈胜利（2006）认为，生育文化是围绕生育产生和形成的一系列思想、观念、伦理、道德和行为规范，它反映了生育变动和发展的意识形态。而李银河（2003）则更为简洁地定义生育文化为人类在生育问题上的观念、信仰、风俗、习惯和行为方式。为了应对生育率的持续下滑，许多学者和政策研究者开始探索如何通过文化因素来影响人们的生育意愿和行为。他们认为，要真正提高生育率，必须从社会生育文化、家庭生育文化，以及个人生育观念三个层面入手，深入研究这些文化因素如何影响人们的生育决策。

一 社会生育文化

社会生育文化，深植于社会的经济、文化结构和制度之中，构成了影响人们生育意愿和行为的一套社会规范。这套规范不仅仅是简单的生育观念，更是与时俱进、随社会变迁而演化的。

（一）政策制度与生育文化的互动

20 世纪 80 年代起，我国为了控制人口增长和提高人口素质，开始实施计划生育政策。这一政策不仅在行政层面对人们的生育行为进行了规范，更在文化层面对传统的生育观念产生了深远影响。长时间的政策实施使得生育不再完全是家庭的自主选择，而更多地受到了外部制度的影响和引导。

实施多年的计划生育政策影响和改变了很多家庭的生育选择，在某种程度上也引导了中国社会生育文化的变迁。在不同的社区环境中，计划生育政策与生育文化之间的互动也呈现不同的特点。例如，在城市和单位制的社区中，政策的执行力度更大，通过行政干预、政策宣传、福利制度辅助、鼓励女性的职业卷入、树立先进典型等辅助性政策强化计划生育制度的执行力度。而在这种环境下，传统的生育观念逐渐被新的生育文化规范所取代，形成了一种追求先进、倡导少生优生的新生育观念（吴莹等，2016）。作为生育的主体，女性在这一政策与文化的互动中扮演了关键的角色。在城市社区，女性的生育选择受到工作压力和单位文化的双重影响（周伟文，1994）；而在传统农村社区，女性则要面对计划生育政策带来的"生育选择空间"狭小与文化中"偏男生育意愿"过于强烈之间相互冲突的困境，其生育选择的权利可能被双重剥夺（穆光宗、陈卫，1995）。为了适应新时代的发展，我们需要重塑具有中国特色的生育文化。这需要我们一方面要继续学习和借鉴国外先进性别文化，尊重并鼓励个体自主，积极践行性别平等理念；另一方面要用中国文化医治极端个体主义带来的弊病，用性别平等、尊重个体及马克思主义妇女观改变传统生育观念，在中西互鉴、古今互映中推动实现人口均衡发展（崔应令，2023）。

（二）生育文化的多元化

随着社会的快速发展和变迁，生育文化也经历了从单一到多元，从传统到现代的深刻转变。这种转变不仅仅来自社会经济结构和政策制度的影响，更多地反映了人们对生活、对家庭、对子女的观念和态度的变化。早在 20 世纪 90 年代，有研究就已经发现，随着社会经济的发展和人们生活水平的提高，越来越多的居民开始接受并认同"少生优生"的观念。这种转变不仅仅受到政策的影响，更多地反映了人们对生活质量、对子女教育和成长的关心和追求。如今，传统的"重男轻女""养儿防老"的观念在现代社会已经逐渐被淡化。人们更加注重子女的教育和成长，更加追求家庭的和谐和幸福。"控制人口质量，提高人口素质"的观念已经深入人心，成为现代社会的共同追求。沈笛和张金荣（2018）在研究中指出，文化价值观对育龄群体的生育意愿有着显著的影响，人们认为生育不再是文化意义上的"强制"或"任务"，而是自主选择的行为。随着社会的进步，育龄群体的幸福感、养老观念和性别平等观念的提升都会影响他们的生育选择。这也意味着，我们需要在文化层面上为人们创造一个更加宽松、自由和平等的生育环境。

在当代社会，生育文化的差异不仅仅是跨越代际的，更是在同一代之间存在的。张淑燕等人（2021）在其研究中指出，在新生代群体内部男女两性在生育观的多个层面上存在较大差异。相较女性，大多数男性是"种续型"生育目的的坚定支持者，即支持生育是为了"家族延续""种族繁衍"等；而女性对这种传宗接代的认同度很低，她们更多考虑的是生育对自己生活造成的压力、负担、成本、羁绊等不利影响，更倾向于晚育、少育和不育，更容易接受低生育文化。此外，新生代青年女性群体在生育与女性自我价值评价上也存在矛盾心理，既反对以生育来衡量女性的价值和评判女性是否成功，而内心深处又不自觉地认同生育是衡量女性生命是否完整、人生是否完美的标准，容易陷入"生"与"不生"的焦虑困境。於嘉等人（2021）还发现，与西方国家不同，中国家庭对子女的教育期望普遍较高。这种高期望导致了家庭在子女教育上的巨大投资，使得教育成了家庭消费的主要部分。地区之间的教育竞争激烈程度进一步加剧了人们对子女未来的担忧，从而影响了他们的生育观念和理想子女数量。因此，想要维持甚至提高我国的生育率，政府不仅需要在制度层面进行改革，更需要在文化层面上做出努力。文化是一个国家和民族的灵魂，它影响着人们的思想观念和行为方式。在生育问题上，文化的力量同样不容忽视。只有当我们真正认识到文化在生育观念形成中的重要作用，才能更好地理解和解决生育焦虑这一问题。

二　家庭生育文化

家庭，作为社会的基本单位，对于个体的成长和发展起到了至关重要的作用。它不仅是我们成长的摇篮，更是我们形成初步观念和价值观的首要场所。在这个微观的社会单元中，父母的生育观念和行为不仅反映了一个国家或地区在特定时期的生育文化，更是对下一代产生深远影响的重要因素。家庭的重要性不仅仅体现在物质供给上，更多的是在精神和文化层面。有研究中指出，家庭被视为形塑子代生育意愿的关键变量（吴帆、陈玲，2022）。这是因为家庭中的每一个成员，特别是父母，都在无形中传递着自己的生育观念和价值观，这些观念和价值观在家庭中得到强化和巩固，进而影响下一代。罗杨帆和赵智（2023）的研究进一步揭示了中国家庭生育模式的代际传递特征。他们发现，相比于非独生父母，独生父母的家庭规模较小，更容易形成"独生"的生育偏好，从而强化低生育行为。同时，当代独生父母比以往独生父母更重视孩子的教育问题，已经形成"少生优生"和"以质量替代数量"的生育理念，并且这种育儿观念存在代际传播。国外学者布斯和凯的研究也发现父辈的偏好和行为对子代有着显著影响，在家庭内部存在显著的代际传递效应。父母的生育率会显著影响子女的生育意愿和生育行为（Booth and Kee, 2009）。由此可看出无论在国内还是国外，"家庭"会超越国界对人们的生育观念和生育行为产生影响。此外不同的家庭类型意味着不同的生活背景和经验，这些背景和经验为家庭成员提供了独特的生育文化。因此，他们的生育观念和行为也会受到这种文化的深刻影响。例如，一个生活在城市的小家庭可能会更加重视孩子的教育和成长，而一个生活在农村的大家庭可能更加重视孩子作为劳动力的作用和对家庭的贡献。总之，家庭和生育观念之间存在密切联系。这种联系不仅仅是简单的因果关系，更是一种深层次的文化传递和价值观的塑造。

（一）独生子女家庭

在中国社会这一大背景下，家庭结构与生育观念之间存在紧密的联系。特别是在独生子女政策实施的几十年里，这种联系更是深入人心。独生子女家庭，作为这一政策的直接产物，其内部的生育观念与行为受到了多重因素的影响。首先，原生家庭的背景，特别是父母的生育观念，对独生子女的生育意愿产生了深远影响。如果父母本身都是独生子女，那么他们很可能会将自己的生育观念传递给子女。这种代际传递使得许多独生子女在成长过程中受到"只生一个孩子"或"不生孩子"的观念影响。这种观念的传递不仅仅是口头的教导，更多的是通过日常生活中的点滴细节，如家庭的教育方式、与孩子的交往模式等，潜移默化地影响着孩子。

其次，家庭中第一胎孩子的性别也会影响夫妻双方的生育意愿。在传统的生育观念中，男孩被视为家族的继承人，因此如果家庭中第一个孩子是男孩，那么家庭的生育意愿可能会降低。但随着社会的进步，这种重男轻女的观念正在逐渐淡化。刘妮英（2017）在其研究中指出，武汉市有 5~9 岁独生子女的家庭的二孩生育意愿占比不高，对于再次生育的意愿呈现一种偏低的态势。尽管独生子女父母的再生育意愿较低，但仍然具有上升潜力，独生子女父母的生育理想和生育行为存在偏差，其再生育意愿有上升空间。这种态势反映了某些独生子女家庭在面对生育问题时的矛盾和挣扎。一方面，他们希望给孩子一个更好的成长环境；另一方面，他们也担心生育第二个孩子会增加家庭的经济负担和精神压力。在当下已经全面放开三胎的大背景下，独生子女父母的再生育意愿仍然未有明显提升，足以说明仅仅依靠生育政策的调整难以显著提升独生父母的再生育意愿，提升独生父母再生育意愿已经成为一个系统工程，需要政府、社会、家庭和独生父母自身的共同努力。

（二）二孩家庭

随着政策的放宽和社会观念的变化，越来越多的家庭开始考虑生育第二个孩子。但这背后涉及的因素远不止一个，它是一个综合性的决策，涉及无数个家庭关于经济、文化、心理等多方面的考量。对于大多数适龄生育的夫妇来说，生育第二个孩子首先要考虑的是经济问题。毕竟，养育一个孩子需要大量的时间和金钱。如果家庭的经济条件不允许，那么生育意愿自然会受到影响。但如果家庭经济状况稳定向好，加上家中老一辈的支持，这无疑会增加夫妇的生育意愿。特别是当家中的老人承诺会在孩子出生后帮助照顾时，这种支持会变得更加明显（风笑天，2018a）。对于育龄人群来说，家中祖辈的支持是影响其生育第二个孩子意愿的一个重要因素。当祖辈持有积极的态度，支持夫妇生育第二个孩子时，这对夫妇的生育意愿会产生正向的推动作用。

然而，生育第二个孩子并不是一个简单的决策。准二孩妈妈群体在面对生育决策时，会受到多方面的压力。其中，年龄因素是一个不容忽视的问题。随着年龄的增长，生育的风险也会增加，这使得许多准二孩妈妈对生育第二个孩子感到担忧。此外，家庭中的其他成员，特别是配偶和老人，对生育的态度也会影响准二孩妈妈的决策（宋健、阿里米热·阿里木，2021）。传统的育儿观念、配偶的不理解、缺乏精神支持等都可能转化为准二孩妈妈们面临的压力。为了帮助这些女性，社会需要提供更多的支持。这不仅是经济上的支持，更重要的是心理和文化上的支持。通过提供科学的生育知识、心理辅导等服务，帮助她们增强对生育的期盼和信心，这对于提高我国的生育率具有重要的意义。

（三）三孩家庭

在中国的家庭结构中，长辈的观念和意见往往在家庭决策中占据着重要的地位。这种传统观念，如多生孩子、期望有男孩以及"儿女双全"的想法，对适龄的年轻夫妇的生育观念产生了深远的影响。特别是在那些已经生育了两个女孩的家庭中，长辈的这种观念和期望更是可能存在。张静和雍会（2022）研究指出，对于育龄人群的二孩生育意愿，祖辈支持具有正向影响。即与年青一代相比，家中的长辈更倾向于支持生育第三个孩子。这种观念的背后，很大程度上是基于对男孩的偏好和期望儿女双全的传统观念。但在现代社会，随着观念的更新和社会的进步，这种传统观念正在逐渐被挑战和改变。然而，尽管许多二孩家庭有生育第三个孩子的意愿，但由于各种现实问题，如经济压力、工作压力和生活压力等，他们仍然在是否生育第三个孩子这个问题上犹豫不决。

风笑天（2022）在其最新研究中指出，要真正发挥三孩生育政策的潜力，我们不仅需要关注和鼓励生育第三个孩子，更重要的是要关注和提高育龄人口的二孩生育意愿和行为。他进一步指出，目前政府、社会和学术界对于育龄人群中不想生育第二个孩子的现象关注不足。尤其是在城市中，许多育龄人群由于"生一个孩子就很好"的生育观念，而不愿意生育第二个孩子。这种观念背后，很大程度上是受到了家庭、社会和文化的影响。因此，要真正提高育龄人口的多孩生育意愿和行为，我们不仅需要制定和实施与生育友好的经济和社会政策，更重要的是建立和鼓励与生育相适应的新型生育文化。这包括加强对适婚青年的婚恋观和家庭观的教育和引导，帮助他们树立正确的生育观念，从而真正实现生育政策的目标。

（四）其他类型的家庭

近年来，我们不仅见证了传统家庭结构的变迁，还看到了许多新型家庭结构的出现。综观国内外，这些新型家庭结构（例如，选择不生育的"丁克家庭"和由于生理问题无法生育的"同性伴侣家庭"）都在一定程度上挑战了我们对家庭和生育的传统认知，将生育焦虑的讨论带入了另一片天地。张焘（2017）指出，改革开放以来，西方发达国家的"不育"文化对中国的传统观念产生了深远的影响。国外女性主义者南希·福布尔（Nancy Folbre）提出了"母职惩罚"（motherhood penalty）和"家庭照料惩罚"（domesticaring penalty）的概念，在她看来家庭就是女性的压迫之地，女性想要解放就必须走出家庭，走出养儿育女的传统角色（Folbre，2020）。朱丽叶·米切尔（Juliet Mitchell，1966）则直接认为家庭是女性独立的障碍，生育是压迫女性的因素之一。由于我国育龄青年思想的开放与包容性逐渐增强，这种"不育"文化得到了迅速的传播和接受。与此同时，随着女性文化素质的不断提高，她们的生育观念也发生了根本性的变化。现代女性更加注重自我实现，她们追求职业成功，以及个人的兴趣和激情，不再将家庭和生育看作生活的唯一目标。因此，越来越多的女性选择了"丁克"的生活方式，即结婚但不生育。随着辅助生殖技术的发展，为同性伴侣提供了生育的可能性（魏伟，2016）。但是，这种非传统的生育方式不仅价格昂贵，而且在法律和政策上还存在许多不确定性，给他们带来了很大的困难（Bos et al.，2003）。无论是选择不生育的"丁克家庭"，还是希望通过辅助生殖技术生育的"同性伴侣家庭"，他们都代表了当代社会多元化的家庭结构和生育观念。这种多元化不仅挑战了我们对家庭和生育的传统认知，也为我们提供了更加宽广的视野，让我们更加尊重和理解每一个家庭的选择。

三 个人生育观念

（一）生育观念的变化

在当今社会，信息技术飞速发展和全球化不断推进，外部信息的传播对于个人的生育观念产生了深远的影响。这种影响不仅是表面的，更是深入每个人的心灵，改变了他们对于生育、家庭和婚姻的基本认知。首先，年青一代的生育观念正在经历一场前所未有的转变。在众多影响生育率的因素中，生育观念的改变无疑是最为深刻和持久的。例如，"田园女权"的生育观念、主张"为国生娃"的观点，以及"没钱别生"的观念等，都在一定程度上影响了年轻人的生育决策。其次，更值得关注的是，一种被称为"长不大的成年人"的心态正在逐渐蔓延，这种心态使得许多年轻人对于生育持有消极的态度。宋月萍（2023）指出，近年来我国的新生儿数量持续下降，总和生育率也在逐年走低，这背后的深层次原因在于当代青年群体的生育意愿正在降低。在他们看来，伴侣和子女所带来的情感价值远远超过了"传宗接代"和"养儿防老"的工具价值。随着人们对现代生活方式和家庭观念的了解越来越深入，他们对这种生活方式和家庭文化的认同度也越来越高，这无疑加速了意愿子女数的下降（张敏、格日勒，2022）。最后，"恐婚"和"恐育"的观念在互联网上得到了广泛的传播，对更多的年轻人产生了负面的影响。国外一些学者以全球最大的社交平台脸书（Facebook）为例，认为社交媒体平台为健康研究提供了新突破，社交媒体上的在线焦点小组让育龄妇女在有关生育问题的讨论中拥有更多的发言权，但某些有关生育的负面言论过于夸大其词，传播焦虑，进而影响了育龄妇女的生育观念（Temmesen et al.，2021）。随着社交媒体的普及，越来越多的女性开始在公共平台上表达自己对于生育的看法。这为女性提供了一个讨论生育问题的平台，但同时也加重了她们对于生育的焦虑（邱磊菊等，2022）。

（二）受教育水平的提升

随着社会经济的快速发展和人民生活水平的逐渐提高，我们所处的时代正在经历一场深刻的文化和价值观的变革。其中，性别平等观念的推广和淡化，使得女性在社会中的地位得到了前所未有的提升。这种变化不仅仅体现在经济和社会地位上，更深入每个女性的内心，影响她们的人生选择和价值观。在这样的背景下，越来越多的女性选择进入高等学府，接受更高层次的教育。这些受过高等教育的女性，她们的思想观念更加开放和多元，这种开放和多元不仅仅体现在对于人生的看法上，更体现在对于生育的态度和选择上。对于她们来说，生活的意义不再仅仅是成立家庭和生儿育女，而是追求自己的职业梦想，实现自己的人生价值。因此，这部分女性的生育意愿相对较低，她们更倾向于晚婚晚育，甚至选择不生。李静等人（2023）指出，随着工业化的进程，技术的进步带来了对人力资本需求的增加，这使得女性受教育的机会和程度都得到了提高。而这种情况，不仅仅改变了女性的经济地位，更改变了她们的生育观念。受过高等教育的女性，她们更加重视子女的教育质量，而不是数量，这使得子女的教育投入增加，从而影响了她们的生育意愿。刘咏芳和管烨萱（2022）也认为女性自身受教育程度对其生育意愿起调节作用。受教育程度越高的女性，自我身份认同感越强，越注重自我感受与自身价值的实现，生育意愿就会更弱。这些女性不再受到传统的生育观和家庭观的束缚，她们更加注重自己的职业和人生发展，因此更倾向于选择少育或者不育。国外的研究也得出了类似的结论。例如，乌苏（Wusu，2012）发现，随着女性教育状况的改善，她们的生育意愿也在不断下降。而科恩菲尔德（Kreyenfeld，2012）则发现，受教育程度高的女性在就业不稳定时会选择推迟生育，而教育程度低的女性则会选择生育。

第四节　性别决定论

性别决定论在生育研究领域中占据了核心位置，因为它深入探讨了性别如何复杂地影响生育行为和决策。这一理论不仅仅是对生物性别差异的强调，更是对社会文化如何在多个层面上塑造生育背景的探讨。它提供了一个框架，帮助我们理解生育行为背后的多重因素。从生物学的角度来看，女性是生育的主体，她们的身体被设计为能够怀孕、分娩和哺乳。这些生物性别的特点不仅决定了女性的生育选择，还影响了她们在生育过程中的体验。例如，女性的身体健康、生育能力和与生育相关的生理变化都是影响生育决策的关键因素。这意味着，性别不仅仅是生育决策的一个外部因素，它与个体的生理健康和生育能力紧密相连。

然而，生育不仅仅是一个生物过程。在社会文化背景下，性别角色和社会对男性和女性的期望也对生育决策产生了深远的影响。在许多社会中，女性被视为家庭的核心，主要负责育儿和照顾家庭，而男性则被期望为家庭提供经济支持。这些社会期望和性别角色为个体在生育决策中的选择提供了背景和框架。性别差异意味着男性和女性在生育决策中可能会面临不同的挑战和压力。尽管生育决策通常是家庭中夫妻双方的共同决策，但由于两性在生育过程中的不同角色和责任，他们在生育问题上的考虑因素可能会有所不同。

在当前的社会背景下，随着生育率的下降，生育问题逐渐成为与社会焦虑有关的话题。从性别决定论的角度来看，理解男性和女性在生育问题上的差异和挑战，可以为我们提供一个更加全面和深入的分析框架。这不仅可以帮助我们更好地理解生育决策背后的复杂因素，还可以为家庭社会工作提供有价值的指导和建议，帮助家庭更好地应对生育焦虑和挑战。

一　公共领域的性别不平等

在现代社会的公共领域中，我们可以明显地观察到性别在社会生产劳动分工中的差异。这种分工不仅仅是基于生物性别的差异，更多的是基于深层次的社会文化和传统观念。男女两性可从事的职业存在明显的不同，由此反映出劳动力市场上的性别歧视，这就是社会学中所说的职业的"性别隔离"（Gross，1968）。劳动力市场上存在明显的性别隔离，工作被划分为"男性工作"和"女性工作"，并且这两种工作往往有着不同的待遇和社会地位（刘德中、牛变秀，2000）。

从社会性别分工的视角出发，我们可以更深入地理解低生育率背后的原因。生产劳动可以分为两大类：一是生活资料的生产，即我们通常所说的物质生产；二是人类自身的生产，也就是繁衍后代。然而，由于男性在社会生产劳动中的主导地位，物质生产逐渐成为评价个体和社会价值的主要标准，而人类自身的生产，即生育，这一至关重要的目的却被边缘化和忽视（黄桂霞，2017）。这种公共领域中的性别不平等加剧了女性在面对生育问题时的焦虑。当我们深入探讨公共领域中的社会劳动分工时，可以从劳动负担和职业威胁两个维度来考察女性的生育焦虑。劳动负担指的是女性在家庭和工作中所承担的双重压力，她们既要满足家庭的需求，又要在职场上保持竞争力；而职业威胁则是指女性在职业生涯中由于生育可能面临的职业发展障碍和机会损失。

(一) 工作家庭平衡

随着女性独立意识的觉醒和社会对两性平等的追求，女性在公共领域的参与度逐渐提高，她们不仅在职场上展现出了卓越的才华和能力，而且在家庭中肩负着照顾家庭和子女的重要责任（石智雷、郑州丽，2023）。当前我国"男主外、女主内"的传统家庭分工结构发生动摇，更多女性走出家庭参与到社会劳动之中。但即使出现了夫妻合作型家务劳动模式，女性仍然是家务劳动的主要承担者（佟新、刘爱玉，2015）。这种在公共和私人领域中的双重角色，使得女性不得不面对双重的压力和挑战。当她们选择生育时，这种压力进一步加剧，她们不仅要应对职场上的种种挑战，还要承担起照顾家庭的责任，由此产生了工作家庭冲突。工作家庭冲突被定义为一种角色之间的冲突，即工作领域角色和家庭领域角色出现了不可兼容的情况。同时工作家庭冲突具有双向性："工作-家庭"冲突指工作原因对家庭所造成的干扰。"家庭-工作"冲突则指家庭角色的承担对工作方面产生影响（Greenhaus and Beutell，1985）。

根据现有研究，此类冲突与育龄夫妻的生育意愿，尤其是女性生育意愿有着显著关联。一般来说，女性感知到的工作家庭冲突水平要高于男性（陆佳芳、时勘，2002）。胡安荣和杨明媚等（2023）从男女两性的角度出发，探讨了工作家庭冲突如何影响他们的生育意愿，认为男性和女性在面对这种冲突时的反应和考虑因素是不同的：男性更多的是从经济和时间的角度出发，直接做出生育决策，而女性则更容易受到生育态度、配偶关系和家庭期望等因素的影响。李芬和风笑天（2021）的研究也揭示了工作家庭冲突中的性别差异，认为与男性相比，女性在面对生育决策时更容易受到这种冲突的影响。刘婷婷（2018）从城市职业女性的角度出发，探讨了工作家庭冲突如何导致她们的生育意愿降低。她发现，职业女性更加关注子女的养育质量，她们担心自己的工作会影响到对子女的照顾，这与传统观念中"生育会影响女性职业发展"的观点有所不同。女性就业是大多数女性的现实所需，当工作与家庭产生难以调和的冲突时，放弃生育便成了对于女性而言较为理性的选择。另外，工作家庭冲突还会对女性的身体和心理造成一定的影响。对于职业女性来说，生育后照料孩子的时间并不会因工作而减少，她们甚至会通过压缩睡眠时间来应对工作和家庭的双重负担，这就让女性在面对生育时需要抵抗巨大的身体压力（Maume，Sebastian and Bardo，2010）。同时生育对于职业女性来说会增加其患抑郁症的风险（Ford and Heinen, and Langkamer 2007）。总之，工作家庭冲突已经成为现代社会中的一种常态，它直接影响到女性的生育意愿和决策。

（二）母职惩罚

当下，可以说女性在职场上的地位和权利得到了前所未有的重视。然而，尽管女性在职场上取得了许多成就，她们在生育和职业发展之间仍然面临着巨大的挑战。已婚女性的劳动供给具有特殊性，主要会受到生育、子女抚养等家庭相关因素的影响（Cohany and Sok，2007）。一般情况下，婴幼儿子女具有降低已婚女性劳动供给的效应（南国铉、李天国，2014）。尤其对于城镇职业女性来说，生育子女会降低其劳动投入，导致部分女性被迫中断工作（张川川，2011；杨慧等，2016）。因此，越来越多的研究者将生育行为与女性职业发展联系起来，形成了"母职惩罚"理论，认为女性在职场上因为生育而受到的歧视和不平等待遇远远超过了男性。杨菊华（2019）将这种现象称为"母职税"，并指出女性因生育而遭受的损失更为严重。由于生理特性和社会文化，女性在生育期间往往需要暂时离开职场，这不仅导致了她们的职业发展受到阻碍，而且可能使她们面临工资减少、职位降低等问题。而对于男性来说，婚姻和生育往往带来了更多的社会支持和认同，这使得他们在职场上的地位和待遇得到了提高。

母亲的工资急剧下降是母职惩罚的主要表现。已育女性的收入会远远低于没有孩子的女性，尤其在非国有部门就业的母亲会出现巨大的工资损失（Jia and Dong，2013）。高工资女性受到的母职工资惩罚会更为明显，由此其生育成本非常昂贵（England, Bearak, Budig and Hodges，2016）。另外，有研究指出，母职惩罚强度在生命过程中也会发生变化，刚刚生育的年轻女性受到的母职惩罚最高（Kahn, Garcia-Manglano, and Bianchi，2014）。生育不仅导致了女性的工资降低，还阻碍了她们进入劳动力市场，甚至可能使她们转向兼职或者完全放弃职业生涯。这不仅是因为育儿缩短了她们的工作时间，还和在劳动力市场中存在母亲歧视现象有关。母亲容易遭受被视为不如非母亲工人称职和忠诚的歧视，即使她们可以高效地劳动，也可能会因母亲的身份而失去工作（Benard and Correll，2010）。杨凡和何雨辰（2022）则从不同女性的角度出发，对"母职惩罚"进行了差异性的研究，认为子女的数量、女性的受教育程度，以及国家的政策都会影响生育带来的"母职惩罚"的程度。庄渝霞（2020）认为生育对于职业女性来说是一种巨大的挑战。当女性越不甘愿束缚于性别角色分工时，就越不愿将人生的重心放在育儿活动上。"母亲职责"放大了女性的职业竞争劣势，当女性对"母职惩罚"产生恐惧时，就会基于趋利避害的本能，萌发生育"后至"的想法。所以，对于更在意职业发展的女性来说，"母职惩罚"会对其生育意愿回缩起到推波助澜的作用（麻宝斌、郭思思，2022）。

（三）父职溢价

性别平等观念的普及使得人们对于男性和女性在家庭和职场中的角色有了更深的思考。其中，"父职"这一概念逐渐受到关注，它指的是社会对于男性如何扮演父亲角色的期望和实践。这种期望并不是天生的，而是由社会的文化、传统和价值观所塑造的。与此同时，"父职溢价"也逐渐走入了人们的视野。"父职溢价"是指男性在成为父亲后，在职场上可能会获得更多的好处，如更高的工资和更多的晋升机会（Lundberg and Rose，2000）。这与女性在成为母亲后所面临的"母职惩罚"恰恰相反。为什么会出现这种性别差异呢？一方面，社会普遍认为男性成为父亲后，他们会更加成熟、稳重。还有研究认为，男性在生育之后会将主要精力用于工作（Killewald，2013）。因此，公司和雇主可能会更加信任和倚重这些已经成为父亲的男性员工，给予他们更多的机会和待遇（Correll，Benard and Paik，2007；Glauber，2018）。另一方面，男性的教育程度、职业地位和收入与所能获得的工资溢价正相关（Hodges and Budig，2010）。高收人的男性父亲往往能够获得更高的工资溢价，这可能是因为他们在职场上的地位更高和影响力更大，可以获得更好的待遇和机会（Yu and Hara, 2021）。

但是父职溢价的趋势会因国情差异而表现出不同。德国的一项研究结果显示，随着社会对男性作为照顾者角色的重视程度越来越高，工资溢价将会成为过去式（Mari, 2019）。随着社会结构的变迁以及子女养育方式的变化，中国社会中的"母职惩罚"效应不会立刻消失，一部分父亲可能会主动分担养育工作，这导致他们很难像之前那样享受生育的红利，父职溢价也会逐渐消失（许琪，2021）。基于此，不难看出，伴随生育对父职溢价的消失和对女性母职惩罚的影响，两性的生育意愿都会有一定程度的下降。

当女性选择生育时，她们往往需要承受比男性更大的工作和育儿的双重压力。她们可能需要暂时离开职场，或者在返回职场后面临更多的挑战和障碍。而男性在这方面所受的影响远远小于女性。这不仅仅是因为生理上的差异，更多的是因为社会对于男性和女性的期望和评价存在差异。尽管我国对于"父职溢价"这一现象的研究还相对有限，但我们不能忽视这种性别差异所带来的影响。为了实现真正的性别平等，我们需要深入了解这些现象背后的原因，寻找有效的解决策略，并为男女两性创造一个更加公平和友好的工作和生活环境。

二　私人领域的性别不平等

性别不平等的问题不仅局限于公共领域，而在私人领域中，这种不平等的表现往往更为隐晦和复杂。私人领域，特指家庭和婚姻关系中的日常生活，是我们生活的核心部分，也是性别角色和期望最为根深蒂固的地方。国内研究私人领域中的两性差异可以大致分为婚姻稳定度、家庭分工、性别角色观念、夫妻相对地位、生殖能力，以及对子女的性别偏好这六个维度，并由此探讨男女在生育意愿上是如何互动影响的。

（一）婚姻稳定度

婚姻稳定度对于女性的生育决策起到了至关重要的作用（Thornton，1978）。当女性面临婚姻中的不稳定因素或者尚未进入一个稳定的婚姻关系时，她在考虑生育问题上会更为谨慎。这是因为，与男性相比，女性在婚姻解体后所面临的挑战和困境通常更为严峻和复杂。离婚后的女性，尤其是那些带着孩子的单亲母亲，往往会受到更多的社会压力和歧视（李洪涛，2000）。同时，单亲母亲家庭更容易陷入经济困境（许艳丽、董维玲，2008）。尽管法律上孩子可能不归母亲抚养，但母子之间深厚的亲情纽带仍然存在。这种亲情纽带可能会导致女性在离婚后面临更多的情感和心理压力，她们不仅要处理与前配偶的关系，还要处理与孩子的关系，这可能会引发一系列复杂的亲子问题（林崇德，1992；戴斌荣，2000）。此外，与男性相比，离婚后的女性在再婚市场上通常处于劣势。"离异带孩"的女性在寻找新的伴侣时可能会遭遇更多的困难和挑战，不仅因为社会对她们的偏见，还因为她们需要考虑孩子的感受和未来。而对于男性来说，他们在离婚后的生活中所面临的挑战和损失，无论是从经济、社会地位还是声誉的角度来看，都远远小于女性（李林英，1995）。这种性别间的不平等对待，使得女性在考虑生育问题时更加小心翼翼。当女性深知自己可能会因为婚姻的不稳定而面临种种风险时，她们的生育意愿自然会受到影响。因此，婚姻稳定度和满意度对于男女在生育决策上的影响存在明显的性别差异。

（二）家庭分工

在现代家庭结构中，父亲在子女抚养过程中的参与度往往显著低于母亲。这种现象不仅与深植的性别观念有关，还与城乡差异和社会阶层有着密切的联系。事实上，男性在育儿中的责任感的普遍缺失被称为"丧偶式育儿",这已然成为一个社会问题。在这种背景下,许多父亲在子女的日常照料中的参与度远远低于母亲,这无疑给那些同时要应对职业和家庭双重压力的女性带来了沉重的负担。陈静和段赟(2021)深入研究了父职参与的不足,并将其细分为四种类型:"闲暇参与型"、"育儿知识空白型"、"家庭责任感缺失型"和"隔代抚育替代型"。这些类型揭示了男性在家庭中的不同参与模式,以及这些模式如何影响家庭的整体运作和女性的生育决策。由于父职的普遍缺失,育儿的主要责任往往落在母亲身上,这使得女性在考虑生育的时候必须顾及更高的成本和压力。张小鹿等人(2023)则从另一个角度出发,认为父职参与对于提高女性的生育意愿具有积极的作用。当父亲更加积极地参与家庭事务时,夫妻双方可以更好地共同应对家庭中的各种压力,从而提高夫妻之间的婚姻满意度,进而提高女性的生育意愿。

然而,杨菊华(2022)对此持有不同的观点,认为男性在家务中的参与度对女性的生育意愿可能有正面、负面或者没有明显影响。因为生育决策是夫妻双方共同的决策,男性生育意愿的高低和男性的家务分担和父职参与程度也有着密切关系,家庭卷入程度较高的男性的生育意愿往往较低。杨雪云和陈劲竹(2023)发现在我国许多男性仍然坚持传统的家庭分工观念,如认为男性的主要责任是为家庭提供经济支持,而忽视了其自身在家庭中的其他责任。可以说,男性和女性在家庭中的角色和责任在不断地发生变化,但女性仍然是家庭中的主要照料者。这种不平等的家庭分工当然会对女性的生育意愿产生明显的影响。对此,耿世枫(2022)指出了社会工作介入"丧偶式育儿"家庭的可行性路径,认为社会工作的介入会有效缓解育儿焦虑问题。

(三)性别角色观念

性别角色观念对育龄人群的生育意愿也有一定的影响,具体可以表现为性别角色观念越现代的育龄女性生育意愿相较于育龄男性更低（Mills，2010；胡荣、林彬彬，2020）。由于性别角色观念现代化的女性群体就业的可能性更高，这就导致以事业为导向的女性比以家庭为导向女性的生育意愿更低（Vitali et al.，2009）。根据现有研究可知，女性的性别角色观念总体上更趋于现代，而男性则更偏向于传统（刘爱玉、佟新，2014）。在性别观念具有较大差异的家庭中，夫妻双方在生育问题上达成共识的可能性就大大降低了。即使男性的性别观念同样有着现代化的趋势，但他们回归家庭的"可能度"相对较低，因此育龄女性面临的"家庭-工作"冲突强度高于育龄男性，从而对育龄女性生育意愿的影响产生了更大的抑制作用（姜春云，2022）。性别角色观念除了会影响理想生育子女数，还对子女的性别偏好有一定影响。有研究指出，性别角色观念越现代化的女性受竞争效应影响越大，因此生育理想子女数会越低；而女性性别角色观念现代化尤其体现在其男女平等观念上，因此性别角色观念越现代化的女性对生育子女的性别偏好的可能性也会越小（余明轩，2020）。

（四）夫妻相对地位

在家庭研究中，家庭中夫妻双方的相对地位和生育意愿之间的关系引起了广泛关注。通过研究经济水平、受教育程度等因素，学者们试图深入探讨这些因素如何影响夫妻双方在家庭中的决策权，最终作用于他们的生育意愿。黄院玲（2023）发现，女性在家庭事务中的决策权力越高，其生育意愿往往越低。这意味着，当女性在家庭中拥有更多的话语权时，她们可能更倾向于选择不生育或减少生育。更有趣的是，当家庭中的女性在职业声望和收入方面超过男性时，这种家庭的生育意愿往往会进一步降低。这可能与女性更高的社会地位和经济独立性有关，她们可能更加重视职业发展和个人成就，而不是传统的家庭角色。然而，这并不意味着所有家庭中的男性都希望生育更多的孩子。有些家庭中，尽管男性的生育意愿高于女性，但家庭的总体生育意愿仍然呈现下降趋势（庄亚儿、姜玉、王志理等，2014）。这进一步证明了一个重要的观点：在家庭生育决策中，女性往往拥有更为关键的决策权。即使夫妻在生育问题上存在分歧，最终的决策往往更多地受到生育意愿较低的女性的影响（卿石松、姜雨杉，2022）。这种现象可能与女性在生育过程中所承担的身体和心理压力有关。生育不仅对女性的身体健康产生影响，还可能对她们的职业和社交生活带来挑战。因此，当家庭中的女性不希望生育更多的孩子时，她们的决策往往会受到家庭其他成员的尊重和支持。

（五）生殖能力

在现代社会的生育观念中，女性无疑是生育行为的中心，是生育的主体，承担着与之相关的大部分责任和压力。当家庭面临生育决策时，女性的生殖能力会对决策构成直接影响。然而，这种生殖能力并不是固定不变的，它受到多种因素的影响。年龄是影响女性生殖能力的主要因素。对于那些生育意愿强烈的高龄产妇来说，生殖能力的下降成为一个不容忽视的问题。因为年龄和身体状况，高龄产妇会面临更高的生育风险，对自身健康造成影响，同时对未来孩子的健康和质量也有一定的影响（范建霞、杨帅，2015；王毅平，2016）。随着年龄的增长，女性生殖能力逐渐下降，这是生物学上的普遍规律。但除了年龄，生活环境、生活方式和日常习惯等也对女性的生殖能力产生影响。例如，长时间的高压工作、不规律的作息和不健康的饮食习惯都可能对女性的生殖健康产生不良影响（贺淑芳、郭素芳，2006；俞文兰、孙承业，2017）。更为严重的是，一些疾病，如不孕症、多囊卵巢综合征、妇科肿瘤等，直接损害女性的生育器官，导致她们的生殖能力大大降低。这些健康问题不仅给女性带来身体上的痛苦，更加重了她们的心理压力，使得许多女性陷入生育焦虑的困境（张鑫等，2020）。这种担忧使得许多高龄产妇处于"想生不敢生、不能生"的尴尬境地。与这种现象相对，现代育龄女性面临的另一个复杂的生育困境——"能生不愿生"。即使生育条件允许，但种种原因之下，她们可能选择放弃或延迟生育。这不仅是个人选择的问题，更是社会、文化和健康等多重因素交织的结果。

（六）对子女的性别偏好

很长一段历史时期内，"重男轻女"的观念曾经深入人心，但随着经济的发展和社会的进步，这种传统观念已经发生了显著的转变。现代社会中，性别观念的转型和经济水平的提高使得家庭对于子女性别的偏好已经不再像过去那样明显。传统上，许多家庭都希望能够生育男孩，因为男孩被视为家族的继承人，可以传宗接代。但随着时间的推移，这种对男孩的偏好已经逐渐减弱。尽管我国不同地区对于生男的偏好程度有所不同，但从总体上看，这种偏好已经呈现下降的趋势（窦东徽、罗明明、刘肖岑，2019）。这种转变不仅反映了社会观念的进步，也意味着女性在家庭和社会中的地位得到了提高。她们不再仅仅是生育的工具，而是有机会更加注重个人发展和价值实现。对于那些已经有了第一个孩子的家庭来说，第一个孩子的性别往往会影响他们是否选择继续生育。有研究发现，如果第一个孩子是男孩，家庭中的生育焦虑会增加，因为他们担心再次生育可能会面临更多的风险和压力。相反，如果第一个孩子是女孩，家庭可能更倾向于再生一个孩子（石人炳、杨辉，2021）。

第五节　生育技术伦理学

人类辅助生殖技术（ART）是一种先进的医学技术，它通过对配子、合子和胚胎进行人工操作，以实现生育的目的。这一技术主要包括体外受精－胚胎移植（IVF-ET）及其相关技术，以及人工授精（AI）。其中，IVF-ET 技术涵盖了配子或合子输卵管内移植、卵胞浆内单精子显微注射、胚胎冻融和植入前胚胎遗传学诊断（Prenatal Genetic Diagnosis，PGD）等多种方法。随着技术的进步，还出现了卵子冷冻（Oocyte Cryopreservation）和代孕（Surrogate Pregnancy）等生育技术。辅助生殖技术的出现和发展不仅标志着现代医学技术的巨大进步，也反映了现代社会在生育观念和文化上的转变。这些技术为那些各种原因之下面临生育困难的家庭提供了新的希望，同时也满足了现代人对生育自由和选择的追求。

然而，这些技术的广泛应用也带来了一系列伦理问题，包括传统家庭结构的稳定性、个人生育权利的自主性、人类遗传基因的多样性和独特性、儿童的权益以及社会公平等问题。在这些伦理问题中，最为关键的是如何确保这些技术在为人类带来福祉的同时，不会对社会和个体带来潜在的风险和威胁。例如，代孕技术可能会导致传统家庭结构的瓦解，因为它打破了传统的生育模式，使得生育不再局限于夫妻之间。此外，植入前胚胎遗传学诊断技术可能会导致基因筛选和优生学的滥用，从而威胁到人类遗传多样性的保护。为了解决这些伦理问题，学者们进行了深入的研究和讨论，试图找到一个平衡点，既能确保技术的正当应用，又能保护人类的权益和社会的稳定。

一　辅助生殖技术的伦理学探讨

新兴技术的出现总是伴随着社会各界褒贬不一的声音。辅助生殖技术的不断发展在拓宽生育的可能性边界的同时也带来了诸多伦理挑战。

（一）功利主义与道德主义的交锋

在医学伦理学和生命伦理学领域，后果论、义务论和自然律论是三大主流的伦理学理论。其中，后果论主张以行为的后果作为评价其道德性的标准，这一观点也被称为功利主义。而义务论，又称为道义论，强调行为本身的道德性，而不是其后果，这一观点在康德的伦理学中得到了充分的体现，被称为道德主义。自然律论的主要代表为托马斯·阿奎那（邱仁宗，2020）。一定程度上，辅助生殖技术引发的伦理问题争议源自不同伦理学解释路向的争议，特别是功利主义与道德主义的争论（肖君华，2005）。

功利主义的核心观点是一个行为的道德性取决于它带来的后果。在评估辅助生殖技术的伦理性时，功利主义者会考虑这种技术能为社会和个人带来多大的幸福度和利益。从这个角度看，如果辅助生殖技术能够帮助更多的家庭实现生育梦想，那么它就是道德的。然而，这种观点的缺陷在于，它可能导致技术的无节制发展，从而对人类的生命尊严产生威胁。与功利主义相对的是道德主义，它认为行为的道德性不在于其后果，而在于行为本身是否符合普遍接受的伦理原则。对于辅助生殖技术，道德主义者会从技术本身是否违背了人类的生命尊严和权利来评价其伦理性。这种观点为各国政府和国际组织对辅助生殖技术进行道德审查提供了理论基础，但同时也可能导致过于严格的限制，从而忽视了技术为人们带来的实际利益。

（二）生命伦理学四原则

生命伦理学四原则为医学伦理学界公认的普遍原则，出自美国生命伦理学家比彻姆（Tom Beauchamp）与查尔瑞斯（James Childress）合著的《生物医学伦理学原则》一书，包括尊重自主原则（Respect for Autonomy）、不伤害原则（Nonmaleficence）、有利原则（Beneficence）和公正原则（Justice）。对包括辅助生殖技术在内的生命科技的伦理探讨中，这"四原则"常常作为伦理学角度的参考原则出现。尊重自主原则通常指要尊重患者的自主知情之下的同意或选择，不能存在欺骗、强迫或利用行为。在辅助生殖技术的使用中，指医疗方应使委托方或患者充分了解必要信息，并在此基础上尊重其自我选择的意愿，出于自主意愿选择借由辅助生殖技术进行生育行为（焦阳等，2018）。不伤害原则体现在辅助生殖技术的应用上的意涵较广，既指身体与精神上不能对参与方造成损伤，也与有利原则同时呈现为"有利无害原则"，强调在双方关系上，医疗方与委托方之间不能完全被视为商业往来，而应有伦理关怀，以免造成损害，且为不育者提供福祉（李玲芬，2004）。有利原则除了强调不育者受益之外，还可以在以下范围内确定辅助生殖技术是有益的：他们的家属从中受益；人类、社会、生命科学的发展从中受益。公正原则意味着辅助生殖治疗事业发展应该公平公正地展开，即辅助生殖技术使得生育资源在社会范围内分配趋于平均，同时要求对最少受惠的社会成员（如贫困不育群体）的关怀（李永红，2010）。

（三）儒家生命伦理观

儒家学派作为中国历史最悠久的学派，在我国价值观体系中拥有独特而重要的地位。随着辅助生殖技术的引入，我们必须从儒家伦理的角度来审视和探讨这一新技术。儒家生命伦理观源于对天道和人道相互关联的哲学思考，强调了人类自然状态下生命的保存和延续是与天道一致的，因此将人的自然属性提升到哲学本质层面。儒家认为这体现了天道的伟大德行，正如古代经典所言："天地之大德曰生。"（郭卫华，2016）辅助生殖技术作为一种对人类自然生命进行深刻干预的新兴技术，也向儒家生命伦理观提出了挑战。一些人担忧，辅助生殖技术可能将人的自然生命变成一种工具或商品，特别是在商业化程度较高的生育技术领域，这可能会严重侵犯人的尊严。此外，一些新型辅助生殖技术可能会破坏儒家所强调的人伦关系，削弱家庭作为儒家伦理中核心单位的功能和自然性（许志伟，2006）。然而，另一种观点认为，儒家文化可以为现代新兴生命科技提供伦理观基础。在儒家伦理观中，仁爱、以义制利和天人合一等核心理念可以用来规范生命科技的使用，防止其被滥用的同时，确保其服务于人类整体的长期利益。

二　辅助生殖技术的伦理争议

辅助生殖技术是一组复杂的医学技术,旨在帮助那些无法自然受孕或面临生育困难的夫妇实现他们怀孕和生育的愿望。然而,这些技术在不同社会和群体中引发了广泛的道德问题,引起了激烈的争议,包括对人类尊严和社会道德的负面影响、对传统家庭模式的冲击、遗传病隐患与基因问题的后果、商业化和商品化的威胁、知情权等一系列基本权利的保障风险,以及对社会公平和公正的损害等问题。

(一) 对人类尊严和社会道德的负面影响

在围绕辅助生殖技术的伦理争议中,首要的问题是它对人类尊严可能构成的挑战,以及由此引发的对社会稳定性的担忧。现代社会不断涌现的新兴医学手段和技术引发了对人类尊严和社会道德的关切,从而导致这一问题的热烈讨论。

1. 基本性伦理

自然生育是传统的生育方式,建立在异性性爱的基础上,传统的男女婚姻家庭模式也以此为基础。尽管社会发展导致新型家庭模式的出现,如丁克家庭、无婚单亲家庭和同性恋家庭,但传统的异性生殖性伦理观念仍然深受传统观念的影响。有人担心,辅助生殖技术导致在没有异性性行为的情况下怀孕和生育成为可能,从而完全改变了基于异性性爱的生育方式,使生育与性爱分离,破坏了男女之间以性爱为基础的生育关系,改变了基本的性伦理观念(史济纯,2002)。特别是独身女性可以通过体外受精-胚胎移植(IVF-ET)技术诞生自己的后代,而不再需要男性的参与,这引发了关于独身女性和同性恋者是否可以怀孕生育的担忧。一些人从孩子的角度反对这种"不完整的家庭"(Marina et al., 2010),而另一些人则认为，独身女性和同性恋者不属于需要体外受精－胚胎移植技术治疗的不育症患者（Kääriäinen, Evers–Kiebooms and Coviello, 2005）。在中国，由于传统伦理观和长期实施的计划生育政策，人们普遍对辅助生殖技术在性伦理方面的挑战持保守态度，认为不应该满足除不育症治疗之外的人工授精需求（应锋等，2001）。

2. 自然选择原则

自然选择原则对人类的生育和繁衍起着最原始的制约作用。根据自然选择原则，生物的遗传特征在生存竞争中产生差异，从而导致繁殖能力的差异。有观点认为，辅助生殖技术可能绕过自然选择的机制，使本来不具备生育能力的遗传特征得以传递。例如，体外受精－胚胎移植技术中的胞质内单精子显微注射（ICIS）技术使较弱的精子能够绕过精卵结合的障碍，增加了新生儿缺陷的风险（Davies et al., 2012）。这引发了社会伦理学上的担忧，即辅助生殖技术是否干涉了自然选择，并可能与自然法则不相符，这也是消极优生学的主要观点（程焉平，2003）。但有人乐观地认为，辅助生殖技术干预生育是为了满足人们做父母的愿望，伦理问题可以通过技术发展来解决，如人类精子筛选植入前和胚胎遗传学诊断等技术可以尽量模拟自然选择的作用（杨博、毛志国，2016）。

3. 生命神圣性

人类的生命被认为具有神圣性，这是世界各地的共识。然而，一些人担心辅助生殖技术可能破坏了生命的神圣性。在中国，儒家文化也出现了对辅助生殖技术的伦理争论。一些人担心辅助生殖技术以人为方式干预生命，制造生命，从而动摇了生命的神圣地位（郭卫华，2016）。然而，也有乐观的声音认为，辅助生殖技术是以人道方式来满足人们做父母的愿望，符合儒家的"参赞天道"和"各尽其性分"的原则（周琬琳、李瑞全，2019）。实际上，考虑到技术进步符合时代的需求，生命的神圣性与人类生命的尊严息息相关，因此在利用辅助生殖技术时需要充分尊重生命的神圣性，同时考虑技术发展的利益以及潜在的风险。

（二）对传统家庭模式的冲击

辅助生殖技术的发展引发了对传统家庭模式安全性的担忧，涉及家庭结构、亲属关系和养育权等多个方面，引发了有关伦理和法律的争议。

1. 亲属关系问题

辅助生殖技术改变了传统的生育模式，可能导致亲属关系的混淆。传统的亲属关系通常基于婚内生育的生物血缘关系，但辅助生殖技术允许多个个体与家庭共享相同的基因型的合子或配子，这可能导致血缘和亲属关系之间的冲突（李玲芬，2004）。例如，体外受精－胚胎移植技术中的一个案例是一名美国加州54岁的妇女为其女儿生育，并诞下自己的外孙，这在国际社会引发广泛热议。不同文化背景中都存在对这种冲突的关切：伊斯兰教严格限制第三方捐献配子，因为这有可能导致"关系的混合"，带来血统问题；印度也认为第三方捐献的不孕治疗是对家庭边界与夫妻关系的破坏。列维－斯特劳斯指出，这类问题的关键是如何处理生物性父母与社会性父母的关系。担忧者指出，这种亲属关系的混淆可能对现有的社会亲属关系提出挑战，特别是核心家庭成员之间的关系可能变得不稳定（焦阳等，2018）。传统的父母角色可能会被重新定义，父母和子女之间的责任和义务关系可能会被瓦解。此外，高龄父母可能导致兄弟姐妹之间存在年龄差异，甚至可能与兄姐的后代同龄，这可能会对传统家庭伦理观念产生冲击（董晓静等，2004）。目前，学界提出了"生物父母"与"社会父母"两类，并指出亲子关系应是通过长期养育行为建立的（邱仁宗，2020）。

2. 子代成长环境问题

在辅助生殖技术的伦理争议中，子代的权益也备受关注，特别是与家庭模式和成长环境有关的权益。对于由高龄妇女通过辅助生殖技术所生育的子女,有人抱有一些担忧。例如,母子年龄差距过大可能导致过度溺爱问题,而高龄妇女的子女可能会在成年之前失去父母,这可能会对他们的心理健康产生影响。此外,高龄妇女生育的子女可能与他们的兄弟姐妹年龄差距过大,甚至与他们的兄姐的后代同龄,这可能会对孩子的传统家庭伦理观念产生冲击,也可能不利于子代的健康成长(沈朗等,2019)。

3. 养育权之争

辅助生殖技术引发了亲子关系的多重定义,也引发了养育权的争论,包括子代的养育权以及受精胚胎的养育权。在代孕技术中,代孕母亲可能会产生与孩子的感情,并与作为委托方的父母争夺监护权。对于代孕所诞子代的亲子关系应如何确定的问题方面存在多种不同的观点,包括基于遗传关系的观点、基于子宫分娩的观点、基于契约的观点,以及综合考虑的观点(万慧进,2004)。目前,普遍认可的观点是根据契约来确定亲子关系,如果出现争端,可以通过协商解决(邹寿长,2004)。另外,在 IVF-ET 技术中,受精胚胎的伦理问题也备受关注,包括胚胎的保存期限、处理方式以及胚胎的法律地位(梁元姣等,2010)。我国首例体外受精胚胎权属案例发生于 2013 年,一对车祸死亡的夫妇在医院冷冻保存的胚胎经两次审判后最终归属于夫妇双方父母所有,体现了对中国传统中传宗接代的伦理的尊重(陈莹琪,2016)。

4. 特殊群体的需求

独身女性和同性恋者是否有权通过现有的辅助生殖技术拥有自己的后代也是一个备受争议的问题。支持者认为,没有科学证据证明这些群体通过辅助生殖技术所生育的子女的福祉一定会弱于传统家庭。他们认为,这些伦理问题主要源于社会的污名化问题(Kimberly et al.,2020)。然而,反对者担心这可能导致辅助生殖技术的滥用，以及可能导致男性被排除在生育过程之外（邱仁宗，2020）。目前，我国禁止医疗机构向单身妇女提供人类辅助生殖技术，但辅助生殖技术在我国的适用范围仍需要进行深入的讨论和审议。

（三）遗传病隐患与基因问题的后果

随着遗传学和基因组研究的迅猛发展，辅助生殖技术取得了重大进步，为人类辅助生育提供了更多可能性。然而，这一发展也伴随着一系列关于遗传病和基因的风险和问题。

1. 基因独特性问题

无性生殖技术，特别是以克隆技术为代表的技术，是否能用于人类身上引发了广泛的争议。多数人持有反对意见，主张"基因独特性"是每个人的天赋权利，辅助生殖技术的干预被视为有意剥夺了这一权利，甚至被认为是邪恶的（邱仁宗，2020）。此外，人类独特的基因是由自然选择塑造的，因此，对生殖细胞进行技术干预将很难找到合理的道德依据（程焉平，2003）。更进一步，有人把争议提升到了对干涉后代基因与生命自由权的高度以进行抗议，认为编辑胚胎的独特基因是对其拥有"开放未来"的权利的损害，因为"被基因技术编辑过的胚胎，肯定不再是其人生传记的唯一书写者"（朱振，2018）。总的来说，社会各界对辅助生殖技术中关于基因的干涉技术持谨慎态度。《世界生物伦理与人权宣言》明确了个人利益最大化和伤害最小化的原则。在探讨辅助生殖背景下的基因编辑治疗干预问题时，这一原则被视为最重要的参考，强调将技术应用限制在合理的范围内（Nordberg et al., 2020）。

2. 遗传病后代的歧视问题

遗传病后代的歧视问题涉及两个方面。第一，对那些经历产前遗传诊断技术或人类胚胎基因编辑技术干预导致异常后代的歧视。当前科学技术仍未能完全消除不确定性，考虑到基因表达的复杂性，干预后代可能出现遗传病的风险，这在道德上难以接受。第二，对现有以及未来的遗传病患者的歧视问题也备受关注。如果遗传基因相关技术被广泛采用，如何定义缺陷基因变得复杂，例如，发育正常但身高较矮的个体是否算作缺陷？此外，这可能会导致残疾者面临更严重的社会歧视（邹寿长，2004）。因此，各国普遍采取审慎态度，严禁将涉及遗传基因的干预技术应用于临床实践。在对相关技术的风险评估和伦理讨论取得成熟结论之前，这种态度是合理和可接受的。此外，技术的不断成熟以及监控机制的建立有望减少一些伦理隐患。

3. 血亲通婚隐患

供精人工授精的广泛应用可能导致血亲通婚的伦理问题。同一供精者的精子可供给多个不同的母体，如果全程严格保密，供精者、授精者以及他们的后代可能毫不知情，从而可能导致同父异母的后代彼此之间的婚配情况（刘学礼，2003）。然而，一些乐观的声音认为，人类精子库的监控机制和中央信息库的建立将大大降低血亲通婚，以及隐性遗传病的发病风险（马玲等，2006）。

（四）商业化和商品化的威胁

人类作为生命的承载者，其尊严是全人类社会不容动摇的原则。然而，辅助生殖技术的发展引发了一系列与精子、卵子、胚胎和代理孕母相关的伦理争议，涉及这些生殖要素的买卖和商品化问题。

1. 代理孕母问题

代理孕母是伴随着体外受精-胚胎移植技术的进展而出现的新伦理现象，即女性为其他不孕夫妇怀孕并生育婴儿。与代理孕母相关的伦理争议主要集中在代理孕母的身体是否被视为商品的问题上。反对者认为，代孕行为将生殖行为置于市场逻辑之下，很多代理孕母通常是贫困的，其主要是出于经济利益进行代孕行为。这导致人体生殖器官被视为制造婴儿的工具，将其转化为可经济计算的商品（刘学礼，2003）。这种现象将女性的身体物化为"孵卵器"，损害了女性在社会中的尊严和地位（焦阳等，2018）。支持者则认为，代理孕母并未将自己的身体视为商品以换取金钱，因此不应将其身体商品化。代理孕母通过自己的子宫完成怀孕，以帮助不孕夫妇实现他们的生育愿望，这类似于其他专业人员通过自己的专业技能工作并获得报酬的情况（牛玉宽，2013）。此外，许多需要代孕来实现生育愿望的夫妇并不富有，通常是委托亲人充当代理孕母，因此不存在富人"购买"子宫的问题（袁玮，2007）。一些研究还对非商业性代孕进行了伦理合法性的分析（甘代军等，2016）。现行规范下，我国禁止代孕行为。

2. 供体商品化问题

我国《人类辅助生殖技术管理办法》《人类精子库管理办法》中均明令禁止精子、卵子和胚胎的商业化买卖。然而，由于经济利益的驱动，供体的买卖问题仍然存在，并引发了多个伦理问题。首先，供精者（供卵者）为了谋取经济利益，可能隐瞒自己的遗传疾病和缺陷，从而将潜在的遗传风险引入辅助生殖技术中（刘学礼，2003）。这不仅对不孕夫妇可能导致遗传疾病后代的风险，还不利于优生优育（苗德军，2007）。其次，供卵者可能因经济压力被迫出售自己的卵子，而供卵过程存在一定的健康风险，如使用促排卵药物和卵子提取手术。中介机构通常为追求经济利益，可能不告知或刻意隐瞒不利后果，从而对供卵者进行剥削（姬妍，2016）。最后，胚胎的买卖问题也备受争议。辅助生殖技术使胚胎可以在实验室中脱离母体存活，这引发了新的伦理问题。胚胎可能被用于科研，也可能被用于其他需求，甚至可能用于非道德的目的（邱仁宗，2020）。虽然胚胎库的建立方便了不孕夫妇的治疗，但也催生了胚胎买卖问题的扩大（董晓静等，2004）。

（五）知情权等一系列基本权利的保障风险

辅助生殖技术的快速发展凸显了技术的飞速进步，然而，如果社会伦理观念没有相应进步，将会引发一系列损害人类最基本权利的问题。

1. 子女知情权

关于辅助生殖技术后代是否应该知晓自己的出生方式以及是否有权寻找遗传父母的问题，一度引发了广泛讨论。如果养育父母选择隐瞒这些信息，是否剥夺了孩子的知情权？我国目前的辅助生殖技术相关法律法规实行"保密原则"和"互盲原则"，但有人认为这没有充分考虑到辅助生殖技术后代的知情权，对人类基本人格权的处理不妥当（李晓珊，2020）。在国外，也有关于辅助生殖技术后代知情权的讨论。其中，索菲·乍得（Sophie Zadeh）提出"子女应该拥有知情权"的观点，并指出尊重子女知情权的同时，应避免基于焦虑、错误信息或不切实际期望的信息披露（Harper et al.，2016）。

2. 高龄产妇的生育权

辅助生殖技术的讨论还牵涉到一个特殊群体：高龄产妇，她们面临的风险较高。研究表明，供卵助孕的成功率随年龄增长而下降，高龄受卵者的并发症和母婴风险显著增加（Paulson et al.，2002）。一些人认为，出于安全和长远考虑，可以拒绝高龄妇女的助孕请求（孙赟等，2018）。此时，辅助生殖技术所考量的是高龄产妇的身体局部，后者的卵泡身体、内膜身体、激素身体被用"好孕"的目标审视（赖立里、戴媛媛，2022）。美国生殖医学协会伦理委员会（Ethics Committee of the American Society for Reproductive Medicine）认为，从长期养育子女的伦理角度出发，可以拒绝55岁以上妇女的助孕请求。然而，考虑高龄产妇生命安全的同时，也应关注她们的生育需求。需要辅助生殖技术干预的妇女通常已经受到不孕不育问题的困扰，年龄增长导致生育能力下降，同时承受着心理、身体和经济压力（秦辉灵等，2017）。一些人认为，高龄产妇通常具有更高的教育水平、经济状况、社会地位和健康意识，对子女的抚养能力不逊于年轻女性，因此应满足她们的生育需求（苏洁，2018）。如何平衡高龄产妇的生育权和风险安全问题，是辅助生殖技术发展中需要考虑的问题。

（六）社会公平与公正

辅助生殖技术的可及性、成本和其对不同社会群体的影响引发了一系列社会资源分配、医疗制度的公平性以及生育权平等伦理问题。这些问题的论辩旨在确保辅助生殖技术不仅服务于少数人，而是真正造福整个社会，避免加剧社会不平等。

1. 可及性与贫富差距

可及性是指人群能够接触到辅助生殖技术的机会，而这种机会往往受到经济水平和社会地位的限制。辅助生殖技术的高昂费用在很大程度上设定了它的使用门槛，正如乔治·华盛顿大学妇产科教授舒尔曼（Schulman）所言："有钱人是这个领域进步的主要受益者。"有学者认为，尽管辅助生殖技术在伦理和科学发展方面都有其优势，但首要的经费应该投入到改善和扩大基层卫生保健工作中，这也凸显了对医疗技术可及性的关切（邱仁宗，2020）。辅助生殖技术通常价格昂贵，大部分经济状况较差的不孕家庭无法负担这一费用，无法享受到辅助生殖技术所带来的好处。这造成了社会不公平，一些人能够享受新技术带来的好处，而另一些人却被排除在外，这显然不符合社会公正原则（姬妍，2016）。

此外，辅助生殖技术的高昂费用也可能导致富人和贫困家庭后代之间的差距进一步扩大。富人完全可以支付高额费用，以确保他们的后代在基因上达到"完美"。如果基因编辑技术得到允许，很多人可能会利用这一技术来"设计""完美的"后代（王雅佳，2023）。辅助生殖技术的初衷是帮助所有不孕家庭实现生育，而不应该因财富差异而出现竞争不公平。此外，这也可能导致下一代之间的基因差异加大，甚至可能出现两个不同基因群体的分化（周婉琳、李瑞全，

2019)。因此，一些学者批评高价使用基因编辑来"设计"后代的行为，认为这不仅是对辅助生殖技术的误解，违背了生命发展的自然规律，还可能导致基因歧视，不符合社会的协调发展（姬妍，2016）。

最后，精子、卵子和胚胎的商品化问题也引发了贫富群体之间的公平问题。女性主义学者玛奥沃德（Mary Mahowald）和杜尔金（Andrea Dwoekin）指出，弱势女性可能因无法承受经济压力而从事代孕。代孕母亲可以获得患者的报酬，这在本质上是一种商业活动。代孕母亲多数是经济困难的人，而雇用代孕母亲的多是富人，代孕技术加剧了贫富差距（梁元姣等，2010）。

2. 性别选择与性别失衡

在中国，辅助生殖技术，尤其是产前基因诊断（PGD）技术的应用引发了性别平等问题。一项针对大学生使用性别选择技术以生育理想性别孩子的调查显示，中国的大学生应用这项技术的意愿明显高于其他国家的调查参与者（石人炳、江丽娜，2011）。辅助生殖技术的推广为选择性终止妊娠提供了技术支持，2010 年体外受精－胚胎移植技术助孕出生婴儿的男女比例高于自然受孕的男女比例，这表明了明显的性别偏好（马海兰等，2013）。我国出生婴儿性别比例失衡是被广泛接受的现实（张晓虎、刘沈之，2009）。一些学者担心，产前基因诊断技术的广泛应用将导致社会整体性别比例的失衡，而且将产前基因诊断技术用于性别选择是非医疗目的的应用，可能会吸引大量不符合我国辅助生殖技术诊疗规范的夫妇参与，相关医疗机构也可能在利益驱使之下滥用技术，进一步增加我国社会性别失衡的风险（聂宏伟等，2023）。

综上所述，辅助生殖技术带来了激烈而深远的伦理挑战，对于适当的伦理规范和监管提出了要求。实际上，各界正在努力寻找适当的伦理准则，以合理地规范和管理辅助生殖技术的应用。1979 年，《贝尔蒙报告》中就审慎地提出了"基本伦理原则"的概念，其中包括尊重人、有利、公正等原则。这些基本原则具有普遍性，可以作为制定具体伦理规范和评估人类行为的基本依据。随后的国际文件多在此基础上进一步明确伦理原则。例如，1997年联合国教科文组织发布的《世界人类基因组与人权宣言》强调了尊重人的尊严、自由和权利，禁止基于遗传特征的一切形式的歧视。这实际上是对尊重人的原则的再次强调。2003年，中国卫生部发布的《人类辅助生殖技术和精子库伦理原则》明确规定了医疗机构和医务人员在开展辅助生殖技术时应遵循的原则，包括有利于患者、知情同意、保护后代、社会公益、保密、反对商业化以及伦理监督等原则。2005年，联合国教科文组织发布的《世界生物伦理与人权宣言》重申了知情同意、有利、社会责任和健康等生命伦理原则（刘欢，2022）。这些伦理原则为我们提供了指导方向，以应对辅助生殖技术带来的挑战，确保技术的应用符合伦理准则，并促进社会的公平与公正。同时，政府、医疗机构和社会各界也应积极合作，不断完善相关法律法规，建立有效的监管机制，以确保辅助生殖技术的应用既推动科技发展，又不损害社会公平和伦理价值的基石。只有通过多方的共同努力，我们才能在这一伦理挑战面前找到平衡，为人类社会的未来创造更加公正和和谐的环境。

第三章 各国生育政策的变迁

广义的生育政策包含两部分，即生育政策和生育保障制度。二者关系密切，相互依托。具体而言，生育政策是指由政府制定的影响人们生育行为的法令和措施的总和，旨在通过生育数量的控制，达到减缓人口增长速度、提升人口质量的目的。生育政策体现国家对生育的态度，对生育行为具有指导及约束作用。从宏观层面看，生育政策包括与生育相关的法律、行政法规、地方性法规、自治条例及单行条例、部门规章和地方政府规章等。生育保障制度则是为女性提供生育期间收入补偿、医疗服务和生育休假的社会保障项目，是社会保障制度的组成部分，通常以社会保险的方式来做出制度安排。生育保险以保障女性在生育期间的基本生活需求为目标，主要面向工薪劳动者，包括国家机关、企事业单位及其他各类经济社会组织从业者，具体包括生育津贴、医疗护理、生育补助、生育休假四个方面的内容。除生育保险外，生育保障制度还包括对生育行为的其他限制性或激励性措施。因此，广义的生育政策不仅应对"生"做出合法性定义，还应该涉及"育"的保障体系，从而围绕"生育"形成一整套具有自洽性的社会关系与政策体系（贾玉娇，2019）。本章将对欧洲、美洲、亚洲等地区的生育政策和生育保障制度进行描述，并回顾我国的生育政策变迁过程，从而试图呈现生育政策变迁的全球图景。

第一节　欧洲地区生育政策变迁

北欧地区一直以其进步的生育政策而闻名，这些政策不断演变以适应社会和经济的变革，并鼓励人们积极参与生育和子女的抚养。这些政策的核心理念包括家庭福利、工作与家庭平衡，以及父母在育儿中的参与。尽管这些国家在生育政策方面存在一些共通之处，但也存在差异。

瑞典

瑞典因其先进的家庭政策而广受赞誉。19世纪70年代，瑞典的人口结构发生了显著变化。工业革命加速了整个欧洲的城市化进程，导致城市中的儿童劳动力价值逐渐减少。因此，儿童教育和抚养的成本急剧上升。此外，工业革命也带来了广泛的贫困和失业，让许多单身人士难以组建家庭。加上社会对婚姻和生育观念的转变以及现代避孕技术的出现，从1880年到1930年，瑞典的生育率急剧下降。到了20世纪30年代，瑞典的出生率在欧洲是最低的，同时伴随着高婴儿死亡率，导致了人口危机（徐兴文、刘芳，2020）。为了应对这一危机，瑞典开始实施一系列支持生育的政策。例如，1948年，瑞典推出了儿童津贴制度，每个孩子在16岁之前都可以领取约1000瑞典克朗的津贴。尽管托儿所的费用是根据家长的收入来确定的，但高达80%的费用由公共资金承担。

在20世纪60~70年代，瑞典推出了一系列政策，如提供免费的孕前和孕后医疗、产假和育儿津贴。随着时间的流逝，这些福利措施得到了不断的扩展和完善，如延长产假、增加津贴金额，并推出了灵活的父亲陪产假。为了支持工作与家庭的平衡，瑞典还提供了广泛的幼儿园和学前教育服务。在北欧，特别是斯堪的纳维亚国家，家庭政策与鼓励妇女参与劳动力市场紧密相关。这些政策在很大程度上基于性别平等，重视妇女的工作参与和男性在育儿方面的角色。从20世纪60年代开始，瑞典鼓励妇女进入劳动力市场。到60年代末，中性的性别观念和政策实践取代了传统的家庭政策，这标志着瑞典从男性为主的养家模式转向双薪模式。此后，70年代的政策重点是鼓励妇女成为雇员，并为其创造必要条件，努力实现男女平等。

2010年瑞典总和生育率为1.9，在欧洲普遍低生育率的环境中，其生育率相对较高且稳定，瑞典的家庭政策非常宽松，父母可以享受的权利包括：孩子8岁之前任意支配使用的单方240天双方480天的带薪产假（其中父亲必须使用60天），每周工作30小时，孩子生病请假照顾，生育前7周开始休假等。这些政策的目标是使所有家庭都能达到良好的经济生活条件、平衡劳动和家庭的关系、促进性别平等（王巧梅、李雪婷，2010）。在儿童保育服务方面，瑞典被列为最佳国度之一，瑞典儿童自1岁起，可以享受各类公共保育服务，而且公共保育服务大多免费，主要有全日制托儿所（1~6岁）、幼儿园（4~6岁）、开放式学前学校、家庭托儿所等（吕世辰、许团结，2019）。在时间支持上，1900年瑞典通过了第一部产妇保护法，禁止在女性分娩后的两周内从事工业生产工作，对女性实行无薪休假，这是瑞典时间支持政策的开端，之后这类政策不断扩展、日益慷慨，并且休假期间的工作岗位受到法律保护，时间支持通常包括产假和育儿假以及弹性工作时间（房莉杰、陈慧玲，2021）。

通过政府高福利的家庭政策，瑞典积极提高并维持较高的生育水平。瑞典的家庭事务由卫生与社会事务部负责，在育儿政策方面赋予地方政府较大权力，规定自治市政府为1~12周岁的儿童提供公共照顾服务，瑞典社会化福利和服务政策呈现出"去家庭化"的特点，其总和生育率从2000年的1.56升至2015年的1.92，生育支持政策产生了显著的积极效果（杨菊华、杜声红，2017）。

挪威

挪威也是一个在生育福利方面十分慷慨的国家。20世纪70年代，挪威开始实施一系列家庭和育儿福利政策，包括较长的产假期、育儿津贴、托儿所补贴和学前教育的普及。1909年，挪威引进女性产假，从引进至今，挪威母亲可休带薪产假时长总体呈增长趋势，2021年带薪产假时长可达18周。在儿童保育福利方面，挪威通过了儿童保育政策的相关立法，并通过立法对ECEC服务形成了指导，规定和明确了ECEC的办学方式、办学责任方、教学课程体系和教学人员标准等方面的量化标准和内容，并不断完善和修订。同时挪威提供儿童保育服务，20世纪70年代至90年代，高质量儿童托育服务的迅速普及对挪威生育率的下降起到了减缓作用。1970年，挪威只有少数儿童参加日托，3~4岁儿童入托率为5%，1~2岁幼儿入托率仅为1%。之后儿童托育的覆盖范围迅速扩大：截至1997年，1~5岁儿童中入园率为60%，2016年入园率达到91%。覆盖范围扩大最为显著的人群是1~3岁的儿童，2000年儿童入园率为37%，2016年已经超过80%。与此同时，挪威学前儿童托育的质量也在同步提高。而对于服务的费用承担，挪威儿童保育是公共补贴的，但不是免费的，政府规定托育机构的年收费不得超过幼儿所属家庭年收入的6%，低收入家庭等还有机会享受额外的托育费用减免等优惠（战婧嫒，2022）。

此后，挪威政府进一步增加了津贴金额，鼓励父亲参与育儿，提供了灵活的父亲陪产假。挪威再次引进育儿假和陪产假，以此来强调父亲在育儿方面的责任。挪威的育儿假有两种选择，一种可休49周，另一种可休59周。49周的育儿假中有15周是父亲配额，16周是父母可以共享的假期。59周的育儿假中有19周是父亲配额，18

周假期父母可以共享。不同的休假时长选择，可获得的收入补偿也不同，49周的育儿假可获得收入的全额补偿，59周的育儿假可获得80%的收入补偿。这些假期为生育提供了时间支持（沙勇、徐慧，2023）。

为保障国民福利，挪威对家庭福利的支付条件、支付内容和支付金额等也都做出了十分详细的法律规定。具体家庭福利包括儿童津贴、单亲补贴、幼儿看护津贴和家庭减税福利，儿童津贴会发放至17岁，儿童每月可以领取970挪威克朗的儿童津贴，单亲家庭儿童可以领取的津贴数额更高。同时，挪威还为女性提供一次性生育补助38750挪威克朗，并向13~24个月幼儿的父母直接发放现金补贴，帮助他们支付幼儿教育费用。

丹麦

丹麦也在生育政策方面采取了积极的措施。20世纪70年代，丹麦引入了产假和育儿津贴，并提供了托儿所补贴和学前教育。母亲产后第15周起，母亲或是双方开始休育儿假，最高时限为64周，但育儿福利补助金只发放32周。父母可以根据需要延迟休育儿假，但要在孩子9岁前休完。丹麦生育福利坚持以人为本，不同身份的父母都可以享受到生育福利政策。产假福利补贴金额按四类不同人员进行差异发放：全职工作人员、非全职工作人员、失业人员和学生。全职工作人员在产前4个月工作了160小时，且4个月内每周工作至少40小时，直到休产假的前一天仍在工作，产假补贴以工资的小时标准（不计劳动市场税）和之前3个月工作量为基础，并依据雇主向国家税务局报告的信息来计算。失业人员的产假福利补助金依据失业金机构的相应规则办理。生育补贴与失业补贴要看个人情况而定，生育补贴和失业补贴不可同时享受。（张喜华、陆心怡，2020）。

对于在丹麦纳税的父母，政府会给居住在丹麦的18岁以下的儿童和青少年支付福利津贴，两个或两个以上同时出生且年龄小于7岁的孩子的家庭可以享受多胞胎津贴，被收养的孩子也包括在内。

为了减轻教育负担且提高福利水平，在丹麦，儿童在26周时就可以享受儿童保育服务。丹麦为0~2岁、3~6岁两个年龄段提供了相应的服务，直至孩子6岁开始上小学。丹麦日托中心通常在工作日开放，每天最多可以开放10.5个小时，父母自付不超过25%的儿童保育服务费用，丹麦政府至少补贴75%的儿童保育服务费用。

丹麦政府还鼓励父亲参与育儿，提供了较长的父亲陪产假期。近年来，丹麦政府还加强了对家庭和育儿的支持，提高了福利水平。父母共享育儿假强调的是照顾孩子不是母亲一人的工作，而是父母双方的责任和义务。夫妻双方根据各自工作，商定如何分配共享育儿假。丹麦有灵活的生育休假制度。夫妻双方根据各自工作，商定如何分配共享育儿假。工作单位在员工休产假期间给员工发放部分或全部工资，国家将对这部分工资给单位予以补偿。同时，丹麦产假福利与劳动市场的运行紧密结合。对母亲来讲，产假期限分为三个阶段：产前假（4周）、产假（14周）和育儿假（父母双方总共最多可休64周）。父亲或注册同性伴侣则在母亲产后可以连续2周休陪产假，或经与雇主商定后，在母亲产后14周内共休2周。

丹麦的生育福利也将女性的心理健康纳入范围之内。得益于丹麦的全民免费医疗制度，孕妇进行孕前检查也属于全民免费医疗的一部分。除此之外，在丹麦的女性生育中有一个特殊的角色——助产士。助产士经过培训，可以帮助女性进行生产，并且照顾产妇。产妇可以通过预约助产士到家进行自然生产，或者去医院生产。生产之后，助产士也会定期到访，进行交流，分享育儿经验，疏解产妇产后焦虑以及可能的抑郁。

芬兰

芬兰也非常重视家庭和儿童的福利。他们提供较长的产假期和育儿津贴，并提供广泛的托儿所和学前教育服务。芬兰政府还鼓励父亲参与育儿，提供了父亲陪产假期。芬兰提供约为 17.5 周的产假和 9 周的陪产假，女性休产假期间可获得的收入补偿按年收入水平划分，收入高的可获得的补偿较少，收入相对较低的可获得的补偿较多。在育儿假方面，芬兰的 26 周育儿假是父母共享的权利，可以非全时休假，但父母双方不能同时休假，在休育儿假期间获得的收入补偿比例按年收入高低划分。除此之外，芬兰还提供家庭护理假，有一定的资金补贴，但是领取了资金补贴就不能使用公共儿童保育服务。

芬兰最早提出建立儿童保育服务网络的倡议，并于 2004 年 12 月在赫尔辛基举行儿童保育服务网络的第一次会议，自那以后一直积极推进儿童保育政策立法，延长儿童使用保育服务的年龄，加大儿童保育服务的政府承担力度和增加儿童可利用保育服务时长。例如：芬兰儿童通常在育儿假后 9~10 个月大时可以参加儿童保育服务，在 6 岁那年的 8 月开始学前教育，直至 7 岁上小学；在 2017 年芬兰政府 0~5 岁儿童早期教育和照料人均公共支出增长为 8000 美元，比 2015 年（7200 美元）增加了 800 美元。除了提供公共托育保障，芬兰还为家庭的儿童照料提供选择空间，推行"在家照料儿童补贴"政策，父母在领取该项补贴后，可以自行选择自己在家照顾孩子或将孩子送入私立托育机构。自该政策实施以来，领取这一津贴的家庭数量一直都超过芬兰家庭总数的 50%。

此外，芬兰还提供了各种其他的家庭福利措施，以支持家庭的经济稳定。北欧家庭福利种类丰富，芬兰则拥有最多家庭福利种类，包括儿童津贴（单亲补贴包含在儿童津贴内）、儿童家庭护理津贴、灵活看护津贴、部分照顾津贴和生育津贴。关于儿童津贴，芬兰17岁以下的儿童每人每月可以领取95欧元的津贴。另外，为减轻多子女家庭的经济负担，儿童津贴按不同孩次数发放不同金额的津贴，随着孩次数增加，津贴的金额也随之增加。

英国

生育文化和家庭结构的转型是英国19世纪现代化转型中非常重要的问题，这一时期，英国的生育文化从顺应上帝、自然放任的生育观逐渐向以生活水平为导向、自主计划的生育观过渡。在这一转变中，生育控制运动扮演了至关重要的角色，推动了英国生育文化的现代化转型（宋雪宁，2018）。19世纪的生育控制计划影响了之后人们的生育选择，步入20世纪，1938~1943年英国的总和生育率在1.7~2.1，"二战"后其总和生育率才波动上升，到1947年为2.68，后下降且在1951年维持在2.1上下，之后回升且到1964年达到最高值2.93，后急速下降并维持稳定，在1977年达到1.66之后一直维持在1.6~1.9。

20世纪四五十年代和70年代英国生育率的回升，受到政府支持政策的影响。英国在1948年建立免费国民医疗保健体制，根据1946年出台的《英国卫生保健法》，凡英国公民均可享受国家医院的免费健康医疗服务，50年来，英国政府不断增加对免费国民医疗保健体制的投资，英国的计划生育技术服务也被纳入该体系，产生于40年代后期的家庭治疗，通过以整个家庭作为心理干预的对象来分析、调整家庭成员之间的关系，以解决个人有关的心理问题（王巧梅、李雪婷，2010）。

英国1990年的估计人口数为5730万人，增长率为0.2%，总和生育率1.8（锌白，1991）。英国拥有细致完善的社会福利政策，在相关生育政策的刺激下曾一度接近更替水平，英国的总和生育率自1973年低于更替水平2.1以来，不同政党出台相关政策刺激生育，比较不同时期生育政策的效果发现，孕产假政策促进生育的效果有限，儿童公共照料政策始终不能满足实际需要，最能对英国生育水平产生影响的是儿童税收福利政策；在1997~2010年新工党时期，实行儿童津贴、儿童税收抵免、儿童信托基金、父母假、儿童公共照料的生育支持政策，在此时期总和生育率上升，1997~2010年总和生育率维持在1.7~1.9，2011年上升到最高值1.94（秦婷婷，2023）。

在产假制度方面，英国的怀孕母亲可获得39周的法定产假，产假工资相当于平时工资的90%；没有资格领取法定产假津贴的孕妇可以领取39周生育津贴，可在怀孕满26周后申请生育津贴；新生儿父亲可以休2周带薪法定父亲陪产假，而且新生儿父亲也可以获得最长时间为26周的额外父亲陪产假。在孩子5岁前，父亲可以再休假13周，但没有补贴；在孕妇营养补助方面，英国政府给予孕妇一次性补助作为孕妇怀孕期间的营养补助，以改善新生儿的健康水平，只要妇女有身孕，都能得到营养补助金，没有条件限制，是一项普惠性政策（吕世辰、许团结，2019）。

2010年紧缩财政改革以来，英国家庭政策呈萎缩趋势，从"累进的普遍主义"原则转向对弱势家庭的有针对性的支持，具体如下：在经济支持上，将儿童津贴分为普惠型和补缺型两类，补缺型儿童津贴又在家计调查的基础上分为工作退税、育儿退税、收入支持三类，2012年上述三项政策被整合退税取代，以简化程序、提高制度的透明度和运行效率；在服务支持上，1994年英国为育儿提供的税收减免政策大大促进了女性就业和育儿服务需求，私立的育儿机构迅速发展起来（房莉杰、陈慧玲，2021）。针对学龄前儿童的正规日间照料主要有三种形式，即托儿所、儿童托育员服务以及游戏团体，这些服务绝大部分是由私立机构提供（Finch，2008）。政府主要支持学龄前教育，目的在于衔接家校环境，从目前的评价来看，普遍反映的问题是：儿童托育费用较高且免费托育时间有限，这降低了中低收入家庭中母亲的工作可及性。此外，贫困家庭在市场上购买托育服务需要耗费很大成本，而政府的支持并不能有效解决这一问题。在时间支持上，20世纪70年代前英国只针对孕妇提供一次性的生育保险补助金，70年代后女性大量涌入劳动力市场，男性陪产假应运而生，之后出现带薪陪产和育儿假等规定（房莉杰、陈慧玲，2021）。

德国

1870年，德国的人口规模为4000万人上下，20世纪前后，德国人口增长率呈现下降趋势，政府采取了积极的生育政策，但德国总和生育率在1916年开始在3以下，之后继续保持下降趋势，1926年后一度降至更替水平以下，纳粹统治时期通过多种鼓励生育的手段使得生育率有所回升，但1942年之后又急剧下降，1945年，德国人口约6425万人，总和生育率为1.53（汤梦君、张芷凌，2019）。1952年，"二战"后不久德国即推出了《生育保护法》，1986年再推出《联邦养育津贴法》，陆续在其中设置了"生育津贴"、养育津贴等制度（冉昊，2019）。20世纪50年代，德国经历了短暂的婴儿潮，1964年，总和生育率回升到了2.53；60年代后期，与其他欧洲国家一样，德国经历了生育率的急剧下降；在1994年前后，总和生育率下降到历史最低水平，为1.23；之后生育率开始缓慢上升，近年来一直在1.4~1.5之间。总的来看，德国未来面临着低生育率、老龄化以及国际移民的挑战（汤梦君、张芷凌，2019）。

德国总和生育率从20世纪70年代开始下跌到生育更替水平以下且逐年下降，从2010年开始仅有小幅上升趋势，但是仍低于更替水平（王红漫等，2021）。德国的生育保障从1883年颁布《疾病社会保险法》起就作为一种社会福利措施为国民服务；此外，德国作为经济发达国家出于对提高生育率,改善人口结构的目的,它的生育保障一直保持在较高水平(程艺凤,2019)。为了应对人口危机,提高人们的生育意愿,德国政府陆续出台了一系列"生育友好"政策,这些"生育友好"政策的共同目标就是促进生育主体——家庭收入的稳定,推动家庭和个人职业的平衡发展,促进儿童及青少年的健康成长,进而消除妨碍生育主体实现生育需求的障碍,切实提高生育率(于秀伟、侯迎春,2018)。

为解决人口危机,德国政府对二战后的《生育保护法》(1952年颁布)不断调整,对孕产期妇女的工作时间、工作保证以及休假津贴等都做了详细的规定,是实施诸多生育保护措施的法律依据;2007年,又实施了《联邦父母津贴和父母养育假法》,创立了生育后父母双方可以共同获得的"父母津贴"计划,同年又对这两部法律进行了修订,产生了非常有利的社会效果(冉昊,2018)。

2006年以后,德国生育率出现小幅回升,人口出生下降的局面有所反弹。2007年德国出生人数较2006年多了1.02%,人口出生率达8.32‰,2008年为8.31‰,2009年略有波动,为8.12‰。由于死亡人数超过新生儿,即使有一定净移民流入,2009年的德国人口总数还是下降到8188万人。2010年起,德国的出生率连年增长。2016年在德国出生的婴儿数量达到79.2万人,比2015年增加了5.5万人,增加了7.4%,创下2011年来新高。几年后,德国妇女生育率曲线呈现缓慢上升趋势,2015年达到了1.5这个几十年没有达到过的数值;随后在"父母津贴"制度基础上进一步引入了"父母津贴+"计划,2016年德国总生育率继续上升,达到了1.59(冉昊,2019)。根据德国联邦统计局发布关于总和生育率的统计数据可以得知,21世纪初期,德国总和生育率持续偏低,从2005年至今,生育保障制度得到相应改善,使得总和生育率不断攀升,在多种制度中,"父母津贴+"以及"父母育儿假"得到了高度认可，成为激发生育内生动力的重要因素，其政策主要优势在于津贴形式多样化、保障了必要亲子时间、不断完善幼儿入托机制（龚曦，2021）。

德国联邦家庭事务部发布，德国已经拥有完善的生育友好体系，内容涉及税收制度、社会保险制度、住房制度和教育制度等多个方面（Bundesministerium，2013）。德国生育支持政策有：儿童津贴、联邦父母津贴、联邦儿童看护津贴以及保障职业女性怀孕期间的健康权、产假、父母假，生育保险金等政策（吕世辰、许团结，2019）。目前，在德国有150多项与婚姻和家庭相关的配套支持措施，这些政策措施主要是在经济、时间和基础设施服务三个维度上为女性生育孩子提供或改善基本条件（郑春荣，2022）。从经济上为家庭成员提供现金福利，尤其是育儿补贴和税收减免；在时间上主要有带薪产假，鼓励女性通过"半就业"来平衡工作和家庭；在基础设施服务上主要由非营利机构提供公共托育服务，此外还有家庭日托服务，托育机构得到政府大量的补贴（王红漫等，2021）。与德国子女抚育津贴相比，父母津贴支持女性更快地回归职场，这对于女性的中长期职业前景规划将带来积极影响；国际比较发现，更长的父母抚育假期会强化性别之间的传统劳动分工，给女性的（再）就业带来负面影响，而女性选择长期在家不工作，反而不能提高生育率（郑春荣，2022）。

第二节 美洲地区生育政策变迁

美国

美国建国之初，人口大约只有250万人。1790年第一次美国全国人口普查时，总人口为392.9万人，此后人口不断增加（赵学董，

1984);根据《联合国人口年鉴》统计,1960年美国的总人口为1.79亿人,1970年为2.03亿人,到1982年上升为2.34亿人(马寿海,1988),1990年的估计人口数为2.49亿人(锌白,1991)。可以看出,自18世纪末到20世纪末以来的两百年间,美国人口增长迅速,其中,在二战后的美国出现了一次人口生育高峰。美国20世纪30年代中期的总和生育率是2.1,到1957年的生育高峰期,总和生育率上升为3.7,从1946年到1964年的18年间,美国共出生人口7600万人,是生育高峰期的一代;到1964年,生育高峰期宣告终结,出生率回落并趋于稳定,进入70年代以后,总和生育率基本上在1.8的水平上波动(马寿海,1988;李伟旭,2007)。

美国人口国情的变化反映出国家人口政策的转变。1965年以前,美国实际上一直奉行的是一种鼓励生育的政策,如在1873年,美国政府颁布了《康托斯法》,禁止一切避孕材料的邮寄和进口。同时,美国作为一个移民国家,移民政策也是美国人口政策的重要组成部分,美国最初是鼓励移民自由入境。后来,则对移民入境加了一定限制,从1921年起实行的是限额移民政策。1921年,美国国会通过移民法案规定,任何国家每年向美国移民人数不得超过当时居住在美国人数的3%(栾习芹,2006)。

20世纪70年代是美国人口政策的一个重要分水岭。由于60年代美国民权运动的兴起,美国女权主义运动掀起第二次高潮,引发人们对于生育观念的反思,同时在70年代中期,美国高等法院宣布1873年颁布的《康托斯法》违宪,从法律上最终确立了避孕的合法性,所以在70年代以后,美国节制生育的相关政策出现(刘灵熙,2014)。

美国全国没有制定人口政策,人们实行避孕的三种主要方法是:妇女绝育(17%)、口服避孕药丸(14%)和男性绝育(11%)。各州法律对绝育的规定各不相同,但当时堕胎必须在怀孕24周以内进行（锌白，1991）。美国虽然没有直接干预人口规模和人口增长的全国性人口政策，各州有自己的政策。虽然美国对生育实行不干预政策，但现行的一些人口措施也反映了控制人口增长的目的，从1965起美国一些州允许自主计划生育。随后，美国联邦政府也确认家庭可按意愿生育孩子和安排生育间隔。1970年，经国会通过，尼克松总统设立"人口增长和美国前景委员会"，研究美国人口发展状况及其相关问题。1974年，该委员会经研究提出"人口继续增长对经济、环境、政府和社会等皆无益处"的结论，提出最理想的目标是人口稳定，"静止人口"由此成为美国政府人口发展政策的目标（栾习芹，2006）。

美国在移民政策方面也做出调整。1965年，国会通过新的移民法案，规定任何一国每年向美国移民的限额为2万人，墨西哥和加拿大移民限额4万人。美国在第二次世界大战后，就推行"人才引进"政策，对外来移民的条件进行限制。1977年，众议院还成立了"人口选择委员会"，研究国内外人口问题，尤其注重外来移民对美国的影响（栾习芹，2006）。

1984年的墨西哥城第二次国际人口大会是美国人口政策的转折点之一，此前美国还认为人口增长问题是较为紧迫的，之后，则认为人口增长不一定是好事也不一定是坏事，当时的里根政府在会上提出美国将实施"墨西哥城政策"，即限制向海外从事计划生育工作和服务的非政府组织提供援助的政策，此政策是全球计划生育遏制政策的雏形（孙唐水、汝小美，2003），也表现出美国计划生育政策的松动。

美国人口自然变动在20世纪80年代表现为美国的人口出生率和生育率均有所上升，总和生育率从1979年的1.80上升到1989年的2.01；人口增长的同时也出现了一些问题，如年轻的未婚妈妈激增，生育与婚姻联系已日渐松弛（张善余，1993）。

随着20世纪90年代以来，美国外来移民数量趋于平稳，出生率开始下降，美国人口增长率持续放缓（陆杰华、谷俞辰，2022）。2001年1月22日，时任美国总统布什签发了一项行政备忘录，宣布恢复"墨西哥城"国际计划生育政策（孙唐水、汝小美，2003），反映了其对计划生育态度的转变。

美国在2000年人口增长率为13.15%，2010年人口增长率为9.71%，2020年人口增长率为7.35%（陆杰华、谷俞辰，2022）。美国的总和生育率长期处于更替水平上下，相对平稳，并未面临严重的生存危机，故亦未专门为提高生育而出台支持政策。虽然设有儿童与家庭局，但有利于生育的政策嵌套在社会救济或促进教育发展等政策之中，各州差异甚大，如在全国范围内并未形成统一的带薪产假支持制度；为缓解照顾家庭与工作之间的矛盾冲突，美国推出灵活工作政策和工作分享项目，并为此专门出台了《联邦雇员弹性和压缩的工作时间表法案》，面向3岁以上儿童的单亲家庭出台"就业机会和基本技能培训计划"项目，通过提供就业技能培训，提高生育女性的就业率（杨菊华、杜声红，2017）。

尽管美国的生育率与其他发达国家相比不算太低，据统计，2016年美国生育率为平均每个妇女生育1.82个孩子，但仍低于生育率2.1的世代更替水平，并且各年龄组的育龄妇女的生育率都在呈下降趋势（魏南枝、常夷，2018），美国的生育问题仍然值得关注。进入21世纪，美国对于家庭生育的支持政策比较碎片化，每个州内部有不同的政策，总体来讲，从时间政策上主要有无薪或者带薪产假，生育津贴主要针对贫困家庭、残疾和单亲儿童家庭，托育服务多数由私立机构提供，主要有日托和早教等形式。一般来说，美国还没有形成全国性的强有力的生育支持政策（王红漫等，2021）。但总的来说，美国已在生育支持政策上进行了一定的探索，同时其整体社会福利体系较为发达，为其他国家提供了借鉴。

拉丁美洲地区

近一个世纪以来，拉丁美洲（亦称拉美）地区的人口一直持续而迅速地增长，人口总数已由1900年的7400万人增加到1981年的3.6亿人，在世界总人口中所占比重也由4.4%增至8.1%。就人口增长率来说，1900年至1950年的人口年均增长率为1.6%，和大洋洲并列世界第一，在1950年至1975年的25年中，年均增长率高达2.8%，居世界各大洲首位，远高于世界的平均数（1.9%），成为全世界人口增长最快的地区。根据预测，2000年时拉丁美洲的总人口将达5.6亿多人，而到21世纪末实现人口稳定发展（出生率和死亡率相等），届时将比现有人口增加近三倍，达13亿多。1950年时，拉美生育率为5.8，总体高于世界平均生育率，拉美人口增长进入一段高速发展期。1980年后，拉美大部分国家陷入债务危机，发展势头被打断，通货膨胀严重，失业率高，生育率大幅下跌。21世纪至今，拉美生育率持续下跌。

占拉美地区总人口95%以上的国家实行和部分实行家庭计划和节制生育措施，例如在巴西，1981年初，卫生部直接向政府建议，在全国范围采取计划生育措施，以便控制人口的继续增长。卫生部制订的这项控制人口增长的计划分两步进行：第一步对人们进行广泛的宣传教育，使全国人民懂得有关的人口知识以及人口增长对经济发展、家庭生活的影响；第二步是免费向自愿实行节制生育的育龄妇女提供避孕药具。哥伦比亚政府于1970年正式制定了人口政策，其近期和远期的目标分别是降低人口增长速度以及使人口的地区分布更加合理。政府责成家庭计划局负责、由3000多个卫生站大力推行计划生育工作。

在此情况下，拉丁美洲的人口出生率和增长率都有所降低。这主要表现在：第一是生育率大大下降。目前总和生育率最低的是古巴，为 2.18；处于中间水平的是巴西、哥伦比亚、哥斯达黎加和委内瑞拉，在 3.00 至 4.70；墨西哥、秘鲁和萨尔瓦多等国也较过去有明显下降。第二是出生率的降低。20 世纪 50 年代拉美地区的年平均出生率高达 40‰左右，60 年代保持在 38‰左右，到 1981 年已降至 32‰（当然还高于全世界 28‰的平均数）。第三是年增长较过去有所减慢。全拉美地区 1975—1980 年的年平均增长率为 2.5%，在世界各大洲中已退居第二位（非洲同期的相应数字为 2.9%），也低于前 25 年的年均增长率（2.8%）（万素珍、王留栓，1984）。

与此同时，尽管目前许多拉丁美洲国家都在谋求更加宽容进步的社会政策，如智利同性恋婚姻合法化进程、哥伦比亚同性恋家庭收养孩子；但堕胎问题在拉丁美洲仍然是一个禁忌。在拉丁美洲，对堕胎限制能够算得上宽松的，将堕胎合法化了的，只有乌拉圭和古巴。其余国家，无一不是对堕胎有着严格的限制，甚至可以说是惩罚。

第三节　亚洲地区生育政策变迁

韩国

有关韩国国家生育政策的变迁历史，可追溯至 20 世纪 40 年代。韩国人口普查数据发现，从 1944 年到 1949 年，韩国年平均人口增长率为 4.7%，而 1949 年到 1955 年的人口增长率却很低，只有 1%，主要是由于朝鲜战争的影响。然而，从战争结束后的 1953 年开始，生育率出现快速增长，而死亡率也迅速下降，再加上有 300 万难民涌入，导致 1960 年人口增长率达到 3%，当时的总和生育率高达 5.99。如果按照这样的增长率发展下去的话，韩国人口会在 23 年里翻一番，这将严重阻碍社会经济发展（乔晓春，2015）。战争结束之后人口的快速增长增加了韩国社会经济发展的压力。严重阻碍重振经济的高人口增长率促使韩国政府于20世纪60年代初期果断地采纳了计划生育政策（袁蓓、郭熙保，2015）。隶属健康和社会事业部的技术顾问委员会下属的妇幼健康委员会在1959年建议全国开展计划生育工作，但当时的政府并没有立即采纳这一建议；然而在军人政府统治后，这一政策最终在1961年被国家采纳，目的是使控制生育的政策与经济发展政策相伴随，并将其作为经济发展计划的一部分，通过国家公共卫生服务网络开始推行（乔晓春，2015）。至此，韩国有关限制性生育的政策规定正式开始制定和执行。

为了应对人口增长和资源有限之间的矛盾，韩国政府于20世纪60年代开始推动人口控制政策，推出了早期计划生育措施（1960年至1980年），这些政策包括普及避孕措施、宣传计划生育意识和提供计划生育服务，从而达到鼓励人们自愿控制生育的目的。故此，韩国的生育水平在1960年到1980年20年间急速下降。20世纪90年代初，韩国的生育水平更是降至更替水平以下并持续走低，导致人口增长过于缓慢。为此，韩国政府从1996年开始，放弃了生育控制政策，转而实行"新人口政策"，并将人口政策的重点从抑制人口增长转变为提高人口素质和改善福利（杨菊华、杜声红，2017）。从2004年到现在，韩国政府逐渐调整计划生育的重点，开始鼓励家庭生育，以解决与经济社会现代化相伴而来的超低生育问题（袁蓓、郭熙保，2015）。继1991年通过《婴幼儿保育法案》后，韩国政府在2006年实施新生儿保健政策，旨在为育龄人群提供优质的产前和产后医疗保健服务。政府还积极提供生育奖励和福利支持，鼓励家庭生育第二个孩子，以应对人口老龄化和少子化的危机。2007年，韩国政府推出了父母子女年金政策，为年老无法自理的人群服务提供养老金，从而减轻有生育意愿的年轻夫妇在同时扶老和携幼上的压力。

除此之外，韩国政府还相继出台了配套的政策体系。2005 年韩国政府颁布《低生育行动框架和人口政策》，并于 2006 年制定了《健康家庭基本计划与低生育率和高龄社会基本计划》（以下简称《基本计划》），自此韩国生育配套政策从温和中立到积极鼓励发生了历史性转折，之后连续出台三个应对低生育与老龄化社会的五年计划（McDonald，2008）。2006 年《基本计划》启动以来，韩国政府密集出台百余项生育配套政策（朱荟、苏杨，2019）。相关配套政策主要有中长期保育计划、育儿教育五年计划以及儿童政策基本计划等。中长期保育基本计划是根据《婴幼儿保育法案》制定的五年实施规划。2008 年政府成立并公布了反映新国情理念和保育政策环境变化的《关爱儿童计划（2009—2012 年）》。2007 年，政府出台了《家庭友好社会环境建设促进法》，之后又颁布了《职业中断女性再就业促进法》，从而保证妇女在生育后能够迅速返岗，减少生育带来的职业中断，从而提高女性的生育意愿。2010 年，第一次《基本计划》实施完成，韩国中央政府在对计划实施后的社会变化和政策成就进行评估的基础上，于 2012 年制定了第二个《基本计划》。2012 年，韩国修订并颁布实施《幼儿教育法》，把"幼儿教育中长期政策目标及方向五年规划"法制化，并明确了基本计划的制定和执行责任主体。教育科学技术部（现为教育部）在 2013 年 2 月制定了"第一次幼儿教育发展五年计划（2013—2017 年）"。2016 年，第三次低生育率与高龄化基本计划开始实施（金炳彻、都南希，2020）。2020 年，韩国政府推出了一系列生育援助措施，包括提供金钱奖励和福利支持，以减轻夫妇的生育负担，并应对不断下降的出生率。2016 年实施了"一例一休"政策，即每周一天的强制休假，以帮助夫妻有更多时间照顾家庭和子女。

21 世纪后，韩国的生育支持政策对提振生育率产生了一定的积极影响，但影响幅度和影响时效非常有限（范静，2023）。自 2015

年开始,总和生育率开始快速下跌。截至2019年,韩国的生育率下跌至0.92。韩国统计厅最新公布的《2022年出生死亡统计初步结果》和《2022年12月人口动向》显示,韩国2022年总和生育率,即育龄女性一生平均生育子女数,为0.78,比2021年(0.81)减少0.03,创下1970年开始相关统计以来最低值(潘寅茹,2023)。2023年3月29日,韩国2023年第一次低生育老龄化社会委员会会议,宣布将重新研究过去执行的刺激生育相关对策,《环球时报》记者采访发现,培训补习班在韩国的确火爆,而这一现象引发的焦虑,已成为拖累该国生育率的原因之一;韩国《中央日报》称,政府将从5个重点领域解决低生育率问题:儿童保育与教育保障、父母工作与育儿平衡、住房支持、育儿费用和儿童健康福祉,并据此推出一系列新计划(张静、潘晓彤,2023)。虽然韩国政府的生育支持政策涵盖了多主体的生命周期,然而这些生育配套政策未达到预期的主要原因还是政策体系的构建与运营上存在政策目标与政策手段不协调、政策凸显不出集中性与选择性、政策评价与调整的实效性不明确、政策需求与政策供给之间的契合不足、政策的财政投入效率不高等问题(韩松花、孙浩男,2020)。

日本

二战结束后,随着政治环境逐渐稳定和经济发展,世界各国基本都经历了一个短暂的生育高峰,日本在1947—1949年的总和生育率在4.5左右,总和生育率在20世纪60年代后波动下降明显,尤其从20世纪70年代起始,日本处于长时间的低生育状态(王红漫等,2021)。1974年是日本经济自二战后首先出现负增长的一年,也是总和生育率低于人口更替水平的第一年;此后,日本总和生育率在小幅波动下开始了持续下降的进程(徐兴文、刘芳,2020)。1989年,日本总和生育率下降到1.57,被当时的日本社会称为"1.57

冲击",从此日本真正开始重视生育率下降的问题。生育率下降主要原因是日本人口少子老龄化,从而引出了劳动年龄人口减少、社会保障供给不足等问题(丁英顺,2019)。

观察日本的生育水平变化过程,我们可以发现政策对于生育水平的影响较大。从1947年到1949年,日本连续3年出现了生育高峰,每年出生人数达到268万人左右,出生率由1945年的23.2‰骤增至33‰~34.3‰,总和生育率高达4.54,被称为第一次婴儿潮(牛姗、曹丽娜,2020)。1948年,日本颁布了《优生保护法》,使人工流产合法化(梁颖,2014)。1950年政府通过一系列议案,决定人口政策从鼓励生育转变为限制生育,生育率急剧下降,1960年开始放宽生育政策,生育率没有出现反弹,继续下降,1990年下降至1.57。为了阻止生育率继续下降,1990年开始实施生育鼓励政策(牛姗、曹丽娜,2020)。

自1974年起,日本总和生育率持续低于人口更替水平,并陷入"低生育陷阱"之中长达近30年。日本总和生育率在2004—2015年间呈现不断增长趋势,主要归因于日本在1994年之后采取的一系列鼓励生育的政策措施(范静,2023)。在托幼服务方面,日本在1994年和1999年先后制定"天使计划""新天使计划",制定"带孙子假"、女性产假和"交学费"不用交税的政策。2017年,日本开始实施《育儿、护理休业改革法案》,同年更是提出了"育人革命",计划用3年时间投入约2万亿日元,旨在提高日本人的生育积极性(牛姗、曹丽娜,2020)。与此同时,为促进女性就业与再就业,日本政府在1991年开展了"妇女就职活动",在各级政府部门设立"雇用促进中心""妇女就业援助设施",每年举办6期妇女再就业培训班(杨菊华、杜声红,2017)。世界银行统计数据显示,日本女性劳动参与率从1990年到2000年一直稳定在40%左右,从2000年开始,女性劳动参与率逐年提高,到2019年升到44%(The

World Bank，2021）。近年来，日本政府为促进妇女就业、解决少子化现象，从中央到地方都制定、完善和实施了诸多政策，在一定程度上促进了妇女就业，改善了妇女工作与家庭的环境，使得妇女工作与家庭的矛盾得到一定程度缓解，但似乎仍然没有遏制住少子化发展的趋势（胡澎，2004）。

2005 年，日本总和生育率史无前例的跌至 1.26，此后略有回升，2017 年为 1.43。连续数十年的低总和生育率使得日本人口自然增长率持续走低（徐兴文、刘芳，2020）。2005 年，日本人口自然增长率为 -0.2‰，日本进入人口负增长时代，开始出现了人口减少的现象（丁英顺，2019）。2011 年以来，日本人口自然增长率一直呈负增长趋势，且至今仍没有改变的迹象；2004 年 2 月将女性育儿产假期间免除缴纳养老保险的时间延长至 3 年，2004 年 4 月对《儿童补贴法》进行修改，2014 年提出"儿童放学后综合计划"，2015 年明确提出将男性享受休陪产假的比例提高至 80%，2018 年 6 月 13 日日本政府提出家庭收入满足一定条件时，由国家全部承担或者承担一部分子女从保育园至大学的学费，2021 年通过的《育儿护理休假法》修正案。虽然日本先后出台了多项家庭生育政策，但由于对少子化问题的严重性认识不足、采取应对政策的时机过晚、制定政策的魄力和精准度欠缺、实行政策的力度不够等方面的原因，日本应对少子化政策所取得的成效并不显著，离遏制少子化的目标还相去甚远（王伟，2019；王红漫等，2021）。

新加坡

新加坡建国前，管理家庭计划事务的机构是于 1949 年成立的新加坡家庭计划协会，但该协会作为一个志愿组织，缺乏足够的资金支持，工作进展不甚理想。第二次世界大战后，由于外来移民数量众多、国内人口增长率较高的原因，新加坡的人口开始剧增。直到

1965 年，新加坡脱离马来西亚建国，此时其人口年增长率是 2.4%，人口密度为 3062 人/平方公里，属于世界上人口密度最高的国家之一。在独立之后，新加坡政府所面临的政策问题之一就是增长过快的人口和匮乏的自然资源之间的矛盾。因此，新加坡政府在 1965 年颁布了《家庭计划法》，来年成立了新加坡家庭计划与人口局来负责所有新加坡家庭计划和人口控制问题。该机构采取了强有力的人口控制政策，包括限制入学、征收所得税、产假限制等，其只用了 9 年时间就非常有效地降低了人口出生率，到 1975 年新加坡的人口出生率竟然降到了"更替水平"以下，出现了负增长（崔晶、Quah，2011）。1983 年，新加坡总和生育率降至 1.6，政府意识到这一结果大大偏离了国家保持相对稳定人口的目标。从 1984 年起，开始实施双向的生育政策，即限制低教育水平的人群生育，鼓励受过高等教育的妇女生育。1986 年政府宣布要重新审视人口政策并征询公众的意见，1987 年，政府最终宣布改变人口控制政策，鼓励多生孩子，并提出新的口号；新加坡生育政策的转向非常迅速，宣传教育、税收减免政策、产假与分娩费用政策、儿童津贴等政策均做出快速回应，由于政策效果不理想，新加坡政府在之后的 20 年里逐步加大了儿童津贴（亦称"婴儿花红"），增加了产假与育儿假的天数等政策的范围，也从先前的经济刺激转向更大范围地促进工作与育儿相协调的政策（汤梦君，2013）。

新加坡人少生育的观念已经形成，生育意愿也已发生根本性的变化，虽然新加坡政府为鼓励本国人口多生育子女做了很多努力，但事实上并未达到预期效果，这使得新加坡人口政策发生很大转变。尤其是在移民政策上，开始把吸引外来移民作为补充本国人口数量的关键措施。2006 年 6 月，新加坡在总理公署设立了一个永久性机构——国家人口秘书处。另外，2011 年新加坡又成立了国家人口及人才署，来扩增人口、吸引人才，这一系列鼓励移民迁入的政策取得了很大成效，使得移民人口成为20世纪80年代之后新加坡人口增长的主要补充来源（张莹莹，2013）。

进入21世纪以来，新加坡政府注重分析内部导致人们少育的原因，政府的干预转向了更多的家庭与婚姻领域。比如，2003年，政府发起"浪漫新加坡"运动，帮助民众认识到家庭生活的重要性并通过组织免费舞蹈课、公园露天电影放映等活动促进婚姻结合。此外，新加坡成立家庭事务委员会开展公共教育运动，提倡家庭健康和团结的价值观，以促进家庭形成并营造家庭友好的环境（Wong and Yeoh，2003）。政府还使用家庭友好企业补助金、工作－生活平衡基金等项目为促进工作与生活协调，推行灵活工作制度的企业提供资助（Straughan et al.，2008）。从2011年起，政府开始采取措施增加人们结婚的概率，减少不婚率。2008年，新加坡政府宣布，将专门拨出16亿新加坡元（约合11亿美元）鼓励生育，政府一直通过各种途径努力提高生育率。在托幼服务方面，新加坡政府2013年成立"幼儿培育署"来专门管理学前教育，并加大投资力度，另外加强对教师的培训和学前儿童家长的教育指导，在产假方面，政府规定父母双方均享有产假。在财政补贴方面，对生第三个孩子和第四个孩子的家庭进行部分退税的激励等，还有儿童保育补贴的相关政策。从2008年开始，政府资助人工受孕，为有接受人工受孕以及试管婴儿的夫妇提供经济补贴（牛姗、曹丽娜，2020）。

总的来说，新加坡鼓励的生育政策目前已经涵盖了生育退税减税、幼儿津贴、带薪产假、托儿服务、住房计划、医疗保健、平衡工作与家庭和保护女性就业权利等多方面；但这些政策并没有显著提升新加坡生育率，只是在一定程度上缓解了生育率下降的幅度，新加坡总和生育率从2003年开始一直维持在1.2左右，2020年新加坡总和生育率降为1.1，整体呈现持续下降的趋势，反映出新加坡的生育支持政策对于生育率的正向促进效应没有彰显（刘玮玮，2020；

宋健、姜春云，2022）。

第四节　我国生育政策变迁

新中国成立以来，我国总人口由1949年的5.4亿人发展到2023年的14.12亿人，年均增长率约为1.2%。庞大的人口总量为中国经济的腾飞提供了宝贵的人力资源，为中国特色社会主义现代化建设奠定了坚实的人才基础（国家统计局人口司，2019）。2013年"单独二孩"政策开启了将更多的生育决策交由家庭的历程。自此，我国人口生育政策逐步趋向宽松。2015年"全面二孩"政策出台，2021年"三孩政策"实施，我国人口生育政策依据我国人口总量与人口结构变化，以及经济社会发展的阶段特点不断调整（马红鸽、贺晓迎，2021）。

早在新中国成立初期，中国政府就着手进行了生育保障的立法工作。1951年政务院颁行的《劳动保险条例》中，专门对女职工的生育保护做了明确规定。根据这个条例的规定，女职工分娩享受56天（小产15~30天）带薪产假及生育补助费等。1953年修改后的《劳动保险条例》又增加了女职工生育医疗费用由公费承担的规定。中国生育保障的这些法律规定使生育的社会价值和意义第一次在中国受到社会的承认和尊重，它对于保护妇婴身心健康、提高妇女的经济和社会地位有重大意义（胡盛仪，1997）。

1953年全国第一次人口普查结果显示我国人口总数为6亿多人，与新中国成立初期人们所认知的人口数量严重不符。"鼓励性"人口生育政策带来的人口过快增长与社会资源供给不足的矛盾不断凸显，引发的社会问题引起了中央决策者的关注，人口生育政策逐渐转变为"节制"生育。

从20世纪60年代开始，中国的生育保障立法逐步以两种生产的理论为指导思想，不仅进一步加强了对妇女生育健康的保护，而且加强了生育保障的宏观指导，注意了人口的计划生育保护，取得了较好的成绩。1964年4月，国务院批准了卫生部、财政部关于计划生育经费开支问题的规定。其后，国务院又在一些批复文件中对实施节育或绝育手术人员的休假问题做出了规定，从而在政策上开始鼓励和引导人们节制生育。在这些生育保障的法律法规的积极鼓励和引导下，人们的生育模式特别是在城市中有了转变，人口的出生率开始有所下降。

1978年，"实行计划生育"第一次被写进《中华人民共和国宪法》，人口增长被纳入国家经济发展战略目标，人均指标作为经济建设的奋斗目标，计划生育真正成为中国的基本国策。自此，以"晚、稀、少"为主要特征的人口政策基本形成。1980年底逐渐发展为"晚婚""晚育""少生""优生"人口政策。长达10年的"计划生育"，很大程度上缓解了我国人口增长过快的压力。

1980年初，中央下发正式文件，鼓励每个家庭只生养一胎，努力使人口自然增长率降低至10‰。随着该项政策的大力执行，虽然取得一定成效，但仍存在很多矛盾。尤其是我国作为农业大国，要确保农业生产劳动力充足，而"一刀切"的政策则给农业生产及养老带来诸多问题。对此，1984年中央召开计划生育委员会，强调计划生育工作在农村可以依据实际情况酌情放宽。

经过多年的积极探索和努力，目前中国已经确立了以生产理论与持续发展理论为基础、以保护生育健康、提高生育质量、控制生育数量为宗旨的生育保障立法原则，并逐步形成了以宪法为基础，以婚姻法、妇女权益保护法、母婴保健法、劳动法等部门法为主干的，包括有关国家单行法律法规、地方性法律和部门规章在内的生育保障法律体系。为了切实搞好女职工的特殊劳动保护工作，劳动部于1990年1月颁发了《女职工禁忌劳动范围的规定》，具体规定了矿山井下、森林伐木、归楞及流放作业、高空脚手架安装拆除及架线作业五项工作属女职工禁忌从事劳动的范围，并且还规定了女职工在经期、孕期及哺乳期禁忌从事劳动的范围。这些法律、法规的规定，既保障了妇女劳动就业的权利，又从妇女生理特点出发，加强了对妇女劳动的特殊保护，从根本上保护了妇女的身心和生育机能的健康。对于妇女孕产期的健康保护，国家更是一贯极为重视，并不断完善和加强这方面的立法。1988年，国务院颁发《女职工劳动保护规定》；卫生部、劳动部、人事部、全国总工会、全国妇联联合颁发女职工保健工作规定等。这些法律和规章，不仅将女职工的产假延长为90天（难产增加产假15天），并对女职工孕期、1岁婴儿哺乳期的劳动时间、劳动保护等做了详细而具体的规定。1994年10月，国家颁布了《中华人民共和国母婴保健法》（以下简称《母婴保健法》），并于1995年8月由卫生部颁发了《母婴保健法实施办法》。根据上述法规及其实施办法的规定，国家发展母婴保健事业，对边远贫困地区的母婴保健事业给予扶持，使母亲和婴儿获得医疗保健服务，建立孕产妇保健手册卡，为孕妇进行定期检查提倡住院分娩，实行消毒接生，降低孕产妇及围产儿的发病率和死亡率，对于诊断认为继续妊娠可能危及孕妇生命安全或严重危害孕妇健康的，医疗机构在征得本人同意的情况下，免费为其提供终止妊娠的服务，对产妇定期进行产后访视等。《母婴保健法》的颁行，极大地提高了国家对生育健康保护的范围和力度。

2000年中共中央国务院颁布《关于加强人口与计划生育工作稳定低生育水平的决定》，强调"控制人口数量、稳定当前生育水平、实现人口由数量到质量的转变"（中共中央、国务院，2000）。2013年发布的《中共中央关于全面深化改革若干重大问题的决定》中提出"可以引导单独一方是独生子女的家庭再生育一孩"的政策（中共中央，2013）。2015年第十二届全国人大常委会第十八次会议中初次审议了《人口与计划生育法修正案（草案）》，该草案的实施对于"全面二孩"政策的开展具有决定性的作用（国务院，2015）。2021年5月31日中共中央政治局审议《关于优化生育政策促进人口长期均衡发展的决定》并提出"一对夫妻可以生育三个子女政策"。

随着时代的发展，生育登记制度也在发生改变。2022年3月15日，《广东省卫生健康委关于印发生育登记管理办法的通知》（本段内以下简称《通知》）明确指出"生育登记工作是完善人口监测体系，准确掌握群众生育状况及服务需求，及时提供生育服务的基础性工作"（广东省卫生健康委员会，2022），在法律主体上，该《通知》指出"本办法所称登记人，是指拟生育或已生育子女并到办理机构办理生育登记的人员"，并在第六条明确"凡生育子女的，均应办理生育登记"，将主体从"夫妻"扩大到所有拟生育和已生育的人群。

2022年6月16日，陕西省发布《陕西省生育登记服务管理办法》（本段内简称《办法》）（陕西省卫生健康委员会，2022），其中明确"夫妻生育子女的，应当在怀孕后至孩子出生六个月之内办理生育登记。其他情形生育子女的，也可予以生育登记"。在该《办法》第七条中，只将身份证和户口簿作为生育登记的必需材料，没有结婚证也可予以办理。

2022年8月，安徽省《关于完善生育登记制度的实施意见（征求意见稿）》中也明确指出："凡生育子女的，均应办理生育登记。"（安徽省卫生健康委员会，2022）夫妻办理生育登记应持双方身份证或户口簿、结婚证等有效证件；未婚状态的登记人办理生育登记，只需持身份证和户口簿即可办理。

2022年12月29日，四川省卫生健康委员会关于印发《四川省生育登记服务管理办法》（本段内简称《办法》）的通知将权利主体由"夫妻"改为"公民"，明确"凡生育子女的公民，均应办理生育登记"（四川省卫生健康委员会，2022）。在该《办法》第十条中，进一步明确基层行政主体和医疗机构的信息交接和生育服务职责："积极为办理生育登记的公民，及时提供生育咨询指导、增补叶酸、孕前优生健康检查、孕产妇健康管理、预防接种、婴幼儿照护、儿童健康管理等相关服务。"

另外，发达国家的实践可以为我国父母育儿假制度的建立提供一些经验和启示。在新的人口形势下，应当在此基础上增设父母双方共同休假的育儿假制度，特别是在父亲陪产假的基础上增加父亲的育儿假，保障男职工权益，平衡家庭育儿分工，减少对女性的职场歧视，这对孩子成长也是有好处的。合理分担，稳定父母育儿假期间的收入水平，这需要扩大生育保险的范围，落实生育津贴待遇，保障男性和女性在产假、陪产假和育儿假期间，收入水平基本稳定。比如，育儿假期间的工资水平可以略低于产假时期，但不宜低于平均月工资水平的80%。生育保险的范围扩大至育儿假，育儿假期间的经济保障由企业和个人共同缴付的共同基金来承担，政府予以补贴（耿兴敏，2021）。

第四章　多元化的家庭生育情境

第一节　孕产实践中密集母职

西方女性主义学者早就揭示了母职形成的内涵，认为母职是一种父权制社会下的意识形态、社会结构和文化心理等因素对女性的塑造，并非女性的本能。里奇指出，母职是通过怀孕、生育和学习抚育的过程后天习得的，在这个过程中需要经历激烈的身心变化。也就是说，女性并非天生的母亲，她们是从怀孕或者备孕才开始学习如何成为一名母亲。习得一个新角色，获得一个新身份，并不像社会大众想象得那么容易。我们习惯把孕妇称为"准妈妈"。在怀孕阶段，她们并未真正与自己的孩子见面，但生活却因宫内妊娠发生着翻天覆地的改变。对于女性来说，选择生育意味着要经历一系列的身体变化，曾经在日常生活中保持潜势的身体开始凸显于前台，反胃、呕吐、疼痛和胎动等感受使孕妇比任何时候都更清晰地意识到身体的存在。

在医学技术尚不发达的年代，人们将母体神化为胎儿绝对的避风港，直到一些孕妇在服用止吐药后生下了不健全的婴儿，母体的神话才被打破。那时候，孕妇经常会因为生下不健康的孩子而受到指责。为了避免这种保护不力的情况发生，女性被认为需要学习如何在孕期保护和养育她们的胎儿。时至今日，现代医疗技术迅速发展，医生则充当了母胎之间的"调解员"，他们提供的产前检查是一项贯穿孕期始终的医学干预，已经成为孕期妇女的必修课。围产保健制度的建立、产前筛查的普及以及各项技术的应用，大大提高了我国的产科质量，保障了母婴健康。WHO 根据发展中国家的具体情况提出了母婴保健综合措施，将产前保健列为保障母婴安全的四大支柱之一。规范的产前检查既要保证数量，也要保证其内容规范和合理，要重点关注妊娠高危因素的筛查和管理，即各类妊娠合并症和并发症（王临虹等，2010）。

在现代社会中，产前护理通常包括一套预定的行为，主要围绕对孕妇进行的临床监测和筛查，基本的产前护理服务包括身体检查、体重测量、尿液分析、血压监测、血液检查和健康信息。基于对来自美国、加拿大、澳大利亚和德国的七项产前护理指南的分析，有研究发现产前护理通常侧重于技术上的支配以及在怀孕期间发生的产科和医学情况的检测，大多数情况下反映的是专家意见，而不是科学证据。这使得例行的产前护理将怀孕视为一种病理状态，而不是正常生理过程。根据世界卫生组织的建议，针对低风险孕妇，产前护理时间表要求怀孕期间进行四次访问，第一次在怀孕早期，随后在第 26 周、32 周和 36 周进行访问。这个时间表是为低风险孕妇设计的。

本节涉及的经验材料来自笔者所在研究团队的一项实证研究。该研究旨在探究和解释产前筛查技术下的妊娠期间的身体体验。2022 年 7 月至 10 月，研究团队在内蒙古自治区 C 市 Y 医院，采用目的性抽样方法招募访谈对象，共招募了 13 名参加筛查试验的妇女。被访者的准入标准包括：（1）怀孕至少 30 周；（2）已接受必要的产前筛查；（3）没有任何可能妨碍参与的身体或精神障碍。参与者的平均年龄为 30 岁，从 24 岁到 37 岁不等。其中 8 例为初产，其余为多胎。其中 4 名女性失业。所有参与者均进行胎儿颈项透明层

（简称 NT）扫描。基于 NT 结果，其中 4 名妇女选择了用于唐氏综合征筛查的母亲血清游离 b-hCG 和 pap-a 浓度的生化测试，9 名妇女选择了无创产前检测（NPIT）。这项研究采用扎根理论的数据编码方法进行数据分析。

生物医学视角下的产检过程

在生物医学视角下，人们通常按照孕周，将孕期划分为孕早期、孕中期和孕晚期。怀孕的前 20 周被称作孕早期，这一时期的产检至关重要，旨在确保孕妇和胎儿的健康。首次产检通常应在怀孕确认后的尽早时期进行，以建立全面的孕产妇保健档案。在首次产检中，孕妇需要携带个人身份证明和医疗保险卡，进行登记，并接受一系列的检查和测试。医生会进行妇科检查，仔细评估子宫及附件的健康情况，确保孕妇的生殖系统正常，没有异常或疾病。同时，孕妇将接受一系列的血液检查，包括血常规、乙型肝炎病毒检测以及梅毒筛查等。这些检查有助于确定孕妇的身体状况和健康风险，并采取必要的措施来保障母婴的安全。此外，超声波检查也是孕早期产检中的关键步骤。通过超声波，医生可以观察胎儿的发育情况，包括头部、四肢和躯干的结构和大小。更重要的是，医生可以听到胎心的跳动，这是胎儿健康的一个重要指标。这些信息有助于确定胎儿的生长和发育是否正常。

在孕早期阶段，医生会帮孕妇建立孕产妇保健档案，这个档案将记录孕妇的个人病史、既往孕产史、家族病史和遗传疾病史等重要信息。这有助于为孕妇和胎儿提供全程跟踪和保健指导，确保医生能够更好地了解孕妇的整体健康状况。孕早期的第一次重要产检要在孕 12 周前进行，因为 NT 测量只有在 10～13 周才具有临床意义，这也是孕早期重要的染色体疾病筛查指标。如果 NT 值超过 2.5 毫米，根据孕妇年龄和遗传病史，需要酌情考虑无创产前检测或羊

产检流程

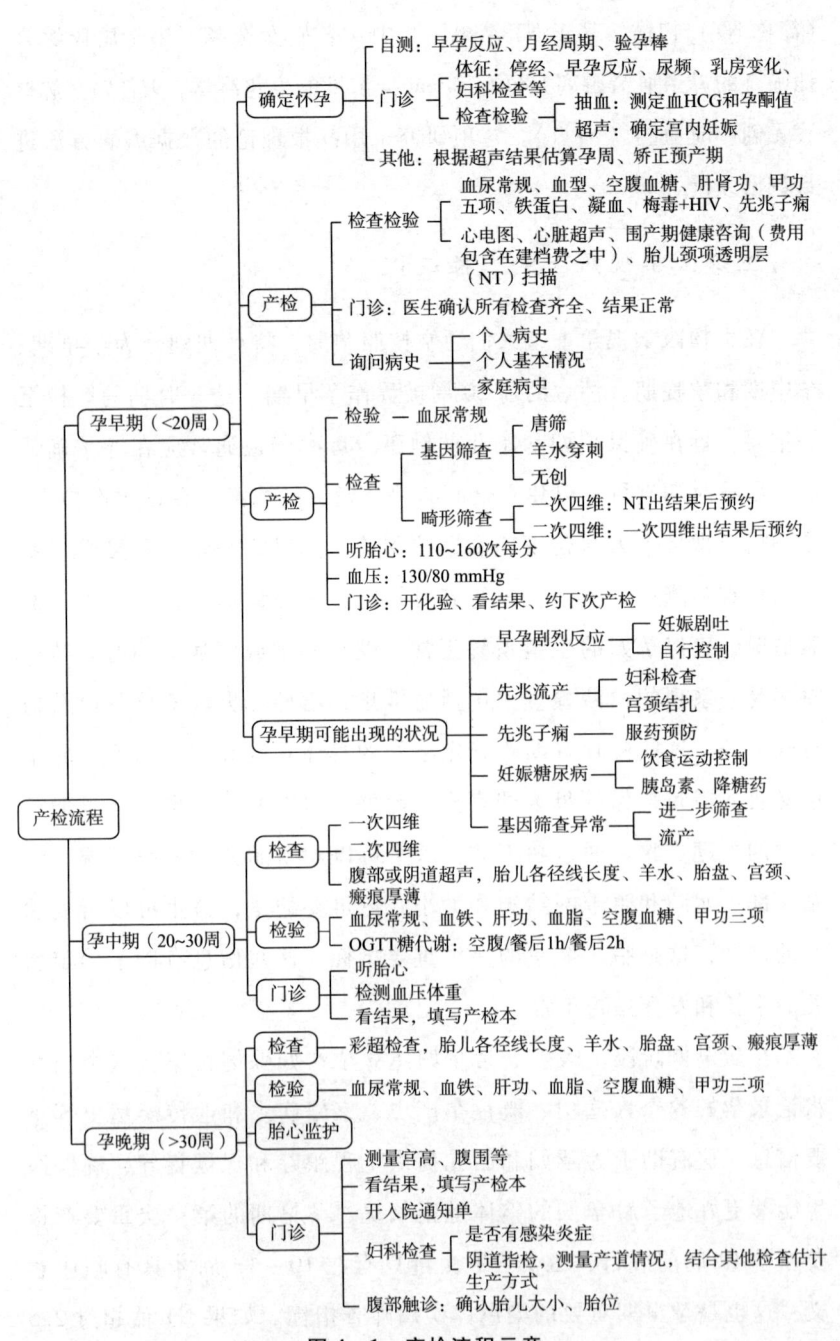

- **孕早期（<20周）**
  - **确定怀孕**
    - 门诊
      - 自测：早孕反应、月经周期、验孕棒
      - 检查检验
        - 体征：停经、早孕反应、尿频、乳房变化、妇科检查等
        - 抽血：测定血HCG和孕酮值
        - 超声：确定宫内妊娠
    - 其他：根据超声结果估算孕周、矫正预产期
  - **产检**
    - 检查检验：血尿常规、血型、空腹血糖、肝肾功、甲功五项、铁蛋白、凝血、梅毒+HIV、先兆子痫、心电图、心脏超声、围产期健康咨询（费用包含在建档费之中）、胎儿颈项透明层（NT）扫描
    - 门诊：医生确认所有检查齐全、结果正常
    - 询问病史
      - 个人病史
      - 个人基本情况
      - 家庭病史
  - **产检**
    - 检验——血尿常规
    - 检查
      - 基因筛查
        - 唐筛
        - 羊水穿刺
        - 无创
      - 畸形筛查
        - 一次四维：NT出结果后预约
        - 二次四维：一次四维出结果后预约
    - 听胎心：110~160次每分
    - 血压：130/80 mmHg
    - 门诊：开化验、看结果、约下次产检
  - **孕早期可能出现的状况**
    - 早孕剧烈反应
      - 妊娠剧吐
      - 自行控制
    - 先兆流产
      - 妇科检查
      - 宫颈结扎
    - 先兆子痫——服药预防
    - 妊娠糖尿病
      - 饮食运动控制
      - 胰岛素、降糖药
    - 基因筛查异常
      - 进一步筛查
      - 流产

- **孕中期（20~30周）**
  - 检查
    - 一次四维
    - 二次四维
    - 腹部或阴道超声，胎儿各径线长度、羊水、胎盘、宫颈、瘢痕厚薄
  - 检验：血尿常规、血铁、肝功、血脂、空腹血糖、甲功三项
    - OGTT糖代谢：空腹/餐后1h/餐后2h
  - 门诊
    - 听胎心
    - 检测血压体重
    - 看结果，填写产检本

- **孕晚期（>30周）**
  - 检查——彩超检查，胎儿各径线长度、羊水、胎盘、宫颈、瘢痕厚薄
  - 检验：血尿常规、血铁、肝功、血脂、空腹血糖、甲功三项
  - 胎心监护
  - 门诊
    - 测量宫高、腹围等
    - 看结果，填写产检本
    - 开入院通知单
    - 妇科检查
      - 是否有感染炎症
      - 阴道指检，测量产道情况，结合其他检查估计生产方式
    - 腹部触诊：确认胎儿大小、胎位

图 4-1 产检流程示意

膜腔穿刺检查胎儿染色体，也就是常说的"无创"和"羊穿"。在孕早期的产检中，还需要特别关注一些可能出现的特殊情况。例如，孕妇可能会面临先兆流产、先兆子痫、妊娠糖尿病和基因筛查异常等问题。先兆流产可能表现为腹部疼痛和阴道出血，需要及时就医以减少风险。先兆子痫的表现包括高血压、蛋白尿、头痛和视觉变化，需要密切监测和治疗。妊娠糖尿病可能需要进行血糖筛查，并进行饮食管理和血糖监测。此外，基因筛查用于评估胎儿染色体异常或遗传疾病的风险，有助于早期发现潜在的遗传问题。

孕中期是怀孕的 20 周到 30 周，这一时期的产检变得更加频繁和详细，旨在全面监测孕妇和胎儿的健康状况。进入孕中期，在孕 20 周、28 周、32 周、34 周、36 周后每周一次产检直至分娩，高危孕妇要酌情增加复查次数。在孕中期的产检中，医生将进行多项检查和检验，以确保胎儿的正常发育和孕妇的身体状况。孕中期产检包括两次四维超声检查，这项检查提供更清晰、更立体的胎儿图像，允许医生观察胎儿的面部特征、四肢和器官的发育情况。通过四维超声，医生可以更详细地评估胎儿的健康和生长状况。

孕中期产检还包括常规检查，如血液检查和尿液检查，以评估孕妇的整体身体状况。这些检查有助于发现任何潜在的健康问题，并采取必要的措施来处理。此外，孕妇的血压和体重也会被定期监测，以确保身体状况稳定。孕中期的产检是确保胎儿正常成长和发育的关键时期。医生将详细记录所有检查结果，并将其记录在孕妇的档案中。这个档案包括胎儿的生长情况、孕妇的各项指标、任何异常的发现，以及医生的建议等。这有助于提供全面的保健指导，确保孕妇和胎儿的健康。此外，孕中期还涉及一些特殊检查和筛查项目。例如，第一次系统性腹部或阴道超声筛查和口服葡萄糖耐量测试（OGTT）通常在这个阶段进行。系统性超声筛查通过超声波观察胎儿的各项生长径线，以及是否存在任何发育异常。OGTT 则用于预防或诊断妊娠期糖尿病，通过血糖测试来评估孕妇的糖代谢状况。

孕晚期是怀孕的 30 周至分娩前的关键时期，此时的产检变得更加详细和频繁，以确保母婴的安全和分娩的顺利进行。医生会密切监测孕妇的血压、心率、血糖和体重等指标。这有助于了解孕妇的整体身体状况，及时发现任何健康问题，并采取必要的措施来处理。胎心监护是通过胎心监护仪器来记录胎儿的心跳情况。医生会观察胎心率在正常范围内的变化，以评估胎儿的健康状况和活跃程度，同时监测是否出现宫缩等情况，以判断分娩是否即将开始。彩超检查可以观察脐血流、胎盘、羊水指数等不同类型。这些检查有助于密切监控胎儿和母体的变化，及时发现任何潜在问题，以采取适当的措施。

在孕晚期，医院通常会向孕妇提供入院通知单，其中包括分娩方式、入院时间和地点等信息。孕妇需要按照医院的要求准备入院所需的物品，如衣物、洗漱用品和婴儿用品等。此外，医院还会为孕妇提供相关的医学知识和分娩技巧，以帮助孕妇更好地应对分娩过程。在分娩前，医生还会再次进行一系列查体，如测量宫高、腹围、胎心率、胎位、骨盆等，以结合检查和检验结果，为孕妇提供个性化的分娩方式建议。总之，孕晚期的产检具有重要的临床意义，有助于提前发现和处理任何潜在的健康问题，为母婴的健康和分娩的成功做好准备。

孕产行为的过度医疗化

自 20 世纪 70 年代以来，女性的生产经验经历了巨大的转变。在过去，生产通常在家中进行，由产婆或助产士负责。到了 19 世纪末，怀孕和分娩不再被视为自然事件，人们逐渐接受了"孕妇是患者"的观念，20 世纪中叶，产科技术已经成为大部分生产的标准实践（Oakley，2016）。科学的不断进步推动了孕产行为朝向临床医学的方向发展，这包括产房设立、医疗器械的广泛应用以及医学话语的权威地位，这些因素共同改变了传统的孕产行为范式（杨蕾、任焰，2014）。

如此，孕产行为逐渐演变成了一个医学化的过程。医学化这一概念最早由 Peter Conrad 提出，用以描述原本非医学领域的问题逐渐被纳入医学范畴并接受医学治疗的过程（Conrad，1992）。在这一演变中，医学观念逐渐渗透人们日常生活的各个领域，深刻地影响着了人们的思维和行为方式。正如 Conrad 所强调的，医学化已经成为塑造怀孕和育儿观念的一种范式，标准化的医疗流程被视为一种"保护伞"，用以减轻孕产行为的风险。医生在确保产妇经历"安全分娩"方面负有责任，并鼓励产妇扮演相应的病人角色。长期以来，过度医学化怀孕一直受到女权主义的批评，因为这会将生殖身体的权威赋予医疗专业人员，使怀孕母亲沦为医疗产前护理的接受者（Hammer and Burton-Jeangros，2013）。

然而，这种医学化趋势也使得女性在孕产过程中的体验变得复杂多样。为了降低孕产妇和胎儿的患病率和死亡率风险，产前筛查和监测的频率不断升高（Fordyce，2013）。这导致了与怀孕和分娩相关的风险被放大，增加了女性对自身和新生儿的担忧（Lothian，2009）。在这个过程中，她们不得不遵循医学程序和建议，否则一旦胎儿健康出现问题，产妇会成为众矢之的（Ranjbar et al.，2019）。这一现象被批评为孕产的"过度医疗化"。在这种医疗模式中，妇女的个人身份和自主权往往被忽视，因为她们失去了对自己身体的控制（Nicol，2007）。

24 岁的小宇，因为工作的缘故，她怀孕的前 7 个月都在外地，之后才休产假回到老家准备生产，专心迎接新生命的到来。在外地工作时，小宇经常去一家私立医院做产检。据小宇描述，那里的医护人员工作态度非常友好，那里的医生会详细地向小宇介绍每项检查和各种技术选择背后的利弊，尊重孕妈妈的意见，再由她在知晓各类情况后做出决定，这让小宇感到很安心。然而，回到家乡后，经熟人的介绍，小宇来到了 Y 医院，两边的产检体验会让小宇感受到明显的不同，因为当地医院的产检项目不但样数多，而且略微带有一些"强制性"（来自小宇的表述）的意味。

> 我就觉得在咱们这边做检查，医生会给你开各种单子，你就要各种做，你知道吧？其实怎么说呢？虽然我不是医生啊，但是我自己的身体状况我还是能够了解的，我确实没有这方面的情况。（小宇）

由于我国医疗资源拥挤，一线医护人员经常需要面对超负荷的就诊量，每个孕妇的看诊时长可能会被压缩。很多孕妈妈在产检时并不能得到详细的信息提供，就诊体验往往也大打折扣。因此，孕妈妈们常常在社交媒体检索相关孕期知识，以此来获取有用信息与相互间的支持。小宇也曾在社交媒体上看到过其他孕妇对产检的恐惧，她也担心自己的产检时发现宝宝在肚子里发育得不够好，出现一些问题。与此同时，为了宝宝的健康，她也更加坚信产检是必要的。她觉得只有按时前往医院，不错过每一次产检，才能确保胎儿的健康。到了孕晚期，小宇感受到的胎动比较频繁。如果哪天她留意到宝宝动得过多或过少，她都会开始担心、焦虑，一定要去医院做了检查才能安心。

> 我每一项检查都有在做，一项都没有落下。那个时候就是对这个宝宝挺紧张的吧，就怕宝宝有什么问题，担心得比较多。（小宇）

这种担心直接指向孕产过程中所充斥着的各种风险与不确定性因素。对生育知识不了解的孕妇及其家人在面对让人眼花缭乱的专业术语和对宝宝潜在的威胁的时候，往往会选择相信医生的技术与经验，听医生的话，以此来化解孕产医疗过程中存在的不确定性，并缓解他们紧张焦虑的情绪。

> 你要不通过这个（筛查），你怎么能判断孩子（胎儿）是不是真的有问题或者没有问题呢？他们只能通过这个医学上面的这个判断……如果真的出现高风险、有危险的情况，那后悔都来不及。你就听医生的就行了，不要自己擅自做决定……不是靠自己说，我觉得没有问题那就没问题，这肯定是不太现实，还说要看医生怎么去分析（孕妇的）这个状况。（小宇）

很多时候，医护人员以权威人士的身份出现在孕妇及其家庭的生活中，教给他们相关孕产知识，并定期对胎儿状态进行检查和监测。从生物医学的视角来看，这对保障孕妇与胎儿的生命安全，降低死亡率起到了很大的作用。然而，在许多孕妇的产检过程中，有一些检查实则是不必要的。这里有时会夹杂着经济逻辑，体现社会运行的复杂性与孕产过程的社会建构。

> 那个时候我还特意做了一个无创。因为那个时候医生跟我说，唐氏筛查的概率也就是到（百分之）六七十这样，就不是很准确嘛。然后他建议我做无创，我就做了……做完之后我发现，我年龄也小，也没有什么家族遗传病史，其实完全可以只做唐筛。当时就是没有了解好，然后因为这个无创是第三方做的，不是医院（做的），我猜测可能也有赚钱的这个成分在里面。（小宇）

产检的不确定性

产检中的不确定性（uncertainty）是一个重要议题，它牵涉与生育和孕期相关的伦理、心理和社会问题。不确定性是孕产期间的准父母遇到的困境之一，可以说和孕产行为的医疗化密不可分，贯穿在产前检查的整个过程中。随着医疗技术的不断进步，产前检查项目日益增多，与此同时，孕期中的不确定性也随之增加。产检过程中，不确定性可能源自技术的限制、子宫内诊断和基因组产前检测等多种因素。产检本身存在潜在的信息收益，孕产妇往往期待着通过检查可以为健康妊娠提供额外的保证（Hui and Bianchi，2020）。不理想的产检结果往往代表着潜在的风险，将未来的父母们推向焦虑，并迫使他们寻找各种解决方案。

技术的限制是一个不可忽视的因素。尽管医疗技术日益先进，但并不存在一种百分之百准确的检查方法。检查结果可能会受到设备性能、操作者技术水平以及解读标准的影响，可能出现假阴性或假阳性，这为孕妇和家庭带来了许多疑虑和困扰。这也就意味着即使进行了全面的产前检查，仍然存在一定的误诊风险。此外，子宫内诊断和基因组产前检测等高级检查也引入了新的不确定性。在子宫内诊断中，医生可能需要获取胎儿组织样本，这本身就带来了一定的风险，并且结果解读可能需要时间，增加了等待的焦虑感。而基因组产前检测涉及分析胎儿的基因组信息，虽然能够提供宝贵的遗传信息，但结果可能是复杂的，也不是百分之百的明确，不一定能够明确预测出所有的风险因素。

正因为这些不确定性，孕妇和家庭往往期望产前检查能够为他们提供明确的答案和指导。当检查结果并不如他们所愿时，焦虑和困惑便产生了。特别是当面对潜在的健康风险或遗传问题时，未来的父母们可能会感到无所适从，不知道如何应对这些不确定性。另外，孕妇和家庭可能会在考虑是否继续怀孕或选择特定分娩方式时也受到不确定性的影响。他们可能会面临艰难的选择，需要在风险和利益之间权衡。这种权衡可能会带来紧张和不安，甚至对他们的情感关系产生重大影响，因为他们必须共同面对这些决策带来的后果。还有一个需要关注的方面是社会压力和期望。社会对孕妇和家庭的期望往往是健康地孕育一个完美的孩子。这种期望可能会增加未来父母的压力和焦虑，因为他们可能会担心无法满足社会的期望，或者害怕生出不健康的孩子会被社会排斥或指责。

31岁的小洋是一位个体经营者。接受访谈时，她即将成为三胎妈妈，但由于新冠疫情的限制，我们的访谈是在她产后6个月进行的。由于她对产检的理解能够对回应研究问题有所帮助，小洋的故事也被纳入研究。

在第一胎时，小洋经历了一场"虚惊"。那时，孕早期的产检一直很顺利，各项指标都正常。然而，在怀孕8个半月时，在县城医院的一次产检中，医生发现宝宝有肾盂积水。医生告诉小洋，这一胎有些不安全，孩子的肾功能发育不够好，可能会有危险。一下子，小洋和家人变得非常担心，不断地思考为什么会在临近分娩的时候才发现这个严重问题。得知消息的第二天，小洋和家人立刻前往省会城市的大医院，希望得到更权威的医生的诊断。幸运的是，大医院的医生告诉她，这只是一个小问题，让她去儿科进一步咨询。儿科医生也确认了孩子的健康，小洋才松了一口气。

被访时，小洋已经是第三次当妈妈了，对产检程序非常熟悉，甚至已经总结出积极的应对心态是产检成功的"秘诀"。因此，相比许多新手妈妈，小洋对待产检持一种乐观的态度。

> 我心比较大，没有特别紧张。我觉得如果有问题的话，也是因为岁数，高龄产妇，（也就是）35岁以上的那些需要格外

注意，35岁以前都不用特别紧张……你就是要相信自己的感觉，没出结果之前不要去想负面的，保持良好的心态也是医生的建议。每天该做的都做，该吃的营养品比如维生素都吃，自己不缺东西，宝宝在肚子里肯定也没事。（小洋）

不紧张并不代表小洋会忽视产检的重要性。相反，她非常认真地完成了每一项产检。她进行了孕前期检查，排除了宫外孕的可能性，监测了胎心的正常情况，中期进行了常规产检，4个半月时进行了四维彩超检查，后期又进行了NT检查、心脏彩超和排畸等。小洋每次都早上8点前去排队挂号，有时上午未能完成检查，还得等到下午。如果在进行四维彩超等检查时宝宝不配合，导致无法顺利完成检查，她还得再去一次。在等待就诊和检查结果的过程中，小洋心里难免忐忑，担心自己是否平时做得不够好，或者宝宝是否存在问题。

在怀孕晚期，胎心监测非常重要，每次我都会去做。有一次仪器没有放好，结果显示不连续，我以为宝宝不动了，开始感到非常担忧，吃不下饭。后来，我吃完饭后再去检查，结果显示正常了。我特别着急，不明白为什么会出现这种情况。但当医生告诉我一切正常时，我松了口气，心情也好了。（小洋）

对小洋和她的家人来说，风险一直都在。即使完成了检查并拿到了报告，也没有人能够百分之百确定孩子一切都安全。这种不确定性贯穿了整个怀孕期，给小洋和她的家人带来了持续的焦虑和紧张。

小洋的孕检经历展示了孕妇和家人在孕产过程中所面临的挑战和不确定性。尽管她持乐观态度，但产检仍然是一段充满焦虑情绪和紧张体验的旅程。这个过程中的不确定性反映了整个产程中的风险和未知因素，以及掌握医疗专业知识在这个过程中的重要性。

孕期密集母职对抗不确定性

在产前检查的相关研究中，学者们主要关注不确定性对孕产过程的负面心理影响，以支持家庭做出明智的决策。Yuill 等人（2020）将孕妇及其伴侣在孕期的决策出发点总结为处理不确定性、维护身体自主性和完整性，以及履行母职这三个主要方面。在这个框架内，不确定性被视为贯穿整个孕产过程的核心问题，代表了孕妇对未知事件的担忧，包括护理方式、疼痛体验和生产方式等方面，为其带来恐惧或焦虑情绪。此外，一些女性由于身体状况或其他个人因素而无法生育孩子，也会面临巨大的社会压力，这因为社会对女性的性别角色期望常常与生育相关（Dever and Saugeres，2004）。研究还发现，没有孩子的女性常常不得不为自己的选择辩护，需要解释为什么不选择母亲角色（Maher and Saugeres，2007）。

在当代社会中，女性承受的社会期望和文化压力可能多少都与母职有关。母职一直被认为是女性的自然职责，在很多文化中，成为母亲通常被视为是不可避免和理所当然的事情（Gillespie，2000）。然而，这种社会期望在某种程度上对女性的生育选择权构成威胁。对于怀孕的女性，母职是一种真实的身体经验（林晓珊，2011）。在产前检查的过程中，准妈妈们感知到的不确定性与她们对自己身体的控制感有关，因为孕妇担心可能会失去对自己身体的控制。

母职研究由来已久，Hays（1996）最早提出了"密集母职"（intensive mothering）的概念，用来强调将适当或"好的"育儿方式定义为"以儿童为中心、由专家指导、需要大量情感、劳动和经济投入"的养育方式。母亲不仅需要承担生理上的妊娠分娩，还需要进行情感劳动。即便女性的教育水平和职场参与大幅提升，但社会仍然期望她们履行高度无偿的家务和照料工作（陈蒙，2018）。如今，母职研究正从对制度性"母职"（motherhood）的批判转向对经验性"母职实践"（mothering）的研究，后者更多地探讨了母职的赋权和女性解放的潜在途径（吴小英，2021）。Christopher（2012）后又提出了"延展母职"（extensive motherhood）的概念，强调女性可以兼顾母亲和孩子的需求，应对在养育过程中自身部分或全部缺席的情况，这种策略性母职实践可以帮助母亲增强自我主体性和维持经济独立（陈蒙，2018）。

一个普遍被接受的观点是，成为母亲更多的是一个长期的社会化过程，而非生来的本能。同时，母职也是性别劳动分工的结果（Chodorow，1978；Chodorow and Contratto，1992）。现代产科医生通常期望孕妇遵循医学规定的标准流程，生物医学对怀孕的定义会影响女性如何看待自己的身体。在这个过程中，女性通过自己的生理体验，将生殖过程和自我认同结合起来，习得了母亲这个新身份。近年来的研究也强调了孕期检查应强化女性拥有身体的主动权，认为身体经验不仅影响自我认同和社会关系，还是女性表达身份的重要方式。

在访谈中，几乎所有受访者提到孕期自我管理对孩子健康的重要性，因为医生在每次产检时都会明确强调他们要对孩子健康负责。准妈妈们对自己怀孕的身体保持高度警惕，时刻关注身体的各项指标，这些调整都是为了给未出生的孩子提供一个养育和健康的环境。此外，医疗保健、家庭甚至社会文化都强烈建议准妈妈们通过各种护理策略向未出生的孩子表达爱意，以增进产前依恋。这些与胎儿的互动被准妈妈们认为对胎儿有益身心发展的条件。不过，这也可能会给准妈妈们带来压力和焦虑，尤其当出现异常情况时，准妈妈们有时会将这些情况内化为与胎儿双向情感交流的失败。

29岁的小舞是一名教师。在笔者邀请她参与研究、进行访谈时，她正处于头胎的孕晚期,即将成为一位新手妈妈。每一次产检,这位准妈妈都会绷紧神经,担心胎儿出现哪怕一丁点儿的问题。小舞在孕34周的一次产检时,彩超发现胎儿心脏三尖瓣出现了少量反流,这对于身为准妈妈、准爸爸的小舞和先生来说,是一个危险且陌生的消息。非医学出身的他们对相关的生育医学知识并不了解,不知道自己和宝宝将要面临怎样的情况,不知道这一异常情况背后的风险究竟有多高,因而十分担心、焦虑。她和先生两人赶紧去网络平台查看相关资料信息,多数说这种情况是孩子心脏发育不好,严重的还得做手术,两人就更难受了。于是,他们迅速挂号,想找大夫做进一步诊断。大夫跟小舞夫妇说,可以考虑做羊水穿刺或者给胎儿做一个心脏彩超,要是还不放心,可以找专家再看一看。医生还说,出现三尖瓣反流的一百个孩子里面大概只有一个孩子是真的有问题,其他的可能出生之后就没事了。这番话稍稍缓解了小舞夫妇的焦虑。

这件事情之后,身为准妈妈的小舞担忧之余,还感受到了深深的内疚与自责。她开始在自己身上找原因,觉得是自己在孕期没有做好情绪管理,比如和老公吵架,又或者是饮食等方面没有做好营养补充,才导致孩子面临疾病风险。实际上,小舞本身对鸡蛋过敏,吃了之后身上会起疹子,因而她怀孕前基本不太吃鸡蛋、喝牛奶。为了孕期内补充营养,她其实已经做出了妥协,隔两三天会喝一次牛奶。但这次产检出现胎儿三尖瓣反流的问题后,小舞依然从这点"不足"出发,"深刻"反省。

> 我就觉得,哎呀,会不会跟我整个怀孕期间心情不好有关系?会不会跟我哪次哭了有关系?或者是我哪天跟我老公吵了两句,生了回气……是不是这些事情引起的?我就开始在我自己身上找原因……可能是这段时间我吃鸡蛋吃得比较少,喝牛

奶喝得少，没有帮助他/她发育。我会想：我最近要多喝牛奶，吃点鸡蛋，然后下次检查的时候，可能就好了……我就这样子来安慰自己……我就是想，哎呀，你不能让孩子生出来有毛病吧，所以我自己这点小湿疹，这些小毛病就不算啥了。既然我决定生他/她了，我就不能让他/她身体不舒服出来呀，这样大人也遭罪，孩子也遭罪。（小舞）

此外，小舞在做四维彩超时，也遇到了一些状况。四维彩超有时需要借助胎动来查看被遮挡住的胎儿身体部位，当在检查的时点碰巧没有胎动时，就会出现检查无法继续的情况。然而，在这个过程中，医生或家人往往会将催促甚至责怪的情绪丢向同样也很着急的准妈妈，这种行为背后的原因似乎在于，在大众与社会看来，怀孕的母亲要负起对胎儿一举一动的全部责任。

据小舞说，她那次在做四维彩超时，可能是头一天晚上先生出门应酬，回来得很晚，吵醒了小舞，导致她一晚上都没休息好，可能孩子那晚也没休息好，所以做检查时，孩子在睡觉，检查的时候（胎儿）才一直没动。往常八点的时间段正是孩子爱动的时候，产检那天却一反常态。大夫让她变换姿势，从侧躺到趴着，甚至后来让小舞出去爬楼梯，孩子都还是一直不动。那天小舞一大早就去了医院，从医生8点开始上班，一直到快要下班了的最后时刻才勉强算检查完。

在整个上午的时间里，一直没办法完成检查，身为孕妈妈的小舞非常着急，同时，医生的指责以及陪同她来的婆婆的焦急情绪也很大程度地影响了她的情绪体验，使她感到非常委屈。

中间大夫让我上旁边诊床上趴着的时候，我就把手机拿起来了，想回复一个信息，结果大夫就训了我一顿，而且态度特别不好。大夫说,"还玩手机呢,孩子都不动,你不知道吗?"我就特别委屈,我当时也没办法(让孩子动)。然后呢,中间大夫让我出去走走路、活动活动时,我婆婆在外边,她也有点着急,一直在跟我说:"哎,要不然咱们下午来吧?要不然咱们明天再来吧?"我自己也很着急,她又在旁边一直催着我,我就有点生气了。我说,那孩子不动,啥时候来不都没有用吗?我那会儿觉得很委屈,就自己一个人在楼梯通道那块坐着。我婆婆看我心情不好,也离得我远远的,后来想想,这样对我婆婆,还挺不好意思的,当时我婆婆也不知道大夫说我了嘛。这次做四维我就没让我婆婆去,我怕万一孩子不配合,我再跟她发脾气。(小舞)

除了产检时面临的医学问题外,受孕期激素水平以及怀孕本身带来的社会心理压力等方面的影响,孕妈妈经常会面临情绪波动的时刻,自然也希望能够获得来自爱人、家人的关心与支持。

我自己的一些小情绪对我影响还蛮大的……就是自己的一些想法、情绪呀,包括家里人有的时候说的一些话、做一些事会让我心里感觉不舒服,会影响我好几天……身边人,或者是我自己的一些(问题)给我带来的情绪,会让我晚上睡不着觉,半夜醒了我都会一直在那儿想这些事情。(小舞)

现实情况中很多孕妇也如小舞这般,哪怕家人给予了很多的关怀与照顾,很多情绪也是需要由孕妇独自消化。对于孕妇来说,无论是生理上的生育过程,还是心理上的情绪体验,抑或是家庭及社会层面对于她们成长为一个合格母亲的期待与压力,都共同形塑了她们在孕期的密集母职实践。

小结

在生物医学视角下,产前检查的主要目标是确保孕妇和胎儿的健康。孕早期产检涵盖了妇科检查、血液检查以及超声波检查等项目,其主要目的是评估孕妇的整体健康状况以及胎儿的正常发育情况。而孕中期的产检则更加频繁和详细,包括四维超声检查、腹部或阴道超声检查,以及例行的血液和尿液检查。至于孕晚期的产检,则侧重胎心监测、彩超检查和入院准备等方面,以确保母婴的安全,并为分娩的顺利进行做好充分准备。我们也看到,孕产行为逐渐呈现医学化和可能的过度医疗化趋势,这有可能放大了与怀孕和分娩相关的风险,同时也增加了个体在产检中感知的不确定性。这种不确定性可能会对家庭的生育决策、情感关系以及个体的心理健康产生影响。

第二节 做"丁克"

"丁克"这一词语最早于 20 世纪 60 年代出现在美国,80 年代开始日益流行,近年来十分有讨论热度的家庭形式。"丁克"的英文缩写词为 DINK(Double Income, No Kids),即双收入、无子女。而在西方国家,在无子女家庭概念首次出现时,学者们用"childless"来概括,但由于这个词无法区分那些想要为人父母但有生理原因不能生孩子的人,于是 1972 年,由无子女国际组织(National Organization for Non-Parents)首次提出"childfree"一词,用于形容那些即使在经济和生理上具备必要条件也选择不生孩子的人。

在西方国家,越来越多的成年人选择无子女的生活方式,或推迟生育时间,或终生维持无子女的状态。近五十年来,美国社会的初育平均年龄稳步上升:从 20 世纪 70 年代的 21.4 岁,到 2011 年的

25.6 岁，再到 2017 年的 26.8 岁（Agrillo and Nelini，2008）。1976 年至 2016 年，15~44 岁无子女女性的比例从 35.1% 上升至 48.6%，特别是 40~44 岁女性的比例从 10.2% 上升至 14.4%（Iverson，et al.，2020）。近几十年来，欧洲永久"丁克"人数上升，西欧国家（如比利时、法国、爱尔兰、荷兰、英格兰和威尔士）1960 年代的出生队列中，16%~19% 的女性从未生育过孩子（Stegen et al.，2021）。

随着不生育的权利被广泛接受，"丁克"不再被视为越轨行为，而是个体在生育行为上自主选择的结果，尤其是对女性而言。后来，不断有学者倡议要关注丁克率上升对社会经济和人口结构所产生的影响。2000 年，刘杰森发表了《社会学视野中的"丁克"家庭》，简单梳理了丁克家庭的社会成因（刘杰森，2000）。后来的学者大多沿用这个框架，认为丁克现象一定程度上促进了女性地位的转换，也会对个体和国家产生负面影响，比如婚姻稳定性降低、家庭文化资本断层、人口老龄化加速、家庭伦理缺失等（王皓田，2009）。

"丁克"或者说自愿不生育，大致可以归因为内因和外因。内因型丁克（因为厌恶或恐惧而自愿放弃生育）和外因型丁克（考虑到经济状况、育儿责任、资源等因素而放弃生育）是混杂在他们决策中的两个重要因素。早在 1987 年，Houseknecht 就提出，远离育儿责任是最主要的丁克选择动机，其次才是自我实现和自由流动的追求。此外，女性更可能出于利他性的顾虑，如担忧人口过快增长、怀疑自己养育子女的能力等，而男性更倾向于个人主义的理由，如担心经济负担或者不喜欢养育孩子而选择不要生育。还有一些人由于职业考虑、对怀孕和生产的恐惧等选择成为"丁克"。与有子女的人相比，丁克夫妇的受教育程度和收入更高，大多生活在城市中，多数没有宗教信仰，推崇更平等的性别角色观念（Agrillo and Nelini，2008）。此外，丁克女性更有可能进入传统上男性主导的行业，且工作到退休。在丁克女性的描述中，个人成就是反复出现的主题，她们的婚内分工也更加趋于平等。

无论是在生育观念多元化的发达国家，还是在社会经济快速变迁的中国，只有少部分人把做"丁克"作为理想的生育选择。几次的全国抽样调查结果均显示，不同出生队列的中国夫妻终生未育的比例一直处于极低水平（张亮，2012）。虽然近年来中国社会对自愿不生育的接受度有所上升，但程度尚不及欧美国家，对"丁克"的态度也相对保守。数据显示我国依旧是一个普婚普育的国家，也就是说为人父母依然是大多数人的必经之途。那么，选择做"丁克"的夫妇是如何理解自己的生育选择？下文基于真实案例，采取非虚构写作的方式，尝试回应这个问题。

34岁的小洁，从事自媒体行业，即当下互联网语境下的"达人""网络红人"。小洁的老公在互联网"大厂"工作，是一名程序员。夫妇二人现生活在H市。被问到为何选择做"丁克"，小洁说这是夫妇二人"历尽千帆"的决定。

来自原生家庭的苦

在访谈过程中，小洁说自己能想出无数条理由去解释自己为什么选择做"丁克"，但这些理由大多是和自己有关。追问下去，这些与自身有关的理由又多源于小洁的原生家庭。小洁成长于一个单亲家庭，由妈妈独自抚养长大。年幼时，父母经常为生活琐事争吵，甚至扭打在一起。每次争吵后，父亲摔门而去，母亲则紧紧抱着她，哭诉道："要不是为了你，我早就离婚了，过不下去了。"

这时，小洁总是懵懂地帮妈妈拂去眼泪，等着这种嘈杂的家庭危机褪去，然后好继续扮"家家酒"。成长的过程中，小洁慢慢认识到了父母之间矛盾的不可调和，但从未想过父母会选择在她中考那年离婚。在小洁心里，父母选择在这个时间点离婚，让母亲的那句"都是为了你（小洁）"显得虚假。

父母离婚后，母女俩经济拮据，小洁也总是心事重重，忧心经济不足带来的重重困难，小到吃不上喜爱的食物，大到无法继续深造等。于是，大学毕业的小洁早早步入社会，找了工作，养活自己，时不时还能补贴给母亲一些。

现在，小洁拥有一份"时髦"的工作，是一名"网络红人"。然而，做"网络红人"是一份艰苦的工作，经常陷入被市场选择的境地。收入不稳定，时间碎片化，职业全人化，甚至要将生活的所有细节与粉丝分享。如果说小洁有喜欢这份工作的时刻，那可能是刚刚入行时，现在更多的是生活使然。

童年是父母争吵的喧杂，成年早期是独自拼搏的艰难，她把自己遭受的困难称为人生必经的"苦"。然而，每个人成长过程中都有苦，想到这小洁也就释然了。现在，小洁有了相对稳定的收入，有了关爱自己的配偶，她感到心满意足。

> 我已经出生了，所以没有选择，只能自己苦苦挣扎，但是我不想再让一个无辜的孩子被动地来到这个世界，再次经历一遍这种苦。（小洁）

小洁说自己不会是一个好妈妈，所以她不愿意因为自己自私而带一个新生命来人间吃苦。对于"好妈妈"的定义，小洁有自己的理解。第一，好妈妈要能够为孩子提供一个非常稳定、温馨、富裕的成长环境。第二，好妈妈应该拥有让孩子引以为傲的事业。第三，好妈妈应该是人格健全的，可以从容理智地应对孩子的各种问题，也可以处理好孩子引发的突发事件。第四，好妈妈的付出应该是不计回报的。因为妈妈是把孩子带到世界上的人，那她就有责任和义务去提供母爱，但不要以此为要挟，要求孩子做出某种成绩。第五，好妈妈能够在孩子小时候给予足够的关爱，等到孩子长大要离开的时候，应该从容放手，让其闯荡。

对标她心中好妈妈的标准，小洁检视自身，觉得自己做不到。她自认无法做到无怨无悔，不知道如何适应孩子的依赖，不知道能否在孩子成年后从容放其去闯荡。另外，小洁希望自己的孩子是正直、善良、谦逊的，但她认为自己不具备这些美好的品质，所以没资格对孩子有所期待，也怕孩子会对自己失望。所以，小洁确认自己"不配要孩子"。

> 生出来之后，就开始踏上艰难的养育之路，一系列人生的繁缛琐事会铺天盖地而来，前20年，要操心受累，后20年牵肠挂肚。如果不能给孩子幸福的人生，那还不如不要，与其让孩子吃苦受累，不如做出超脱的选择。（小洁）

确实，孩子从出生到独立是一个充满艰辛、挑战的漫长过程，在这个过程中，责任贯穿始终。对于小洁而言，"育"的责任巨大且烦琐，一旦背负起来，就是一生无法推卸掉的。

婚姻是两个人的事

小洁和丈夫结识于大学校园，婚后夫妻二人的关系可谓举案齐眉。丈夫表示，与小洁的结合完全是因为爱，而孩子不是爱情、婚姻或者家庭的必要条件。

> 真正有爱的家庭并不需要孩子作纽带或黏合剂。（小洁丈夫）

当被追问什么是真正的爱？

> 一种甜蜜的爱情。对爱人要专注，把所有的时间、精力和

热情都用在自己所爱的人身上，无拖累，无羁绊，真正享受"我的心里只有你"的状态。（小洁丈夫）

然而，孩子的出生一定会分散彼此的注意力，甚至让夫妻关系变得紧张、冲突。因此，他不想让孩子来破坏当下夫妻关系的美好状态。

高额的育儿成本也是小两口选择做"丁克"的理由之一。生育成本是西方家庭经济学生育理论的基本概念之一。具体来说，父母对孩子的成本投入从孕期其实就已开始，孩子出生后所需的费用更是极其庞大，包括孩子生活费用、教育费用、医疗费用、文化娱乐活动费用、结婚费用等。除了经济成本，小洁夫妇也预想到了生育后隔代抚养的必要性，同时也十分抵触父母参与自己的生活。

很现实的就是，现阶段的H市，生孩子、养孩子的成本都太高，我觉得我负担起来很吃力，包括我父母主动要求来帮我带孩子，但是我可预知将来必然会跟他们发生很多争吵，这是我不想经历的。（小洁丈夫）

因为做"丁克"，小洁曾与母亲产生激烈的冲突。这些年，母亲看着自己的同龄朋友都相继做了爷爷奶奶或外公外婆，子侄们也都建立了家庭，有了后代。看到别人家儿孙绕膝、欢声笑语，母亲总是会觉得没有面子。小洁能够理解母亲的心情。所以在母亲唠叨的时候，默不作声。小洁的想法是，俗话说一个巴掌拍不响，所以她不作声，母亲也就不好再继续说，只能无奈地放弃。

小洁忆起母女俩的一次正面冲突。导火索是自己的公公问母亲，（小洁）夫妻二人为什么还没生孩子。这让母亲不再忍让，把不快和委屈一股脑地倒给小洁。母女二人爆发了剧烈的争吵。吵到最后，两个人都不知道争吵的重点是"生孩子",还是为了其他的什么。

小洁理解,母亲对她自己的人生不甘心。与朋友们相较,母亲婚姻失败,但抚养出的女儿十分出色,学习成绩一直都名列前茅。考上好大学,赚钱养家,从不啃老,是母亲朋友的孩子里面最出息的一个。一直以来,小洁知道,母亲对自己女儿的人生是充满担忧的。母亲常说倘若自己有一天不在了,女儿一个人孤零零地无所依傍。有一天,小洁老了或病了,床前没有人服侍汤药,会不得善终。

对于母亲的顾虑,小洁和丈夫早就有了计划。两个人一直都在努力工作,也有储蓄的习惯,为今后去好一点的养老院做准备。小洁相信,未来养老资源会越来越多,社会福利会越来越好。只要有钱,"丁克"们不用担心老年期的生活质量。

> 我们觉得就算是有儿女也未必就没有养老问题,就是空巢老人嘛!关于我们的养老,我们目前的规划就是养老院,尽量多攒点钱,去好一点的养老院,而且现在社会对养老问题越来越重视了,等我们老了那会有更多利好的政策吧。(小洁)

听到这些,母亲也不知道该说什么。至于生不生孩子,双方只能僵持不下。长辈的观念无法松动,小洁夫妇也不能强求父母理解自己的选择。还好,日子总是两个人过,夫妻俩非常坚定,相互做支撑。对于来自父母的压力,两个人只能尽量避免这个话题,避免冲突。

社会大众普遍认为,丁克夫妇的老年生活会很悲惨。确实,研究表明老年丁克夫妇受到较少的社会支持和情感联结,更重要的是,他们受到的有效照护和危机干预也较少(Basten, 2009)。然而,Kohli 和 Albertini(2009)发现,做"丁克"的老年人的支持网络比有子女的老年人的支持网络更加多样化,包括与亲属、朋友和其他非亲属的交往更多，且丁克老年人往往更积极地参与慈善工作。

一项关于丁克群体晚年生活质量的研究表明，很少有人后悔自己不生孩子或不抚养孩子的决定（Blackstone and Stewart, 2012）。当然，老人们也对未来死亡质量表现出担忧，他们需要提前安排好临终事宜和护理方案（Stegen, et al., 2021）。随着年龄的增长，女性丁克对没有孩子的状态和她们的生活质量更加满意，大多数丁克女性都能以一种充实的方式拥抱无孩生活。但遗憾的是，丁克老年人也会感受到来自社会的不友善，比如，对丁克群体的刻板印象、偏见和歧视（Stahnke et al., 2020）。

上一辈人眼中，人的一生应该活在相互依靠的家庭关系中。他们认为子女是一种财富，也是一种保障。当自己年老体衰时，唯有儿女来赡养父母才是完整的，因此，养儿育女对自己来说是为"养老"进行储备。如果说"多子多福、无后不孝、传宗接代、养儿防老"这些传统生育观念是父母那辈人的坚持，那么年轻的朋友们会支持小洁夫妇做"丁克"的选择？贴己的朋友们更多的是倒向"劝生"的阵营，认为孩子是一个婚姻、家庭的核心与纽带。有了孩子，夫妻关系才会越来越紧密。

但小洁夫妇反问道：难道离婚、出轨的夫妇都没有孩子吗？

> 孩子对婚姻而言是锦上添花，不是雪中送炭。事实上，夫妻间的很多矛盾点可能跟养育孩子有关。如果夫妻感情本来就好，没有孩子就没有矛盾，感情只会更好。（小洁）

访谈中，小洁夫妇不断重申，做"丁克"一定要出于夫妇二人的共同决定。但凡一个人不认可，或者有勉强，都迟早会引发婚姻危机。他们的价值观念的取向在自身而非子女，夫妻关系被提高到了相对核心的地位，夫妻双方更加注重婚姻生活质量。看到身边朋友们因为生养孩子做出牺牲，夫妻二人越发觉得做"丁克"是个正确的选择。

> 有的时候我真的太庆幸自己没要孩子，如果要孩子了，我不会像现在这么自由。那样可能一切都是孩子（为主），万事先考虑孩子，别说旅游，就是逛街都有重重阻力。没有孩子，我们俩想去哪可以抬腿就走，不用考虑太多。出门旅游也是可以说走就走，不用考虑家里有没有需要照顾的孩子。过二人世界也比较开心，我们俩每周都要出去约会，生活的仪式感也特别强。（小洁）

做"丁克"注定会一路荆棘

事实上，东西方社会的主流意识形态都是"劝生"的，认为鼓励生育是有利于个人、家庭与社会福祉的。因此，丁克群体常常被贴上无法适应环境、自私、享乐主义与不负责任的标签。相比起已育夫妇，丁克夫妇被贴上了缺乏爱心且适应能力差的标签（Agrillo and Nelini, 2008）。近年来，丁克群体开始挑战污名，选择积极应对负面评价。他们会运用互联网和社交媒体发声，促进了丁克群体的内部交流，他们相互支持和鼓励，形成正向的朋辈支持（Blackstone and Stewart, 2012）。同时，社会环境对丁克群体的态度也在悄然改变。Basten 比较了 1997 年与 2008 年对大学生进行的两项调查，发现一项 1997 年发表的研究显示丁克女性是最不受欢迎的，大学生群体对家庭规模与女性就业的理想形态偏传统。2007 年针对佛罗里达大学生的调查则发现，尽管经济和就业方面的考虑依然重要，但大学生对丁克群体的评价已不再是负面的，且认为推迟生育是正常的（Basten, 2009）。

对于小洁而言，做"丁克"并非"一时兴起"，而是"持之以恒"。做"丁克"的人生注定遍布荆棘，需要承受来自双方家庭、社交网络、大众传媒和社会观念的压力。小洁夫妇确实遭受了很多质疑，但他们将对错是非放在一边，坚持自己对"丁克"的理解。

关于不要孩子这件事情，小洁夫妇已经坚持了7年。这个选择是夫妇俩共同捍卫的结果。小洁说自己会一直坚持下去，因为这并不是错误的、值得被人批评的选择，这只是不同于其他人的选择。正是有小洁夫妇这样的坚持，才能体会到生育意愿在朝着多元化的态势发展。

> 我勇于放弃自己生育的权利，是因为我知道我不会因为不生孩子就被"浸猪笼"，或者就被夫家休弃而流落街头；我不会因为不生孩子，就无法存活，这是社会给我的勇气。（小洁）

作为一名女性，小洁善于从性别视角去分析与"丁克"有关的社会现象。在她看来，千百年来，中国女性都以生孩子为荣，甚至生孩子、生儿子是女性存活的最大价值。社会的进步让女性有了更多的社会参与，从而彰显自身的社会价值。

> 现在的女性是可以跳出某人太太、某人妈妈这样的社会属性，仅凭自己的努力就能以一个女性的身份获得一席之地的。女性在当今社会可以不依托任何人，就可以获得经济和社会地位。（小洁）

作为女性，小洁毫不畏惧地选择了放弃自己的生育权。小洁认为，这个决定源于两个重要原因：第一，她出生在东北地区，小洁从小就坚信女孩同样可以在各个领域取得出色的成就，无论是在中小学的考试竞争中还是在日常生活中。她明白，只有和男孩一样努力奋斗，才能在竞争中站稳脚跟，证明自己的价值。第二，小洁是由她坚强的母亲独自抚养长大的。她的母亲为了供她上学而辛勤工作，这个过程深深影响了她。看着母亲独立与命运抗争，小洁被深深地鼓舞和感染。母亲曾经历了失败的婚姻，但她选择了离婚后努力奋斗，这教导了小洁，女性应该拥有独立的人格和尊严。母亲的坚韧和决心留在了小洁心底，鼓励她勇敢地追求自己的人生。

作为一名"丁克"，小洁坚信自己应该定义并过上她所向往的生活，而不是受到社会期望的束缚。她说："我要对我的生活有一个独属于我的定义，我要活出我自己想要的人生。"这句话充分表达了她的决心和坚持，她要用自己的方式去追求幸福的生活和人生的满足。

小结

丁克家庭的组织方式改变了传统核心家庭的夫妻和子女之间的结构，取而代之的是更为简化的家庭关系和生活方式。伴随着婚姻观念的变革，年轻人更勇敢地挑战传统的家庭模式，将婚姻关系置于更为重要的位置，超越了亲子关系，追求长久且和谐的婚姻。然而，丁克夫妇仍然需要在社会主流的生育观念下生活，这意味着他们需要不断强化自己的选择。尽管现代社会已经摒弃了某些过时的家庭传统和婚姻观念，但传统的生育文化仍然对个人的生育决策产生影响。作为一种与传统生育观念相悖的家庭形式，丁克夫妇往往会遭受污名化。尽管丁克家庭可能不会成为社会的主流，但允许夫妇自由选择不要生育可能正是社会进步的一个佐证。

第三节 妇科癌症幸存者的婚育挑战

生育是在家庭这一基本单位中完成的，也构成了个体与家庭生命历程中的重大事件。罹患妇科癌症对女性生育行为的影响非常直接。对完全丧失了生育力的女性来说，生育所承载的意义需要被重新安置，而即便是对仍保有一定生育力的幸存者来说，生育仍然需要审慎考虑。与其他癌症相比，妇科癌症对女性生育力造成了直接破坏，对个体婚育状况和生命过程的影响也因人而异。但值得关注的是，作为社会的一员，罹患妇科癌症给幸存者婚恋带来的挑战可能会以社会结构性的方式呈现。

2022年11月至2023年6月，研究团队采用质性研究方法，依照目的性抽样的原则，借助社交媒体平台以滚雪球抽样的方式来寻找合适的被访者，对妇科癌症患者幸存期内的生存体验进行了一项研究。由于访谈阶段正处于新冠疫情期间，且研究目的聚焦于妇科癌症患者生存期的考量，研究团队主要采用线上访谈的形式。我们的研究对象是那些目前正处在妇科癌症生存期内的、愿意接受我们访谈且能够清晰表达自己观点的女性患者。本研究对9位有妇科癌症史的女性展开一对一的半结构式深度访谈，访谈内容涉及"患病经历""社会支持""婚育考虑""死亡焦虑"等多个主题。截至2023年，被访女性的平均年龄是32岁，患病时长自3个月到14年不等。本节采用非虚构写作的方法，主要展现了4位被访者的生活经历。具体人口学信息见附录。其中，1位女性罹患卵巢癌（包括卵巢无性细胞瘤、卵黄囊瘤、上皮性卵巢癌），1位罹患宫颈腺癌，1位罹患宫颈鳞癌，1位则患有子宫内膜样腺癌。

重新审视婚育

2009年，时年26岁的毛宁还在一家大型地产公司工作。她所在岗位的工作非常繁忙，常常需要加班，甚至有时候她会带着睡袋留在办公室，过着辛勤而充实的生活。她常调侃，她的工作强度堪比"007"那样的特工，但她的辛勤付出最终带来了回报。毛宁来自农村，刚刚大学毕业不久，但凭借自己的才华和勤奋，她在大城市里成功地买了房子和车,她的生活初步稳定下来。

> 一切生活本来都还像花朵一样美好,(被诊断出患上妇癌后)突然间一切都改变了。(毛宁)

毛宁一直是一个注重保持身材的女孩。她的公司规定了统一的着装要求,需要穿着那种紧身的韩式西装套装,因此,她对自己身材的任何轻微变化都非常敏感。有一两个月的时间,毛宁不断觉察到自己的腰腹部明显变胖了,但她的体重却没有明显增加。这种异常的变化引起了她的警觉,于是她决定下班后顺路去对面的医院做个常规检查。

当毛宁做 B 超检查时,正好碰上一个年轻的实习医生。当医生将 B 超探头放在她的腹部并观察到影像时,她吃了一惊,连忙建议毛宁去找某位医生咨询,还说:"你这个已经很大了。"

根据检查的结果,B 超显示出了一个巨大的包块,血液检查显示肿瘤标志物异常升高。回想起当时的情景,毛宁觉得医生可能已经有了一个初步判断。在当下医疗环境中,医生通常会采取先与患者的家属进行沟通的策略。然而,毛宁当时是一个独自前去就医的患者,她的父母远在外省。因此,在她询问病情严重程度时,医生并没有给出明确的答复。当然,这也涉及医学诊断的严谨性,因为要进行确诊通常需要进行手术和活检,然后等待病理结果才能最终确定。这使得毛宁一度误以为病情并不严重,她甚至认为最坏的情况也只是一个良性囊肿,只需要通过手术取出就可以解决。

> 你知道住院、做手术是需要排队的,所以可能等待时间大约接近一个月。当时我就觉得我的驾照(考试)即将到期,如果不及时去考试,就会过期。于是,我先去考了驾照,处理了

一些其他的事情，然后才来医院。（毛宁）

直到手术前，毛宁才给父母打了电话，二老急忙赶到医院。在手术室门口等待时，医生出来告诉他们，初步估计是恶性肿瘤，需要进行活检，并建议切除子宫和卵巢。毛宁的妈妈听到这个消息后，突然眼前一黑，晕倒在地，当她醒来后，她不停地对医生说不能全切除，因为她的孩子（毛宁）还要生孩子！在农村妇女的观念中，生孩子是至关重要的事情。因此，毛宁的父母都强烈主张尽量保留生育能力。最终，毛宁只切除了左侧卵巢，保留了右侧卵巢和子宫。

手术后，毛宁开始接受为期6个疗程的化疗。在这半年的时间里，毛宁的妈妈一直陪伴在她身边，爸爸则负责照顾她们的生活，包括做饭和送餐。每天，他们都在医院和家之间来回奔波。毛宁的男友（现在的老公）白天上班，晚上则会前来医院陪她待上两三个小时，然后回家休息。这段时间里，毛宁的家人和男友都全力支持和陪伴着她，为她提供了强大的精神和情感支持。回忆起当年得知自己确诊癌症时的情境，毛宁多少还是有些后怕。

毛宁的老公是她读高中时的学长，两人在大学时相恋，毛宁确诊时，他们已经在一起很多年了。一直以来，毛宁都是一个坚定的不婚主义者。

> 我一直是不婚主义者，我觉得婚姻会束缚我的自由和整个人生。我就跟他说，我们不要结婚，在一起开心我们就在一起，如果有一天不开心了，我们就分开。他也同意，所以我们一直在一起，但是就想着可能不会结婚，不会要小孩，两个人就开开心心在一起就好了。（毛宁）

然而，癌症确诊以及当时并不乐观的预后状态成了她重新思考结婚和生育在个体生命中的定位和意义的契机。当时毛宁的病情并不乐观，医生说可能只剩下两三年的时间，但当时的男友（现在的老公）一直不离不弃，对她贴心照料、悉心陪伴着。治疗结束后，两人便领证结婚了。尽管此时这个爱美的女孩子摇身一变成了个"寸头假小子"，但她还是挽着先生的胳膊，两个人一起看着彼此，幸福地笑着。

> 我先生他家也是农村的，三代单传。我生病后他父母不同意，但他一直坚持。他妈妈哭了一夜，天亮他就跪拜了父母，跑到医院陪我整整六个月。当时我就跟姐妹说，我还是想结婚。怎么说呢，就是人生来一趟，我想感受一下。如果我七老八十了，吃喝玩乐都体验过了，也无所谓了。我说我这么年轻，如果就剩两年的话，我还是想感受一下，结下婚，也给男朋友一个交代。哪怕我死了，我也必须是冠着他的姓，来生才能再续前缘嘛。（毛宁）

对于原本持有不婚主义态度的毛宁来说，生育孩子本就不在她的人生期待和规划之中。然而，患癌似乎使得康复中的毛宁对生命有了全新的感悟，并对人生的意义得以重新审视。

> 我有一个哥哥，人在北京，他生了孩子后每天就是各种晒他家孩子。有一次我跟他在聊天，然后就问他，我说孩子到底能够给我们带来什么？然后我哥哥就说了一句话，他说孩子是我自己生命的一个延续，我的血液在他的身体里流淌，即使有一天我没在这个世界上了，那么我的血脉还在这个世界上流淌。哥哥这样一句话，我一直记着……后来我就想，我要不要试着做一个我在这个世界上来过一次的这么一个证明，表示我

有来过。(毛宁)

经过一年多的备孕努力，毛宁发现自己怀孕了。这个消息对于刚刚渡过生死劫难的人来说，既喜悦又令人担忧。是否要保留这个孩子成为当时家中最大的问题。毛宁的家人，包括她的丈夫和父母，主要关心怀孕对毛宁身体带来的负担和风险，而作为准妈妈的毛宁则考虑更加周全。她不仅担心自己的身体是否能够承受怀孕的压力，还担心怀孕对她自己生命安全的威胁，以及可能会导致孩子在没有母亲的陪伴下成长。

本来我们这个病种呢，它就是与生殖系统相关的，怀孕肯定会造成生殖系统的很多的指标就不正常了嘛，就有可能会引发一系列的变化，那么这个变化是变好还是变坏，没有任何人会知道啊！（化疗及后续免疫疗法）药物的沉淀会不会对孩子有影响？你知道那个孩子从一个细胞分裂出来后就很多很多的变化，我们人力没法去控制的这个事情。反正就担心挺多，也担心孩子的智力，我最担心的是自己不能陪伴孩子长大。(毛宁)

毛宁选择保留这个孩子，这一决定离不开她信任的医学专家的建议以及他们的安慰。毛宁的主治医师告诉她，孩子的到来代表着一种缘分。他建议毛宁等到怀孕4个月时进行唐筛和羊水穿刺等检查，以减少不确定性。如果这两项检查都通过，那么这个孩子可能会带来善缘。这样一来，即使最终决定不保留孩子，她也不会后悔。

当时我觉得他说这个话很能安抚我，我突然就没有那么焦虑了……最后我自己决定冒险保留下来。(毛宁)

不知未来要安放何处

丽丽，34 岁，博士在读。2021 年 11 月，丽丽查出了宫颈腺癌（ⅠB1 期），12 月底便做了广泛宫颈切除术，因为尚处早期，并没有后续化疗方案。对很多癌症患者来说，经历患癌这样一件重大生命事件，不光是身体要经受痛苦与挑战，心理上也会体验到折磨，还有对死亡的恐惧与焦虑，以及学业与生活的停滞。经过这一艰难的历险过程并从中恢复，格外需要勇敢与坚韧，丽丽也不例外。

> 从我确诊到现在，差不多一年多的时间吧，好像这段记忆就被打包、封存起来了，所以再去回忆那个时候，自己心里还是倾向有一种比较回避的感受。我都不敢用"涅槃重生"这个词，我都不好说我现在是不是重生了。能用从地狱里逃脱出来吗？我真的好像是被丢进地狱里，可能在地狱里比这个感受更糟糕吧，这个形容可能会太重了一点，我没有找到一个很好的词。反正就是，你会觉得在那种生不见底、空无一人的环境里面待了很久，在黑暗里面待了很久，然后慢慢地一点点走出来的那种感受，现在也还是在慢慢地往外走的过程，所以它（指经历患癌）的这个影响我会觉得其实依然很大。（丽丽）

丽丽目前是单身状态，生病前她曾和一个男生有过短短的一段暧昧关系。尽管后来这段关系无疾而终，但它还是给丽丽带来了很多美好的婚育想象。在一段感情活力四射时，人便会不自觉地对未来生活充满展望，尤其会有生一个孩子的渴求。再加上丽丽本身就蛮喜欢小孩子，而且也处于合适的婚育年龄，丽丽曾经十分想要生小孩。哪怕她清楚地知道，这种对于成为母亲的渴求中夹杂着一丝冲动。

> 我愿意有那个内在的、被爱的过程,就是享受那种跟生命的联结,那种孕育的感觉,我觉得它是独一无二的体验。有一段时间,就是在暧昧期间,自己一个人的时候会去想到那种养一个孩子的那种感受。那会儿,你很喜欢一个人的时候,你会觉得好像自己很有勇气,只要有一个人,只要有爱,这个爱就可以给你很大的勇气,帮助你承担作为母亲的角色,去处理很多东西。但是这个你知道,那是一种想象或者一种感受,就现实条件来讲,它很难真正去支持每天生活中的现实。(丽丽)

但患病的经历改变了她对亲密关系的态度,不再像之前一样对亲密关系抱有强烈的希望与期待。当感性的期待撞上现实的理性考虑,她的自我也开始崩塌和萎缩,逐步陷入一种包裹的封闭状态。

> 那种在心底里对陪伴、支持非常深切的一种渴望,其实生病期间也一直都有,现在也一直都有,只是会觉得不需要了,理智上会觉得不需要了……这个人和你说不定刚开始没多久,就要面临着很大的负担,经济上的、身体上的、照顾上的、时间上的各方面的负担,因为结婚之后,这些就成了两个人、一个家庭的负担,所以我觉得一般的人很难接受……我相信可能会有这样的一个人,会有这样一种感情,这样一种爱,但我并不相信会发生在我身上,你知道吗?我也并不觉得自己有能力去建立并维护好一段亲密关系。我把这个东西理清楚、想明白之后,就觉得其实现实当中是不太可行的,就觉得不婚不育是比较合适的。(丽丽)

依照丽丽对社会中男性的择偶期待来看,一旦对方得知自己有癌症史，便不可避免会产生偏见。

> 毕竟现实中，觉得妇科癌症幸存者坚强地面对生死，因而对其另眼相看的"有情怀"的人，有，但极少；更多的则是"很世俗"的人，这些人有可能因此拒绝你。（丽丽）

医学上的"五年生存期"是指某种癌症患者自诊断或治疗开始后的五年内生存的概率或时期。这一概念通常用来评估癌症治疗的成功程度和预后。具体来说，五年生存期通常按照以下方式定义：一是生存率，表示在癌症诊断后的五年内，患者仍然存活的百分比，通常以百分比表示，例如，五年生存率为80%表示在五年内有80%的患者存活下来；二是与患者的临床疾病状态相关联，不同疾病阶段的患者通常有不同的五年生存率，早期疾病患者通常有更高的五年生存率；三是考虑了癌症的复发风险，患者是否在五年内复发癌症对于定义五年生存期至关重要。需要注意的是，五年生存期只是一个统计数据，不能准确预测个体患者的生存情况，医生通常会综合考虑多种因素来为患者提供更准确的生存预测和治疗建议。

丽丽十分在意"五年"这个时间节点，她认为，这关涉到她是否会选择进入一段亲密关系，对其产生影响的比重高达80%~90%。

> 如果是完全没有心理负担地进入一段亲密关系，我觉得要等五年。五年之后的话，即使结婚，可能受的影响也就不大了，你就可以……因为你已经过了（复发风险最高的阶段），相对来说比较安全，甚至两年以后可能就会相对安全一点。我现在很难说两年后或者五年后我的想法会不会变，但我现在会长时间地对亲密关系持一个相对比较保守的态度。（丽丽）

妇科癌症史会让单身的幸存者在未来进入新的一段亲密关系之前产生顾虑：我要不要把我的情况告诉对方？要告诉他到什么程度？要在我们关系进展的什么阶段告诉他呢？这一系列的问题会出现并盘旋在她们头脑中，对其生活产生困扰。

这种担忧很大程度上来源于癌症复发的不确定性。医学不确定性被认为是医学和医疗实践的固有特征（Kim and Lee，2018）。Beresford（1991）区分了医学不确定性的三种类型：（1）由于科学数据不够充分完整的技术不确定性；（2）由于对患者与医护之间的理解存在差距的个人不确定性；（3）将医学数据应用于实际情况的困难而导致的概念不确定性。即便医学上以统计的方式来应对不确定性，通过数据推算出各类癌症、各个分期下的五年生存率，以此来尽可能地具象化癌症复发的风险，但概率终究是概率，就个体而言，谁也不敢轻易保证幸存者不会再度遇到癌症。因而，隐忧常常出现在她们生活的角落，迫使她们不得不考虑这种情况可能发生并再度打乱自己刚刚重新安置的社会生活的可能性，一定程度上也构成了她们做出婚育实践的阻碍。

坦然面对感情的变数

如果说患癌是命运向一个人随机发起的考验，那么康康的经历可谓一波三折。而面对接二连三的难关，康康则展现出了生命的韧性，做到了坦然面对。两年前，康康的母亲不幸罹患了乳腺癌，后续的治疗费用给本就不富裕的家庭造成了不小的经济负担。

2022年8月，时年28岁的康康查出患有子宫内膜样腺癌，幸好有保险覆盖，这才未给家里造成严重负担。因为癌症分期较早（Ⅰ期），状况相对乐观，听取医生的建议后，康康决定采用保守药物治疗的方案，待生完孩子之后再进行切除子宫手术。药物治疗期间，每三个月需要做一次宫腔镜的检查，如果发生两次以上逆转，即内膜病理没再发现癌变的情况，便可以开始备孕。

然而，计划并没能赶上变化。男友转身离去，跟康康分手了。康康和男友经由同学介绍相识，两人老家也是同一个地方的。康康8月底刚查出癌症时，他们刚在一起不久，还处于热恋期，康康也立刻将病情告知了男友。

> 当时我一想到这个肯定会影响我结婚生小孩，然后就第一时间通知他，我说这个看他的选择吧。（康康）

起初，男友陪同康康去看过一次医生，甚至两人在国庆假期的时候还一起回了趟老家，见过双方父母，准备结婚。男友曾表现出愿意继续支持康康的决心，但最终还是选择了分手，这可能与他面临的各种压力，尤其是家庭的反对有关。康康为男友的行为进行了解释，认为他在感情上可能不够坚定，对她的爱不如自己所期望的深厚。

> 其实一开始他决定说要继续陪我走下去时还挺开心的。后来他是没有预兆地就跟我说还是要分开，所以就特别失望、难过，然后也有点生气。因为当时治疗的情况也还是比较乐观，那我也会想着说他会不会不只是这个原因，也可能是他感情上可能出了一些问题，这个人可能是个渣男，恋爱的新鲜期过了就没那么喜欢了这样子……我跟他表达了我很难过，不想分开，但是没说生气这部分。但是他还是挺坚决的，然后我们就结束了……他当时说，我们只是在一起两三个月，没有很深的感情基础。他说如果我们在一起两三年之后，我生了这个病，他肯定会一直坚持下去。当时，他是这么说的。（康康）

分手后，康康打消了备孕的念头，但也一直在坚持着药物治疗，每三个月去医院做一次宫腔镜检查，一切医疗应对都在有条不紊地顺利进行着。直到有一天，一阵剧烈的腹痛突然袭来……

2022年4月，就是第三次去上海做检查的时候，当时肚子特别痛，后面检查发现了一个肝脏肿瘤，是肝脏转移……出现了转移，就不能再继续做保守治疗了，做完肝脏切除手术之后，紧接着就要做子宫的切除手术。（康康）

此外，康康还需要进行为期6个疗程的化疗。至访谈时，她已经完成了第一个疗程，在家休息，也一直在向公司请着病假。然而，与此同时，恰逢工作合同到期，公司方面便意欲不再续签，想要辞退她。面对这一情形，康康唯有无奈，寄希望于公司能够按照劳动法做出相应赔偿。

康康的父母一直都希望女儿能找到一个值得托付的人，早早步入婚姻。在他们的观念中，结婚生子是天经地义的，不婚或不育在他们的世界里都很难以想象。因此，确诊初期，康康甚至没敢告诉爸妈，担心他们接受不了。后来他们知晓康康的病情（未转移时）后，还曾告诫她说先不要将此事告知男友，以免影响谈婚论嫁的进程。康康和男友分手后又遇上了癌症转移的难关，一直在辛苦治疗。谈到未来的婚恋，她觉得，依据自己对父母的了解，他们很可能在治疗结束后依然给自己介绍相亲。

康康坚信罹患癌症会对她的婚姻前景产生显著影响，因为她认为社会上大多数男性难以接受这种情况。她对未来婚姻和生育的态度是随缘的。

现在生小孩是不可能生的，结婚的话也是，可能就只能不去强求什么？就随缘，看有没有缘分遇到合适的人。但能接受我这个情况而且还是我喜欢的，肯定就很难，就是概率很小的，应该就是零，几乎没有可能。一个原因是，就是没有互相喜欢，可能我喜欢的人，他可能不喜欢我；喜欢我的人，我不喜欢他，这也是减小的概率。另一个就是这个身体原因吧，也受了很大限制，很少有人能接受。（康康）

然而，这并不意味着她愿意随便找一个人将就过一生。她对亲密关系的想象和期待仍然是从中获得精神上的幸福和满足。

我还是不想就只是为了结个婚就找个人去结婚，所以一定要结婚的话，还是希望可以有一个能互相欣赏的精神伴侣。有共同话题，互相之间很像朋友一样，相处得很愉快、互相欣赏的那种。跟喜欢的人在一起，肯定会觉得更幸福。（康康）

对于未来，康康表现得很坦然。她认为有些事情是命运，只能听天由命。她指出，现代社会更加开放，女性不生育已经更容易被社会接受，因为女性也更加独立自主，不再依赖婚姻来维持生活。现代社会变得越来越好，因此癌症在当下和将来都不会像过去那样可怕，治疗的机会也更多了。

少数人的"退路"：辅助生殖技术

妇科癌症治疗对女性患者的生育能力可能会带来挑战，而辅助生殖技术被认为是一种有效的方法来帮助这些幸存者克服生育障碍。妇科癌症的治疗通常包括手术、放疗和化疗等方法，这些治疗可能会导致女性的生育器官受损或功能减退。对于一些患者来说，这意味着她们可能无法像正常情况那样怀孕和生育。这对于那些渴望成为母亲的女性来说可能是一个巨大的心理负担。辅助生殖技术，可以帮助妇科癌症幸存者实现生育愿望。IVF-ET 技术允许医生在实验室中培养受精卵，然后将受精卵植入女性子宫，从而增加怀孕的机会。而卵子冷冻则允许女性在妇科癌症放化疗前将卵子冷冻保存，以备将来使用。

然而，这个选择并非对所有患者都平等可及，似乎具有明显的社会阶层特征。对于部分被访者而言，IVF-ET 和卵子冷冻等费用昂贵，而且大部分辅助生殖治疗和药物都不在医疗保险报销范畴内。事实上，有些患者可能会为了降低治疗费用，被迫在癌症治疗方案中做出不考虑生育后果的妥协，最终放弃成为母亲的梦想。这可能会导致她们在治疗过程中以及治疗后经历更多的心理压力，因为她们不得不面对与生育相关的不确定性和后顾之忧。

社会经济水平的差异可能导致在面临妇科癌症治疗决策时，不同患者出现生育选择差异性。访谈中，财务状况较好的患者才能考虑使用辅助生殖技术，从而拥有更多的生育选择权。当医生向罹患宫颈鳞癌ⅡB期的安然及其男友介绍病情和治疗方案时，他们迅速且果断地决定不保留宫颈，而是选择全部切除。

> 当医生提出保宫颈方案时，我内心想要保留，但是我男朋友建议不要选择这种风险较大的方案。他说宫颈癌现在是可以治愈的，医生可以保住我双侧的卵巢，之后我们可以考虑去国外代孕。因此，我当时选择了保留卵巢，并在 SH 市冷冻了卵子。我做了所有能够生育的准备工作，所以果断地选择了子宫切除。（安然）

然而，康康的家庭经济状况较为一般，在接受卵巢和子宫切除手术时，她因为经济条件不足而选择了全切的治疗方案。

我可能没有办法，只能全切除掉了。我自己也知道可以冷冻卵子，但是后来我也没有这个想法。因为子宫切除后，我自己也不能生育，如果想要自己的孩子，就只能考虑代孕，这非常麻烦。代孕不仅在国内是非法的，（如果到国外的话）真的想要实现也是非常昂贵。我没有足够的财力来承担这个费用，所以我放弃了这个选择。（康康）

小结

妇科癌症幸存者在婚姻和生育方面面临的巨大挑战，这一挑战在多个层面上显现出来，涵盖了身体健康、社会经济、心理和家庭关系等方面。首先，她们的身体健康受到了极大的影响，治疗过程中需要忍受身体上的痛苦和不适。部分或者完全失去生育能力对她们来说是一次巨大的打击，这直接影响了她们对婚姻和家庭的期望和愿景。其次，婚姻和家庭关系也受到了妇科癌症幸存者挑战的影响。治疗选择对于婚姻稳定和家庭生活有着深刻的影响，这需要夫妻之间的理解和支持。最后，社会和经济因素也扮演了重要的角色，经济条件对于幸存者在辅助生殖技术和治疗方案上的决策产生的巨大影响。这些女性的故事凸显了妇科癌症幸存者在婚姻和生育方面的复杂挑战，强调了需要更多的社会支持和理解来帮助这些女性应对婚育带来的困境。

第四节　不孕不育与辅助生殖治疗

根据国际监测辅助生殖技术委员会和世界卫生组织的定义，不孕不育被视为一种生殖系统疾病，通常被定义为：夫妇在进行无保护性行为的情况下，经过了12个月或更长时间，仍未能成功妊娠（Zegers-Hochschild et al.，2009）。不孕不育被进一步分为两种类型，即原发性不孕不育和继发性不孕不育。前者指的是从未怀孕的夫妇未能怀孕，后者指的是曾经怀孕的夫妇但未能再次怀孕，例如，流产或死胎等。根据世界卫生组织最新发布的报告显示，全球不孕不育症的患病率为17.5%（Cox et al.，2022），相当于每6人中就有1人在一生中经历过不孕不育症。中国不孕不育症的发生率则从2007年的12%上升至2010年的15%，到2020年已达18%左右（Qiao et al.，2021）。即使是12%的发病率，基于中国14亿人的人口总数，育龄期在20~45岁的夫妇，其不孕的人口数量也高达千万，情况不容乐观。

在20世纪60年代的生育至上主义时期，关于不孕不育的成因分析受到了广泛的关注。当时，精神分析方法盛行，将不孕不育归因于个体未解决的事件或潜意识的防御机制，尤其是对母亲缺乏依恋感的个体。随着医学知识的进步，人们对不孕不育病因有了更清晰的了解，不再仅仅将其视为心理因素导致的问题。现在我们知道，导致女性不孕的生理因素包括排卵障碍、输卵管问题、子宫颈和子宫异常、免疫问题、病毒感染等，而男性不育可能与下丘脑或垂体疾病、精子运输问题等因素相关。因此，学术研究的焦点也逐渐转向了个体在不孕不育医学诊断后的心理反应，将其视为提供临床咨询的切入点。这些研究关注了不孕不育患者在接受诊断和治疗时的认知和情感反应，这成为针对不孕不育症全面护理的基础。

虽然不孕不育本身并非心理障碍，但不孕不育及其治疗过程可能给夫妇带来各种心理挑战和情感问题，如沮丧、焦虑、绝望、内疚等和对生活意义的质疑等（Galhardo, Cunha and Pinto-Gouveia, 2011）。对于夫妇而言，不孕不育的应对是一个复杂的问题，既涉及生理因素，又牵涉到心理和社会因素。鉴于孩子在中国文化中都被赋予了诸多社会功能，不能生育可能威胁夫妇维系婚姻关系、构建家庭关系以及维持社会身份等。在中国，不孕不育问题对女性的心理影响通常高于男性（魏舒，2023）。女性常常经历更多的社会心理压力，包括身体健康问题、情感挣扎和自尊心降低等。不育夫妇中的女性在社会文化环境中承担更多的生育责任，这导致她们更积极地参与治疗（Lee, Sun and Chao, 2001; Pinto-Gouveia et al., 2012）。

在 2015 年的 6 月至 8 月，笔者在 T 市的一家设有辅助生殖中心的医院进行了一项研究，这家医院有资质为不孕夫妇提供一系列的治疗方法，包括宫腔内人工授精（IUI）、体外受精-胚胎移植（IVF-ET）和卵胞浆内单精子显微注射（ICSI）。这项研究旨在探讨不孕不育夫妇在辅助生殖治疗中的夫妻关系调适情况，因此，招募的是已经结婚且能够用中文清晰表达自己观点的夫妇。他们在当前或之前的婚姻中都没有孩子，并且正在经历原发性或继发性不孕不育的挑战。如果其中一方因为某种特殊的身体或精神疾病不能参与，我们则不考虑他们作为研究对象。为了深入了解他们的经历和感受，我们首先对每对夫妇进行了一次联合访谈，随后又分别对妻子和丈夫进行了个人访谈。这意味着，理论上，每对夫妇都会接受三次访谈。

在这次研究中，我们共访谈了 16 对夫妇。所有的女性都同意参与，但只有其中的 8 位男性参与了访谈。另外 8 位男性在各种原因之下，如时间限制或个人选择，选择了不参与访谈。我们还收集了参与者的基本人口学信息，如年龄、不孕史、临床诊断信息、家庭结构和工作状况等。被访样本中，平均不孕年数为 3.7 年（标准差为 2.6 年）。女性年龄在 24 岁至 33 岁（平均年龄为 28.3 岁，标准差为 2.9 岁），男性年龄在 24 岁至 36 岁。被访夫妻中，14 人正在接受辅助生殖治疗，2 人正在计划新的治疗周期。10 位妻子有稳定的工作（4 位为个体经营者）。到了第 30 次访谈，我们发现已经没有新的信息出现，但为了尊重每一位参与者，我们还是访谈了所有确定参与意愿的夫妇。本节中，引用的访谈资料涉及 3 对被访夫妻，其具体人口学信息可参见附录。

治疗中的矛盾心境

不孕不育夫妇在考虑是否接受辅助生殖治疗时，通常会陷入自我否定的情绪困境中。首先，他们经常把自己的不孕问题视为在传宗接代和家庭建设上的失败，他们可能会对未能达到社会对他们的期望而怀疑自身价值。其次，接受辅助生殖治疗似乎意味着不得不依赖医学干预才能实现生育愿望。治疗的复杂性、高昂的费用以及不确定的治疗结果交织在一起，构成了夫妇在治疗决策中的挣扎。这种心理负担在治疗失败后尤为突出，因为他们已经投入了巨大的精力和资源，却没有达到预期的结果。

需要强调的是，将接受治疗视为人生失败的观点是过于简化和不公平的。不孕不育并不是夫妇在主观意愿上的错，很大程度上是生理因素引起的，可能不受他们的控制。实际上，接受辅助生殖治疗是一种积极的应对方式，表明他们愿意克服困难，追求自己的生育梦想。治疗的过程可以被看作一次坚定的努力，而不是承认失败，因为它提供了新的希望和机会。虽然不孕不育的挑战确实会在一定程度上影响他们的心理健康，很多被访夫妇们依然在克服困难和挫折的过程中展现了积极的二元应对，这是值得鼓励和倡导的。

在辅助生殖治疗的决策过程中，矛盾心境十分常见，因为夫妇需要同时平衡财务、时间、精力和关系等多个方面的挑战。在中国，对不孕不育的辅助生殖治疗费用部分可以报销。一般情况下，医保可能会覆盖一些特定的辅助生殖治疗项目，例如体外受精－胚胎移植（IVF-ET）。然而，报销的比例和具体的条件可能会因城市、省份和医保计划的不同而异。因此，接受不孕不育治疗的夫妇通常需要自己承担一部分或全部的治疗费用，这可能挑战他们的财务状况。有时，治疗费用可能会耗尽他们的积蓄，甚至需要向家人或朋友借钱来支持治疗的进行。这一过程可能让他们感到沮丧和无奈，特别是面对治疗费用、生育渴望和治疗结果之间的紧张关系。

许多被访的夫妇，尤其是妻子们，表示即使承受严重的身体痛苦和经济困难，她们也愿意将积蓄和精力投入不孕不育治疗之中，不放弃任何微小的怀孕机会。然而，当她们尝试怀孕失败时，这些经济、时间和精力的投入却没有换来成功妊娠所带来的后果，又是她们难以承受的。换句话说，治疗的预期结果对夫妇在治疗前的矛盾心理起着关键作用。面对治疗的不确定性，一位访谈对象小圆的话很有代表性。

> 选择治疗方案可费心呢，没人能告诉你选哪个。每一种选择都有风险，没有人能保证你选择的治疗方法会成功（怀孕）……纠结啊，不知该走哪条路……没有人给你明确的方向，你感觉就像在雾中。（小圆）

然而，为昂贵的治疗买单并不一定带来成功受孕。当夫妇对治疗计划和后果缺乏明确预期时，压力也随之而来，因为他们担心自己可能会做出错误的决定。

另一个辅助生殖治疗带来的重要挑战是时间消耗。不孕不育治疗需要夫妇投入大量时间，包括定期的医疗预约、监测周期和治疗程序。这可能会干扰他们的职业生涯、社交生活和家庭生活，因为治疗需要重新调整日常生活安排。夫妇需要在工作和治疗之间进行权衡，这可能导致职业发展受阻，或者需要申请病假来参加治疗。由于夫妇需要平衡生活的不同方面，时间冲突和职场压力也会给他们带来焦虑和不安。比如，辅助生殖治疗对检查、打针、同房的时间点要求很高，很多妻子都会选择辞职，"一心一意"地接受辅助生殖治疗。夫妇也可能会接受来自父母的经济援助，以应对妻子一方辞职带来的家庭收入减少或者治疗费用的增加等情况。在这个治疗阶段，夫妇就像一直处于一种肾上腺素高位的应激状态，似乎投入治疗就会带来成功妊娠，不会且不愿去思考未受孕的结果及其对未来生活的影响。

此外，治疗不孕不育还需要夫妇大量的情感投入。情感方面的挑战包括应对治疗过程中的不确定性和周期性的失望感。每次治疗尝试都伴随着希望和担忧，因为治疗结果无法预测。夫妇可能会经历情绪的高潮和低谷，这可能对他们的心理健康产生负面影响。此外，治疗过程可能会对夫妇之间的关系产生影响，导致沟通不畅、争吵和情感距离的增加。尽管治疗不孕不育伴随着巨大的情感压力，许多夫妇仍然决定前进，寻求生育的希望。他们可能会寻求心理咨询和支持，学会有效地应对各种挑战。家庭和社会的支持也可能对他们的决策产生积极影响，因为得到他人的理解和支持可以帮助他们度过艰难的时刻。反之，来自家庭成员的指责和埋怨会加重不孕不育夫妇的心理负担，进一步加深了他们的矛盾和挣扎，进而对治疗决策产生负面影响。

2008年，小梦步入了婚姻的殿堂。之后的7年里（访谈年份为2015年），小梦一直渴望成为母亲。在决定迎接新生命之前，小梦的月经周期一直不稳定，经常出现长时间的间隔，有时甚至整整9个月才来一次月经。小梦明白这不是正常现象，但由于工作繁忙，她一直没有去寻求治疗。婚后，她和丈夫决定要孩子，才意识到需要去医院调理身体。经过检查，她被确诊患有严重的多囊卵巢综合征（PCOS）。PCOS是一种常见的影响妇女生殖系统的疾病，通常发生在生育年龄的女性中。这一综合征的主要特点之一是卵巢中形成多个小囊肿，这些囊肿可能导致卵巢肿大，并影响正常的卵泡成熟和排卵。通常情况下，PCOS患者会表现出一系列不同的症状，包括月经不规律、长期不孕、多毛症、肥胖、皮肤问题（如痤疮和油性皮肤），以及代谢紊乱，例如胰岛素抵抗。这些症状因患者的体重、年龄和激素水平而异，使得确诊和治疗变得复杂。

虽然小梦患有PCOS，但确切的病因尚未查明。医生只告诉她，她的雄激素水平过高，促性腺激素水平过低。小梦接受了手术，去除卵巢中的囊肿，医生也建议她积极改变生活方式，并辅以药物治疗，争取尽快恢复正常的月经周期。治疗一段时间后，她的月经周期有所改善，于是夫妇二人开始积极备孕。小梦尝试了中药和西药，但自然怀孕一直没有成功。7年中，她不断尝试辅助生殖技术，但幸运并没有降临。她还经历了多次流产的痛苦。

小梦的公婆生活在农村老家，秉持着传统的生育观念，认为多子多福。当他们得知小梦因为多囊卵巢而无法怀孕时，他们表面上关心，对小梦的态度却越来越冷淡。小梦提到，婆婆经常唠叨和责备她，伤透了她的心。有一次，婆婆看着小梦家里养的鸡，冷冷地评论说："你看看你养的小鸡，都养得这么胖了，结果还是不下蛋。你现在都快和那些鸡一样胖了。你说，人胖了，鸡也胖了，结果人没孩子，鸡也不下蛋。"小梦默默地走开了。

后来，小梦和丈夫因为生不了孩子经常吵架，冲动之下离婚了。事后，她的丈夫又来请求复合，虽然他们离了婚，但仍然住在一起。

> 说到底，还是有感情的。只是这个孩子的问题，谁都无法承受。家庭的压力，个人的压力都很大。（小梦）

现在，这对夫妇复合后，仍在积极治疗，期待着新生命的到来。然而，小梦这次接受促排卵治疗时，她并没有告诉她的丈夫和家人，因为她不想让任何人承受她可能再次经历流产的消息。在取卵之前，她承担了巨大的期望和内心的焦虑,每天早上都需要前往医院接受促排卵药物治疗。这些药物引发了一系列身体上的反应,使她的生活变得异常艰难。她的腹部出现了硬块,注射部位也变得疼痛难忍。

辅助生殖治疗的特殊性

辅助生殖治疗的过程非常特殊,患者可能面临巨大的身心压力。这种治疗是指女性患者接受促排卵药物治疗,旨在刺激卵巢释放更多卵子,以提高受精的概率。然而,促排卵药物可能伴随一系列潜在的后果和副作用,带来不适感,例如腹部不适、腹痛或胀气。这些药物还可能引发激素水平的波动,导致情绪波动、情感不稳定以及乳房胀痛等,尤其是对于那些多次经历治疗失败的患者。此外,辅助生殖治疗中常常需要指导同房,即医生建议患者在特定的时间进行性行为,以增加怀孕的机会。这种性行为的指导可能让原本亲密的夫妻关系变得更加关注受孕而非浪漫,夫妻之间的性生活质量可能会降低。由于注射促排卵针剂通常需要在特定的时间点进行,许多被访女性需要为此调整日常安排,这可能导致她们不得不放弃工作。促排卵药物的使用还增加了多胞胎怀孕的风险,而多胞胎怀孕可能带来更高的孕产风险和分娩复杂性。极少数情况下,促排卵药物可能导致卵巢过度刺激综合征,这是一种严重的并发症,需要紧急医疗干预。这些因素共同构成了辅助生殖治疗的特殊性。

小良和她的丈夫都是铁路职工,婚后两人被调到不同的火车站工作。小良是一个性格开朗的女性,生活中与丈夫相濡以沫,夫妻二人的日子平静安逸。由于丈夫比小良大7岁,公婆总是催着小两口要孩子。而小良也认同,两人的婚姻中缺少一个小生命,她认为"孩子的笑容可以完整一个家庭"。访谈中,小良强调了孩子在他们生活中的重要性。她认为孩子不仅可以为他们的生活增添色彩,还可以为他们的生活注入新的活力和意义。她无数次想象过,自己要如何照顾一个孩子、陪伴孩子玩耍、见证孩子成长。她认为，与养宠物不同，孩子是可以寄托希望的，是生命的延续，这种体验非常珍贵，每个人都应该体验。由于他们夫妇都是独生子女，一家只有一个子女，再加上双方家庭的传统观念较为重要，孩子对于两家人来说也具有特殊的地位和意义。在这种传统家庭观念下，小良认为，生育子女被认为是必然的选择。

然而，小良的生育之路并不顺利。由于子宫狭窄和激素水平的问题，医生告诉她怀孕的机会微乎其微。为了拥有一个自己的孩子，小良开始了体外受精－胚胎移植（IVF-ET），又称做试管婴儿的治疗。在小良眼中，试管婴儿治疗就像一场漫长的战斗，一场她不能轻易退缩的挑战。她想尽快结束这一切，但每个月的等待都是漫长的，月尾的受孕失败也是难以承受的。有一段时间，小良害怕提及生育这个话题，因为这个话题让她感到痛苦和焦虑。

曾经，小良是一个苗条的女孩。开始促排卵治疗后，小良先是感受到了身体的不适，后来体重急速上升，一直陷在焦躁不安的情绪中。

> 打这种促排卵的针很痛的，副作用也很大。我以前没这么胖，打这个药物后都快180斤了。我就想尽快结束，快点开始减肥。可真是越着急越不行，我整天打这个药，吃得也多。有的人每天打一支，打个三四天，卵泡就长大。我每天得打三四支，一打打十几天。（小良）

在辅助生育治疗过程中，例如体外受精或排卵诱导治疗中，医生通常会根据患者的生育周期、排卵时间和治疗计划来确定最佳的同房时间，以提高怀孕的机会。在排卵诱导治疗中，医生可能会监测女性患者的排卵周期，并在排卵期间建议同房，以增加怀孕的机会。医生会使用排卵预测工具，例如超声检查或排卵预测试剂，来确定最佳的同房时间。然而，医生指导同房也可能带来额外的心理压力。由于性行为被视为治疗的一部分，夫妇可能会感到紧张和焦虑，从而削弱了夫妻之间的情感联系。将性行为与治疗联系在一起可能会去除性行为的浪漫性质，使其变得更加被动和机械。

小良的老公是火车司机。由于自己排卵和老公排班出车有时会冲突，指导同房不仅带来了路途上的奔波，还引发了很多心理负担。回忆起指导同房和这段时间性生活的经历，小良有许多无奈。

> 医生一说可以同房了，我就特别紧张。这两次同房都是，每一次我都跟他一顿急，第一次他去北京培训，就赶那几天，我说你告诉你们领导你不去，他说那边都安排好了。怎么办，赶落啊，等着他回来啊，一回来就快点"弄"。他出差也没出好，后来孩子没怀上，也一顿埋怨我。除了时间要固定，再一个就是肚子特别疼，因为它卵泡很多，就是排的时候，刺激比较大，卵泡液多。你想你肚子很疼，你哪有那个心情去（进行）性行为，就恨不得快一些，动作大都会刺激它，很难受。（小良）

对小良来说，最大的痛苦并非来自身体不适、体重增加或者性生活不满意，而是来自似有似无的受孕成功的希望，以及受孕失败后希望被剥夺的失落感。胚胎移植后，她曾多次自行使用验孕试纸，有时看到那两道红线浮现，她心头充满希望，认为终于如愿以偿。然而，每一次验血后都希望破灭，因为验血结果告诉她，她并没有怀孕。

> 本来这个月就会告诉你希望很大，然后你确实感觉状态挺好的，激素很好，排卵也正常，然后也同房了好几次。当你觉

得差不多了，连医生也会觉得你差不多，就会给自己很大希望。而且我确实是，验体温也很高，然后看各种症状也很像（怀孕）。我自己拿验孕试纸测试，都测出了两道杠了，感觉有八九成把握了。一验血，结果不是。当自己以为怀上了，周围的人也说你怀上了，然后再到医院后发现又没有这个孩子（指怀孕）。那种失落，就快崩溃了。（小良）

伴侣矛盾与二元应对

伴侣矛盾，即不育夫妇对婚姻关系产生的矛盾情绪，是他们在试图分享彼此内心感受时所面临的挑战（Yao, Chan, Hou and Chan, 2022）。这种伴侣矛盾心理可能会导致个体认知失调和夫妻关系紧张。在不孕不育治疗中，伴侣矛盾通常表现为一方或双方试图隐瞒或不透露自己的真实感受和想法，导致夫妻之间的亲密感减弱，久而久之会造成双方精神紧张和信任缺失。一个有趣的现象是，在夫妇联合访谈中，夫妇往往会掩饰这些问题，但在个体访谈里，妻子和丈夫都会谈到这种情感挣扎。

此外，有不孕不育问题的伴侣可能会陷入羞愧和内疚之中，因为他们感到对伴侣在家庭中的痛苦负有责任。这种情感可能会加剧当他们认为伴侣不支持治疗或不合作时的矛盾心理。不孕夫妇需要具备高度的心理灵活性和自尊心，以应对与不孕不育及其治疗相关的复杂情感。

对于夫妻来说，未来可能无法拥有子女的损失是伴侣矛盾心理的主要来源。被访夫妻普遍认为生育对他们来说至关重要，对于他们的家庭建设和社会参与来说是不可或缺的。他们认为不孕不育破坏了婚前设定的目标，包括维持长期和谐的婚姻，因为他们将孩子视为婚姻的一部分，可以带来新的共同兴趣和目标，打破关系中的沉默和对质。

对于大多数夫妻来说，孩子被视为婚姻的重要组成部分，他们相信即使在关系出现问题时，也会因为孩子而保持在一起。妻子在这方面的情感认同更加强烈，因为传统文化中女性被赋予了通过孩子传承丈夫姓氏血脉的责任，她们通常将母职视为满足家庭和社会期望的主要手段。这种观念直接引发了她们的焦虑，十分遗憾自己不能成为好母亲、妻子、女儿和儿媳等。

这些情感经历复杂而矛盾，在不孕不育治疗的过程中是不可忽视的，因为它们深刻地影响了夫妻之间的和谐关系和个体的心理健康。这些情感经历也凸显了中国文化中生育的重要性，以及女性在家庭和社会中的角色压力。

除了伴侣矛盾，不能生育还会引起代际关系矛盾。在接受辅助生殖治疗的被访家庭中，生育被视为首要任务，特别是对于年轻夫妇来说，有些人甚至认为生育孩子是履行对长辈的责任，而生不出孩子就是不孝的。由于中国实行的独生子女政策，许多被访夫妇本身就是独生子女，他们被寄予了延续家族血脉的唯一希望。因此，不孕问题极大地挑战了他们对父母和祖先应尽的孝道，自愧于未满足父母成为祖父母的愿望和期望。一些不孕夫妇的父母明确要求他们接受不孕不育治疗，以便在婚后能够尽早怀孕，尽管这些夫妇可能还年轻，完全有可能通过非侵入性医疗手段自然怀孕。

除了家庭责任感，对于渴望有孙子孙女的父母的同理心也在情感上折磨着这些夫妇。一对夫妇表示，他们正在与无法承受的悲伤做斗争，因为他们无法生育一个能够满足父母期望的孩子。

大多数不孕夫妇会对大家庭过度介入或影响不孕治疗的情况产生矛盾情感。一方面，夫妇在支付昂贵的不孕症治疗费用时往往需要父母的经济支持，以及/或在漫长的治疗过程中需要父母的实际或情感支持。另一方面，来自父母和其他家庭成员的过度关切和持续询问，尤其是在治疗不成功的情况下，也会给夫妇带来了压力。如果大家庭中长辈的期望落空，这种支持会引发强烈的负罪感。一位妻子描述了她对自己的母亲和婆婆的矛盾感觉，在胚胎移植后，婆婆的过度保护让她的难过更加强烈。

在目前的研究中，不孕夫妇的社交退缩现象很普遍。他们提到，在与家人和社交网络的互动中，他们必须隐藏自己的真实情感，因此会出现内心挣扎。在他们正常的社交生活中，当父母、亲戚、邻居甚至朋友询问他们关于生育的问题时，有些夫妇经常会假装他们很享受没有孩子的婚姻，或者在自主意愿下推迟了他们的生育计划的样子。还使得这些夫妇必须对寻求治疗"保留"，独自面对不孕不育的艰难"旅程"。

外部社会环境的压力

2015年，我到T市①的一所医院的辅助生殖专科做博士学位论文的预调研。小圆夫妇是第一对同意接受我联合访谈的夫妇。小圆夫妇2007年9月结婚，到2015年已经快8年的时间。小圆比丈夫大两岁。

结婚后，小圆和丈夫并没有第一时间备孕，决定30岁之前享受二人世界。因此，婚后3年都没有考虑孩子。2010年，夫妇俩慢慢地感受到了生育的压力。一起长大的表姐妹都结婚生子了，有的甚至比自己结婚还晚。公婆开始替小两口着急，催促他们快点要孩子。但老人家还是顾着小圆的情绪，一般都是背着小圆，唠叨小圆丈夫，他回家后再转述给小圆。小圆丈夫传达父母催促的时候总是吞吞吐吐的，生怕让小圆觉得难堪。小圆搞清楚了来龙去脉后，就表示要孩子还不容易，承诺当年过年就让二老抱上孙儿。然而，2010年，

---

① 进行了化名处理。

二老的孙子没有来。2011年,孙子还是没有来。

小圆有一个表姐,比她结婚早半年。表姐特别喜欢孩子,婚后就积极备孕。无奈的是,结婚后好几年,表姐都没怀上。姨妈就带着表姐寻医问药,最后在T市中心妇产医院看病,开了调理身体的中成药。10个月后,表姐就怀孕了。表姐的母亲是小圆的四姨妈,听说小圆一直备孕也没怀上,特意嘱咐小圆母亲带小圆去看同一个医生,盼着好孕能传下去。

小圆知道,去医院就相当于向两方家庭宣布了自己怀不上这件事儿,即便自己只是想去调理身体。去医院的那天,婆婆一定要跟着一起前往。做完检查,一家人都挤在诊室里,等着医生宣布结果。主治医生说小圆患有多囊卵巢综合征,雌激素水平比较低,从而影响了受孕。从医院出来,丈夫小心地捧着医生开的药,婆婆一遍一遍地嘱咐要按时吃药,似乎能不能成功怀孕全取决于小圆的努力程度。一年半的时间里,小圆按照医生的处方吃药、复查,婆婆也就没再说什么。但婆婆背地里时常嘱咐小圆丈夫监督小圆,询问小圆恢复的情况。有时候,她还会指责小圆管不住嘴,因为老人家一直认为小圆体态丰腴也是多囊卵巢综合征的致病因素之一。

因为多囊卵巢综合征,小圆觉得自己理亏,也不敢表达对婆婆行为的不满,只能跟自己的父母说说心里的烦闷。在母亲眼中,女婿比女儿小,"玩得起"。如果小圆不趁着年轻,早点生个孩子,夫妻感情早晚会出问题。对此,小圆倒是不以为然。一来她对丈夫有信心,二来她从来没有抵触过生育。当确诊多囊卵巢综合征的时候,小圆虽然心里难受,但还是对治疗充满信心。她接受各种检查,也试了西药和中药。

调理身体一事折腾了两年,小圆还是没能怀孕。有一阵子,小圆中西药同时吃,出现恶心、厌食、头晕、心悸等药物反应,最严重的时候吃完药就往外吐胃酸。为了生孩子,小圆对此也没有半句怨言，把公婆和自己父母找来的偏方都试了一遍。什么能吃、什么不能吃，也都试试看。求神拜佛、请香供奉的事儿也没少做。后来，小圆夫妇觉得累了，就劝父母相信科学，拒绝除了治疗以外的招数。老人们着急小圆的年纪越来越大，肚子却大不起来。小圆也自责，责备自己不能让老人们如愿以偿。

我可能俗一点地说，为了我这婆婆，我也得要一个孩子。
（小圆）

无论再艰难，她也要圆了老人希望见隔辈人的心愿，因为老人想要一种热闹的家庭氛围。在小圆心里，没有孩子也可以过日子，两口子也可以相亲相爱。但是家庭生活又不能没有孩子，这是一个责任问题，是这一辈人对上一辈人的责任。

和同龄的朋友在一起时，小圆总是听他们的牢骚，诉说自己的工作繁忙，还要应付家人催生，苦不堪言。抱怨归抱怨，最后大家还是克服万难完成了生育任务，小圆觉得那些困难都抵不过这份责任。谈到自己，她说婆婆60多岁了，身边的朋友都当了奶奶或外婆。她也十分渴望天伦之乐。逢年过节，亲戚朋友带着孩子来串门，看着公婆抱着人家的孩子不愿意放下，小圆就觉得抱歉。没有孙子，婆婆心里有落差。为了让婆婆能在朋友面前抬起头，自己也要尽最大的努力配合治疗。因此，要孩子不仅仅是为自己，也是对长辈尽孝的体现。

有时候，恩情比仇恨更让人无所适从。婆婆在小圆面前没有流露出太多的忧愁，也不愿意在小两口面前提生育困难的事儿，怕给夫妻俩造成精神压力和思想负担。顶多就是平时问问吃药的事儿。婆婆心疼小圆夫妻，知道他俩工作忙，也知道两个人为生孩子努力了多年。小圆说，比起别人家，自己的婆婆是很理解他们、很包容的了。有时候,亲家见面,婆婆也会安慰小圆父母,说一切随缘,别给小圆夫妇压力。甚至连小圆的母亲也觉得,小圆要是生不出来真是对不住其公婆。

小圆丈夫宁愿自己妈妈吼一顿发泄出来,也不愿意看她委屈的眼神。他说,看到自己妈妈小心翼翼地迁就,却又忍不住关心的神情,他就觉得很难受。小圆丈夫也看出父母的"区别对待",他一面庆幸小圆没有受到诘难,一面承受焦虑的父母向自己发出责难。

> 我最害怕过节带着父母去走亲戚。她有时候不去,就我和我爸妈。走几家,就被问几遍什么时候要孩子。一出来,坐在车里往回返,我妈那脸色不对了,我爸虽然不怎么说话,那脸色也是阴沉得很。老两口这样,咱也别说了,闷头走吧。进了家门,我妈就说,家家都有孩子,就你没有。没完没了(地说)。其实他们是关心,我理解,但这就是压力。(小圆丈夫)

问及他如何应对这种压力,他苦笑着说没有解决的办法,只能自己消化。

面对不孕不育、生殖治疗或各种压力,夫妇俩坚持要共同面对。毕竟,如果两个人的感情经不起考验,就算真的成功受孕,一切也不会顺利,家庭也不会幸福。

比起小圆,丈夫对孩子的渴望明显弱一些。在他眼中,刚结婚的那两年是最幸福的时光。至于孩子,有就有,没有就没有。后来,父母总是催生,这才半推半就地接受检查。妻子确诊了多囊卵巢综合征,并接受治疗,他也只能看着妻子受罪。

> 我和我对象也为这个问题聊过,在家里我们自己说。他说有没有孩子,咱俩也是这样过。有了就有,没有的话也不强求。

他是这个态度。(小圆)

对我而言,有就养,没有就没有。我们的同事、朋友也有跟我们一样的,结婚时间长了,也是没有孩子。也有有孩子的,很快乐的那种。也有有孩子很苦恼的那种。这些我自个儿都看在眼里。其实,真来个这么大点儿的小东西,我怎么养?我怎么把他/她养到我这么大?我好像没准备好。(小圆丈夫)

因为没有孩子,两代人之间也会产生摩擦和误会。对此,小圆夫妇认为,只要夫妻二人相互信任,就能抵御外界的干扰。刚结婚那会,小圆就和丈夫定下家规,对彼此信任和诚实。遇到冲突,可以选择不发表意见,或者沉淀一段时间再分享,但绝不能用谎言搪塞对方。

尤其是关乎双方家庭和父母的事情上,更是要真诚,不能把对方变成外人,也不能让对方完全置身事外。面对不孕不育,双方父母都心急如焚,不惜用尽一切资源来换个孩子。尤其是公婆,抱孙心切更是给小圆夫妇造成了很大的心理压力。这时候,小圆丈夫如何应对公婆的催生就变成了决定二人生活质量的关键因素了。小圆说自己不想对公婆说谎,因为一个谎言要用十个谎言来弥补,不合算。当然,坦白也意味着更多的解释和压力,这时小圆丈夫有他的应对方式。

尽量避免她去,我都单独去。听他们(公婆)说呗,发泄出来他们就舒服点。我就一个人再消化呗,调整好了再回去,省得她(小圆)也跟着难受。毕竟是我父母给的压力,我扛。她父母那边也有压力,她主要对付那些。反正很多时候,他们也是关心我们,也希望我们俩好。(小圆丈夫)

即使夫妇战胜了父母的催生，但堵不住亲戚朋友的嘴。别人的一句无心直问，就让父母动摇了，又给小圆夫妇好一顿牢骚。所以，小圆说不孕不育患者所承受的压力，不是内生的，是外在社会环境赋予的。人可以战胜自己内心的想法，但这种胜利很容易被外在环境因素影响，最终升级为更大的内在焦虑。小圆丈夫打趣说，不孕不育的夫妻一定要修炼成"阿Q"，要坚信自己，不在意外在的声音，这样才能真的喘口气。

小结

无疑，不孕不育问题是当代社会一个重要的生殖健康挑战。不仅仅局限于生理问题，这个问题更深层次地牵涉到了夫妇的心理和社会层面。夫妇一旦面对不孕不育的困境，通常会陷入自我否定的情绪旋涡。在决定是否接受不孕不育治疗时，夫妇往往会陷入各种矛盾的心境之中，因为这个过程需要综合考虑多个因素，包括财务、时间、精力和关系等。夫妇可能试图保护对方，隐藏自己的真实感受和想法，这可能导致情感距离的加大，产生信任问题。在这个困难的时期，夫妇之间的亲密感可能会受到威胁，而情感紧张可能会愈演愈烈。夫妇在面对这一挑战时，需要相互理解和支持，通过重建亲密感来摆脱信任危机。最重要的是，他们应该明白，生活仍然充满了机会和意义，不孕不育只是其中的一部分。

第五章　基于多元生育情境的家庭社会工作实务

第一节　全生命周期的生育关怀

生育旅程中的每一步都充满了挑战和机遇。如表 5-1 所示，对于每个家庭来说，生育过程中的各个阶段的压力都不尽相同，需要特定的关怀和支持。为了确保每一个家庭在这一重要的旅程中都得到适当的支持，构建全周期的生育关怀服务迫在眉睫。社会工作者与医疗团队携手合作，为家庭提供必要的情感支持、社会心理教育和生育资源，助力他们度过生育过程中的每一个阶段，包括从孕前准备，到孕期的关怀，再到产后支持，育儿指导和不孕不育辅导。这种综合性的关怀旨在提高家庭的整体生活质量，为他们创造积极生育体验。这不仅有益于家庭，更有助于构建一个更加健康、和谐的社会环境。

表 5-1　生育旅程中的关键阶段与其伴随的挑战

生育阶段	主要挑战
孕前	生育决策：何时尝试怀孕 孕前准备：补充叶酸、孕前体检和可能的治疗等 生活方式调整：戒烟、戒酒、合理饮食、锻炼、充足睡眠等 社会期待管理：应对来自家庭、朋友和社会的期望和压力

续表

生育阶段	主要挑战
怀孕	身体的变化：晨吐、背痛、疲劳等 心情的波动：对未来的期待，对分娩的紧张 经济的考虑：准备迎接新生命的各种开销 关系的调整：与伴侣、家人的互动与沟通
产后	身体的恢复：身材、乳腺炎、产后情绪 新角色的适应：从女儿、妻子到妈妈的转变 新生儿的照顾：哺乳、夜间喂养、新生儿的护理 夫妻间的默契：分工、合作、沟通
抚育	经济的规划：孩子的成长所需的各种费用 教育的选择：如何教育、孩子的行为管理 时间的分配：家庭、工作、自我之间的平衡 与孩子的互动：沟通、理解、陪伴等
教育	学业的关心：成绩、学校选择、未来规划 青春期的挑战：与孩子的关系、价值观的碰撞 经济的预算：教育的投资、兴趣班的费用 家庭的和谐：与孩子的沟通、家庭的和睦
不孕不育	身体的考验：治疗、尝试、等待等 心灵的摇摆：自我怀疑、未来的不确定、外界的眼光 经济的压力：治疗的费用、多次尝试的开销 夫妻的支持：相互的鼓励、理解与陪伴等

生育前的准备是确保健康怀孕的基础，因此这个阶段的生育关怀重点是怀孕相关的健康教育。在这个阶段，个体需要通过孕前体检、关注健康管理和调适生活方式，增加受孕可能性或者最大限度地减少孕期风险。在这个阶段，社会工作者可以提供重要的支持和教育，帮助个体和夫妇选择健康生活方式。健康宣教能够促成案主及家庭对既有生活方式做出反思，如戒烟、戒酒、合理饮食、保证充足睡眠和鼓励适度锻炼等，从而选择更利于生育行为的生活方式。面对不健康的生活方式，社会工作者可以积极运用认知调适技巧，有效地帮助夫妇进行沟通，探讨生育计划、家庭计划和生活方式选择之间的关系。此外，社会工作者还可以协助解决潜在的心理和情

感问题，如焦虑或担忧，以帮助个体应对怀孕前的挑战。特别是针对夫妻关系，社会工作者可以尝试用情感支持技巧（例如，积极倾听、共情、无条件的积极关注等），并帮助准父母建立相互支持或者修复信任。

怀孕期间的生育关怀重点涉及母婴健康。产前检查、孕期营养和健康知识都是确保怀孕期间母婴安全的关键因素。监测孕妇的健康状况和胎儿的发育可以帮助早发现并解决潜在的问题。因此，怀孕期间的医疗关怀不仅关乎孕妇自身的健康，还涉及未出生婴儿的福祉。在整个怀孕期间，社会工作者需要积极提供心理支持，帮助孕妇处理因怀孕而带来的生理变化、身体形象变化、情绪起伏适应和心理问题等。这时候，由医生、护士、社工、心理咨询师和志愿者组成的跨专业团队可以积极配合，向孕妇及其家庭提供有效的信息，确保孕妇获得必要的医疗关怀和支持性资源，并确保母婴身心健康。特别是，针对与产检有关的过度焦虑，社会工作者可以进行情绪疏导，并传递有效的信息，确保孕妇了解产前医疗保健选项，并介绍孕产期教育课程。此外，社会工作者还可以提供信息和支持，帮助准父母应对新的家庭情况和动态。

无论是自然分娩还是剖宫产，产后关怀对于母婴安全和健康至关重要，跨专业团队可以协助新手父母完成新生儿家庭的适应。对于产妇而言，产后康复和身心适应也需要得到妥善的关怀。同时，新生儿的健康监测也是这个阶段不可或缺的一部分。在这一阶段，社会工作者可以协助母亲处理分娩和产后期间可能出现的心理和情感挑战，提供产后抑郁症的筛查和治疗，支持母亲适应新的角色和责任。此外，社会工作者还可以链接资源和提供正式支持，帮助家庭应对育儿中的挑战，尤其是在单亲家庭或非正式支持体系短缺的情况下。在这一阶段，社会工作者可以向新手父母展示危机干预技巧，以应对分娩和产后可能出现的紧急情况，他们应该具备处理焦虑和产后抑郁症的基本技能，引导个体获取专业治疗的知识。社会工作者还可以组织支持小组或家庭会议，以促进母亲和家庭成员之间的亲密关系。

育儿期的生育关怀涵盖了父母在育儿方面的需求和挑战，包括托育、抚育、教育和儿童保护等。提供育儿技能、家庭支持和儿童发展的指导对于帮助父母应对这个新的生活阶段至关重要。在育儿期，社会工作者可以提供家庭支持和指导，帮助父母处理育儿中的挑战。他们可以组织亲子教育课程，提供育儿技能培训，协助处理家庭冲突和挑战。此外，社会工作者还可以支持特殊需求家庭，如自闭症儿童的家庭或有残疾家庭成员的家庭。社会工作者可以综合运用家庭治疗技巧，协助家庭解决育儿中的挑战。他们可以帮助家庭建立健康的沟通模式，处理冲突和压力，还可以使用家庭教育技巧，向父母传授育儿技能，增强他们的家庭功能。在特殊情况下，社会工作者可能需要协调家庭支持服务，如心理治疗或儿童保育等。

同时，不孕不育问题可能会给一些家庭带来负面体验。对于这些家庭，社会工作者可以提供心理社会支持和非医疗性治疗，从而协助其应对非意愿不生育所带来的心理和情感影响。针对不孕不育问题，社会工作者需要运用个案辅导、夫妻联合咨询和家庭治疗等方法，帮助个体、夫妇及其家庭处理情感困扰。在不孕不育服务中，社会工作者可以通过提供安全的治疗空间，建立多方信任关系，从而鼓励夫妻二人进行自我探索，并最终制定共享的情感管理计划。社会工作者还可以协助夫妇咨询专业医疗服务，如辅助生殖治疗和收养服务等。

在辅助生殖治疗中，受孕是否成功对于夫妇的心理健康具有决定性影响，尤其是女性（Holter et al., 2006）。当辅助生殖治疗失败或/且决定结束治疗后，女性经常会有内疚感并感到自己毫无价值，以及对生活失去控制（Volgsten et al., 2010）。无法在治疗后成功受孕的女性会对过去的决策中感到内疚，表现出强烈的哀伤反应，并失去对自己理想生活的期待。即使在治疗不成功多年后，女性会感到绝望，没有人能理解她们正在经历的事情（Ferland and Caron，2013）。因此，生殖治疗结束后持续关怀具有十分重要的意义。社会工作者不仅可以利用治疗性的咨询服务，还可以使用支持性的小组工作方法，使得夫妇能与有着类似经历的人取得联系，从而帮助他们重新构建生活目标，并将之付诸行动。

生育服务中社会工作介入场景

事实上，全生命周期的生育关怀服务是一种充满前景的社会愿景。当前，社会工作者在医院内提供着对怀孕和分娩前后的支持性工作，同时在社区中提供亲子关系调适和家庭适应服务。在医院社会工作服务中，多个科室都有可能转介潜在案主，包括妇科、产科、男科、生殖医学科、生殖内分泌科以及其他涉及癌症治疗的科室。然而，要实现全生命周期的生育关怀服务，我们需要更深入地探讨社会工作在医疗和社区领域的作用，以满足不同家庭的需求。

首先，医院社会工作者在妇科和产科科室扮演着至关重要的角色。他们不仅提供了在怀孕期间的情感支持，还协助妇女和家庭准备迎接新生命的到来。这包括处理与分娩计划和母婴护理相关的问题，同时关注妇女在怀孕期间可能面临的生活挑战。社会工作者还可以帮助解决与不孕不育相关的心理困扰，促进家庭成员的心理健康。其次，在男科、生殖医学科和生殖内分泌科，社会工作者可以协助患者处理男性气质相关问题。涉及不孕不育问题时，社工的角色可能有提供情感支持，解释不孕不育治疗的流程，并协助患者应对治疗过程中的心理和情感挑战等。他们还可以引导患者寻找适当的资源，如心理咨询或支持团体，以帮助他们度过这个具有挑战性的时期。

然而，要实现全生命周期的生育关怀服务，社会工作者还应在社区中发挥积极作用。社工需要积极参与到社区友好生育环境建设中，摸排那些具有生育意愿或实际生育行为的家庭的相关情况。这意味着社工将与家庭建立亲密的合作关系，了解他们的需求，并为他们提供度身定制的支持计划。通过与社区居民建立联系，社工可以更好地了解他们的需求和挑战，满足每个家庭的独特需求，以便提供有针对性的支持和服务，从而帮助他们实现顺利的生育过程。在社区中，社会工作者可以提供亲子关系调适和家庭适应服务。这包括帮助新父母应对育儿挑战，解决亲子关系中的问题，以及提供有关家庭规划和子女教育的建议。社工还可以组织家庭支持团体，让父母有机会分享彼此的感受和经验。

总之，社会工作者可以在医院和社区中均发挥关键作用，实现全生命周期的生育关怀服务。通过积极干预和倡导，社工能够为不同家庭情境提供全程的生育支持，从而促进生育健康，减少因生育资源可及性差异带来的不平等，提升对不同文化和价值观的尊重和包容。实现全生命周期的愿景也将有助于建立更加和谐的多元化家庭关系和社区环境，为个体和家庭创造积极的生育体验。

建立多方信任关系

在医院内产检、分娩、产后护理和不孕不育治疗各个环节中，夫妇通常需要社会工作者的指导和支持，因为他们需要与医疗系统互动，这往往是一个复杂且具有挑战性的过程。夫妇可能会因不了解医疗系统的运作方式，包括预约、保险、医疗账单等问题而有负向的就诊体验。此外，夫妇与医疗专业人员之间的有效沟通决定着生育服务的质量。然而，医学领域常常充满专业术语和复杂的医学用语，这也可能会令普通夫妇感到困惑。社会工作者不仅可以帮助夫妻进行医疗系统导航，还可以充当夫妻和医护团队之间的沟通桥梁，促进开放、诚实和尊重的对话。

在全生命周期生育服务中，多方信任关系是案主、配偶、家属、社工、医护等相关人员之间共享的信任关系，这种关系能够促使利益相关者在跨专业服务团队的引导下，对生育过程中所涉及的问题达成共识。社会工作者在这个过程中可以充当导航者的角色，协助夫妇预约医疗检查、了解治疗流程，并解决可能出现的实际问题。他们可以帮助夫妇理解医疗术语和就诊程序，促进夫妇和医护人员之间的有效沟通，确保他们在决策过程中具备必要的信息和支持。为此，社会工作者需要具备出色的沟通技巧，积极倾听夫妇的需求和担忧，鼓励他们提出问题，并提供清晰明了的回答，以建立开放的沟通渠道，使夫妇随时可以寻求支持和建议。以下是一些具体的社会工作技巧，有助于促进多方信任关系的建立。

工作技巧

● 积极倾听：社会工作者应带着同理心，充分倾听夫妇的需求、担忧和感受。通过仔细聆听，可以更好地理解案主的需求，表现出对夫妇的关切，在正式接案前就应建立起基本的信任关系。

● 尊重差异观点：社会工作者需要尊重妻子与丈夫之间、夫妻与其他家庭成员之间以及家庭与医护团队之间存在的不同观点，并积极推动各方主体就生育过程中的具体问题达成共识。

● 提供有效信息：经过专业培训的社会工作者应该以简单、清晰的语言解释医疗术语和程序，确保夫妇能够充分理解治疗选项和医疗过程。可以辅助医护团队向夫妇讲解生育及相关治疗的细节，消除信息不对称。

● 解决实际问题：社会工作者应该积极帮助夫妇解决生育过程中可能出现的实际问题，包括预约、报销事宜、申请经济帮助等方面的具体困难。解决这些实际困难不仅能够让夫妇感到被关怀，还能够增强其应对更大挑战的信心。

● 保持开放沟通：社会工作者应该随时为夫妇提供开放沟通的渠道，包括线上和线下的方式。由于线上咨询更为便捷且效率更高，社会工作者可以积极通过热线、短信、微信等手段来提供基本的服务，以便夫妇可以随时寻求支持和建议。

● 非言语沟通观察：留心观察和解读肢体语言、表情、语调以及其他非言语方式传递出的信息，能够更全面地理解对方，并更有效地回应他们的情感需求。

● 保护夫妇隐私：社会工作者需要严格遵守患者隐私和保密性的原则，在保证生命权的前提下，避免与医护团队分享夫妻主观不愿透露的信息。这有助于维护信任，让夫妇感到他们的信息得到妥善保护。

通过采用这些社会工作技巧，社会工作者可以在生育服务中促进多方信任关系的建立，为夫妇提供全面的支持和关怀，确保他们在生育过程中能够得到所需的帮助。更重要的是，多方信任关系是一个随着生育服务开展而不断演变的关系，需要社会工作者在不同参与主体之间进行沟通和协调，以确保夫妇在整个生育服务中得到有效的关心和支持。

提升夫妻互依性

尽管男性和女性在处理生育问题时可能有不同的体验，但夫妇需要共同应对这一挑战。夫妇间的相互支持和情感共鸣对于处理生育所带来的巨大压力至关重要。面对生育焦虑夫妇时，社会工作者不仅需要关注个体的情感需求，还需要处理夫妇之间可能存在的矛盾或决策不一致。对此，家庭治疗能够利用整体性思维，更有效地促进夫妻、代际成员之间的沟通，从而协助家庭成员协调决策，减少家庭内部的紧张关系。

在家庭治疗中，建立夫妻之间的信任关系是解决矛盾和决策不一致的关键。在为生育焦虑夫妇提供服务时，首要任务之一是创建一个开放、尊重和非指责性的氛围，让夫妇感到可以坦诚地分享他们的感受和观点。以往文献多强调社会工作者需要展现出对夫妇的支持和理解，然而在生育咨询中，夫妇之间的相互信任往往更值得社会工作者花心思去培养。夫妻之间信任关系的重构始于双方开始"一致性"的表达，即没有隐瞒、言不由衷、词不达意等消极的沟通方式。此外，情感表达是理解问题根源的关键，有助于夫妇更好地了解彼此的需求和担忧。面对既往经历过争吵和相互埋怨的夫妇，社会工作者应鼓励双方表达他们的真实情感，包括焦虑、愤怒、失望等。更重要的是，社会工作者要积极引导夫妇表达正面的情感，鼓励双方倾听对方的肯定，并以非批判性的方式做出回应。

此外，社会工作者在治疗过程中应当帮助夫妇识别存在的、潜在的冲突争议和决策挑战。这可能涉及生育价值、治疗选择、家庭规划、资源分配等方面的决策。通过将冲突具体化、合理化，夫妇可以更容易地了解问题的复杂性，并开始寻找解决方案。在家庭治疗中，夫妇需要学习并练习冲突解决的各种策略，包括如何识别冲突，使用积极的解决方案，协商和妥协的技巧，倾听对方的需求以及避免升级或激化冲突等技巧。社会工作者不仅可以引导夫妇进行有效的沟通，确保他们在过程中感到被尊重和包容，还可以提供冲突解决工具和技巧，帮助夫妇更好地应对决策过程中的意见分歧。

第二节　家庭生育需求评估工具

高质量的生育服务始于对夫妇的情况进行个体化的评估，包括了解他们的生育背景、家庭状况、医疗历史、治疗选择、法律关系、社会支持系统以及在治疗前的期望和担忧。社会工作者在此过程中通常需要运用一些工具来系统地获取信息，以更全面地了解夫妇的整体情况，为制定个性化的支持计划奠定基础。全面评估夫妇的生育需求后，社会工作者可以采用问题导向的方法，帮助夫妇探索可能面临的问题和挑战。通过提出问题，社会工作者可以引导夫妇思考他们的情感状态、家庭动态、社会压力以及对生育的期望，从而更好地了解他们的需求，并为问题的解决提供指导。

在家庭社会工作中，家庭评估的侧重点会因不同的干预目标和介入模式而有所不同，但不论采用何种模式，解决现有问题显然是家庭评估的一个核心焦点。因此，社会工作者在生育服务中需要了解夫妇目前面临的问题及其成因，例如，孕产过程的不明确、治疗方案的选择、辅助生殖决策等。事实上，家庭评估旨在帮助社工判断何种支持、资源和治疗能够帮助家庭度过当前的困境或危机，并发展家庭内部的优势和资源，以实现更加和谐的家庭关系。尽管本书侧重于生育对家庭的影响，但我们也应该了解到家庭的历史结构、功能和关系会影响家庭在生育过程中的情感反应和应对方式。因此，社会工作者在进行家庭生育评估时，应积极探索和收集家庭运行的基线信息，特别是家庭能够在生育过程中实现家庭自我超越的可能性。例如，对于面临不孕不育问题的夫妇，生育服务人员可以在每个治疗周期开始之前使用生育治疗窘迫筛查工具（SCREENIVF）[1]来评估患者的风险因素。这是一种不孕症特定的、经过验证的评估工具，用于治疗开始之前，以评估治疗周期后出现情感问题的风险因素。这有助于生育服务人员更好地了解患者在治疗前可能面临的各种风险。

家庭评估可以分为质性评估和量化评估两种方法。质性评估是

---

[1] 具体内容可参见 https://www.wijnlandfertility.co.za/wp-content/uploads/screenivfenglishversion_complete_2017.pdf。

通过描述性方法（如话语、观察、影像和图形分析等）获得案主资料，以帮助社会工作者更深入地了解家庭生活中的重要事件，从而获得有关家庭生活和功能的概况。质性评估中，社会工作者可以使用家谱图、生态图、家庭时间线等工具，以可视化方式描述数据。家谱图和生态图有助于描绘家庭内部和外部的关系模式，而家庭时间线等其他工具则可用于补充家谱图和生态图的信息。量化评估则是通过量化测量获得评估资料的方法。社会工作者可以运用案主自述、案主行为观察、外部报告以及观察等方式，获取有关案主或家庭特定功能的数字指标。这种方法可以帮助社会工作者更好地掌握案主或家庭问题的严重程度和改变状况。下面整理了一些常用的测量工具，用以测量生育服务中夫妇的需要。

1. 生育困难压力量表（Fertility Problem Inventory，FPI）：该量表最初由 Christopher R. Newton 教授团队于 1999 年编制，用于测量不孕不育人群对不孕不育症相关压力的感知程度。它包含五个主要领域，分别是社会关注、性关注、关系关注、为人父母的需要和拒绝无子女生活方式。通过自我报告的形式，参与者回答一系列涉及不孕不育症的问题，根据他们的认同程度进行评分。

2. 生育准备量表（Fertility Preparedness Scale，FPS）：该量表是由 Sevcan FATA 团队于 2020 年编制，用于测量接受生育治疗的妇女对于生育的准备程度。它包含三个部分：认识阶段、评估阶段和规划阶段，用来评估妇女对生育的心理准备情况。量表仅包含积极陈述项目，采用 5 分制李克特量表评分。

3. 生育适应量表（Fertility Adjustment Scales，FAS）：该量表由 Lesley Glover 教授团队于 1999 年编制，用于测量不孕不育夫妇对生育问题的心理适应程度和对其治疗结果的评估。它包含 12 个陈述句，涵盖了认知、情感和行为反应三个维度，帮助评估个人对生育和不生育两种生活方式的心理适应程度。

4. 生育生活质量量表（Fertility Quality of Life Questionnaire，FertiQol）：该量表由英国卡迪夫大学 Boivin 教授团队于 2011 年编制，用于测量有生育问题的男性和女性的生活质量。它包含 36 项题目，分为 3 个模块，涵盖了生育生活质量、选择性治疗生活质量，以及总体生活和身体健康。这个量表已被广泛认可，并被翻译成多种语言，用于评估不孕不育症患者的生活质量。

5. 卡迪夫生育知识量表（Cardiff Fertility Knowledge Scale，CFKS）：该量表由英国卡迪夫大学 Boivin 教授团队于 2012 年编制，用于评估育龄人群的生育知识水平。它包括 13 个题目，涵盖了生育力降低指标、生育力误解和不孕不育认知。该量表在全球多个国家的调查研究中应用，并有助于指导育龄人群做出科学的生育决策。

这些测量工具在不孕不育研究和临床实践中发挥着重要的作用，帮助专业人员了解患者的心理状态、准备情况和生活质量，从而提供更好的支持和治疗建议。这些工具的有效性和可信度已经得到验证，并在生育领域广泛应用。

第三节 基于多元化的家庭情境的社会工作介入

在生育服务中，社会工作者的角色和职责非常丰富，旨在满足夫妇在不同生育阶段的需求。以下是社会工作者在生育咨询中经常涉及的干预内容，这些干预可以为夫妇提供更全面的支持。

育龄女性生育力保护咨询

生育力下降已经成为全球的健康挑战，尤其在女性中。许多社交媒体和主流报道都强调了不要错过所谓的"生育黄金年龄"。事实上，随着年龄的增长，女性的卵子数量和质量确实会受到影响，这可能导致受孕困难、自然流产、胎儿异常、妊娠并发症等问题

(Matsuo et al.，2016)。常见的观点是，35 岁为生育的关键年龄，超过这个年龄的孕妇常被标签为"高龄产妇"。但值得注意的是，关于生育能力开始下降的具体年龄，学术界仍存在争议。尽管随着年龄的增长，女性的生育能力确实在下降，但这一下降并不是线性的。社交媒体上的普遍观点可能过于简化了这一复杂情况，导致公众误以为到了 30 岁或 35 岁，生育能力就已经大幅下降，从而错过了维护自身生育健康的关键时期。

近年来，我国的普查数据揭示了一个趋势：育龄人口逐渐推迟婚育。以 20~34 岁的女性为例，从 2006 年的 77.9% 到 2016 年的 68.5%，已婚比例在 10 年间下降了近 10 个百分点。这意味着在生育高峰期，越来越少的女性选择结婚，从而导致了总体生育率的降低（李月、张许颖，2021）。在经济发达的地区，这种推迟婚育的趋势尤为明显，与之相关的潜在危机是生育力随年龄的下降。这可能导致的后果包括永久性的非自愿无子女状态（Permanent Involuntary Childlessness，PIC）和实际家庭规模小于期望值。推迟婚育的原因多种多样，包括有效的避孕方法、女性教育水平的提高、女性更多地参与劳动力市场，以及对年龄与生育力下降关系的了解不足。鉴于此，随着对生育力保护的需求增加，经过专门培训的社会工作者可以为不同年龄的女性、夫妇和家庭提供有针对性的生育力保护咨询（fertility preservation counselling），帮助他们更好地安排生育计划和迎接生育相关的挑战。

生育力保存技术主要包括卵子、胚胎和卵巢组织的冷冻，以及卵巢移位和保护卵巢的医学治疗。随着年龄的增加，卵子的质量确实会逐渐下降，而卵子冷冻技术可以帮助她们有效地延长生育的时间窗口（Anderson et al.，2020）。对于那些有明确生育意愿但目前还没有生育打算的女性，卵子冷冻是一个理性的选择。对于目前单身的女性，尽管胚胎冷冻在成功率上可能更高（Pereira and Schattman, 2017），但这需要依赖男性伴侣或捐赠的精子。相比之下，卵子冷冻技术为女性提供了更大的生殖选择自由（Rienzi and Ubaldi, 2015），允许她们在未来根据自己的意愿选择合适的伴侣生育。

在生育力保护的咨询中，社会工作者扮演着至关重要的角色。他们可以利用专业知识，为前来咨询的女性提供全面的信息，包括各种生育选择的成功率、潜在风险、益处、成本，以及可能的生理和心理后果等。由于对生育知识的了解甚少，突然面对烦琐复杂的治疗流程，以及各种治疗方案背后风险的不确定性，许多女性会感到担心、焦虑、不安甚至失眠。为了帮助她们应对这些情绪，社会工作者可以推荐一系列的放松训练技巧，如呼吸、冥想、瑜伽等身心活动。

工作技巧 》 **呼吸冥想练习的指导语**

首先，我希望你找到一个让你感到舒适和安全的位置坐下，让你的背部自然地挺直，放松你的双肩。

当你准备好时，轻轻地闭上眼睛，将你的双手轻轻地放在心脏的位置，感受你的心跳，那是生命的节奏。

深深地吸一口气，然后慢慢呼出，再次深呼吸，然后慢慢呼出。每一次呼吸，都让你的身体和心灵更加放松，更加接近内心的宁静。

想象每一次呼吸都带着温暖和关怀，从你的头顶流入，直到你的心脏，那里充满了爱和力量。每一次呼出，都是将你的焦虑和紧张释放出去。

在你的心中，轻轻地对自己说："我值得被关心，我值得被爱"，"无论未来如何，我都有能力和勇气面对"。

继续深呼吸，每一次呼吸都是对自己的一个温柔的拥抱，每一次呼吸都在帮助你释放和治愈。

当你准备结束这次练习时，慢慢地调整回你的正常呼吸，然后轻轻地睁开眼睛，感谢自己给予自己这段宁静的时光。

针对恶性肿瘤患者的生育力保护咨询

在生育力保护咨询中，特别需要关注的是那些因接受损害生育能力的医学治疗（如癌症治疗）而考虑采取生育力保护措施的人群。尤其是40岁以下的女性中，有15%～20%的恶性肿瘤是妇科肿瘤（Chan and Wang，2017）。这些妇科癌症的治疗方法通常包括手术、化疗和/或放疗。手术可能涉及切除部分或全部生殖组织，放疗可能导致生殖器官受到电离辐射的影响，而化疗可能会导致女性的卵巢卵泡加速凋亡。这些治疗对女性的生育能力有明显的影响。例如，一项对苏格兰的2.3万多名妇科癌症患者的研究显示，经过癌症治疗的女性怀孕的概率比普通女性低38个百分点（Anderson and Wallace，2018）。因此，对于女性癌症幸存者来说，生育力的保护显得尤为重要。

随着生育能力保护的需求日益增长，各种辅助生殖和冷冻保存技术也应运而生。目前，我们既有经过临床验证的成熟技术，如卵子和胚胎的冷冻保存，也有一些尚处于实验阶段的技术，例如卵巢组织的冷冻保存。尽管有些研究者认为后者已经得到了充分的证据支持并被视为有效技术，但仍需谨慎对待其实际应用（Donnez et al.，2015）。

根据欧洲人类生殖与胚胎学学会（ESHRE）的"女性生育力保护指南"，对于女性癌症患者，在进行生育力保护之前，首先需要评估其卵巢的储备功能。对于那些卵巢功能明显衰退的女性，不建议进行此类干预。此外，虽然GnRH激动剂可以在一定程度上降低卵泡对性腺毒性药物的敏感性，但其效果有待进一步检验。当患者因化疗方案的性腺毒性副作用而无法进行卵子或胚胎的冷冻保存时，卵巢组织冷冻成为一个可行的选择，特别是对于尚未进入青春期的患者。对于那些即将接受盆腔放疗的女性，卵巢悬吊术可以作为一种方法，以最大限度地保护卵巢不受治疗的伤害。最后，使用存储的生殖材料之前，必须全面评估患者的当前健康状况，确保其适合怀孕。同时，还需要考虑治疗后的长期效应、患者的年龄以及从治疗结束到尝试怀孕的时间间隔。通常，建议患者在化疗结束后至少等待一年再尝试怀孕，以降低妊娠并发症的风险。对于高风险妊娠的患者，应在产科专家的指导下进行综合管理和治疗（Anderson et al.，2020；Pereira and Schattman，2017；Hartnett et al.，2018）。

　　癌症患者在治疗过程中面临的生育问题是一个重要的关注点。为了帮助这些患者，他们应在临床医护团队和生育力保护团队的共同支持下，接受生育力保护咨询，从而保证癌症治疗和后继健康追踪的效果，以及在治疗后实现生育的全过程。研究已经显示，那些在治疗前接受生育力保护咨询的女性癌症患者，在做出决策时更少感到后悔，并且治疗后的生活质量也更高（Chan et al.，2017）。这强调了为癌症患者提供及时的生育教育和专业咨询服务的重要性。以西北大学费恩伯格医学院的"肿瘤患者生育力保护计划（Oncofertility: Preserving Fertility Before Cancer Treatment）"为例，这是一个专为面临癌症治疗的患者设计的项目，旨在满足他们的生育需求。自2006年成立以来，该计划已经组建了一个由生殖内分泌学家、肿瘤学家、心理学家和社会工作者组成的跨学科团队。他们共同努力，为那些可能因治疗而失去生育能力的患者提供全方位的生育力保存方案，确保他们未来的生活质量。

　　事实上，很多国家都开展了肿瘤生育计划，专注于帮助那些因癌症治疗可能影响其生育能力的患者。这一计划组织了一支跨学科团队，其中包括医生、生殖专家、肿瘤学家、心理学家、药剂师、护士和社会工作者。他们共同努力为患者创造一个安全、理解和关怀的环境，以讨论与生育相关的各种情感和担忧。在这个团队中，社会工作者的角色尤为关键。他们与患者紧密合作，帮助他们了解癌症治疗可能带来的身心影响，探讨各种生育保存选项，并根据患者的个人需求和价值观做出明智的决策。如图 5-1 所示，社会工作者可以与患者一起，从健康状况、生育意愿、生育力保存方案和家庭经济状况四个方面来共同确定最佳选择。他们还提供财务咨询，帮助患者处理与生育保存相关的费用，并为他们找到合适的资源和支持网络。更重要的是，社会工作者可以为患者提供情感支持。他们的专业知识确保了患者在整个生育保存过程中都能得到全面的关心和支持。此外，社会工作者能够为患者和他们的伴侣提供长期的关心和支持，从备孕到孕产，再到产后，都为他们提供持续的专业咨询服务。

健康状况	生育意愿
生育力保存方案	家庭经济状况

图 5-1　妇科癌症患者生育力保存决策的四个维度

妇科癌症患者在治疗过程中不仅面临生育能力的损害，还可能遭受性健康方面的影响。治疗可能导致一系列生理变化，如阴道缩短、弹性降低、盆腔神经损伤和阴道狭窄等。这些生理上的改变可能伴随着身体机能下降、疲劳和性交后的出血。除了生理上的挑战，这些女性还可能在心理和社交层面上遭受打击。癌症诊断和治疗可能导致恐惧、焦虑和抑郁，进一步影响她们的性欲望和性快感。这种情况可能导致她们对性接触产生消极看法，对性交疼痛产生恐惧，从而影响与伴侣的沟通和关系。研究已经表明，为夫妻提供应对训练比仅为个人提供更为有效，这在帮助癌症患者适应和提高生活质量方面尤为关键（Gilbert et al., 2011；Pereira and Schattman, 2017；

Scott et al., 2004)。对此，社会工作者可以帮助患者和伴侣建立信任，提供必要的支持，从而提升他们对癌症的心理适应和他们的生活质量。

工作技巧 》

面对妇科癌症治疗后性健康的挑战，夫妇可以共同参与一个由社会工作者引导的心灵关怀活动。在一个温馨、私密且不受打扰的环境中，夫妇被邀请在一张白纸上绘制他们心中的亲密关系图景。

完成绘画后，社会工作者会邀请他们分享画中的故事，以及他们对理想中的亲密关系的期望和愿景。这不仅是一个艺术表达的过程，更是一个深入探讨、理解和沟通的机会。社会工作者会鼓励夫妇围绕性、亲密关系和癌症应对等主题展开深入的对话。

这个活动的目的是帮助夫妇更好地理解彼此的感受和需求，消除沟通障碍，加深彼此的理解和信任。在这个过程中，他们可以共同探索和找到适应癌症治疗后性健康挑战的方法和策略，从而增强他们的亲密关系和生活质量。

生育决策咨询

社会工作者在辅助生殖服务中可以起到桥梁的作用，为不孕不育的夫妇提供关键的信息和情感支持。他们为这些夫妇建立了一个安全、信任的环境，帮助他们应对生育的情感挑战和做出明智的决策。首先，他们为夫妇提供了简明扼要的生育医学和辅助生殖技术咨询，将复杂的医学术语如诱发排卵、宫内授精（IUI）、体外受精－胚胎移植（IVF-ET）、冷冻胚胎移植（FET）、睾丸内精子提取（TESE）和卵细胞浆内单精子注入（ICSI）等翻译成容易理解的语言。这种明确的指导能够帮助夫妇消除了对治疗的未知和焦虑，使他们更有信心地面对治疗。与此同时，社会工作者可以与医疗团队紧密合作，保证夫妇了解治疗方案的细节，包括其潜在的风险和效果。这有助于夫妇做出更加符合自身预期的治疗决策。在整个治疗过程中，社会工作者可以作为个案管理者，提供了从医院适应到经济资源链接的全方位服务，确保夫妇在每一步都得到充分的支持。对于那些无法通过传统方式建立家庭的夫妇，社会工作者可以提供生育决策咨询，了解家庭对于精子库、卵子捐赠、收养等事宜的看法，讨论家庭计划的不同选项。这些选择可能伴随着家庭、伦理和法律的挑战。但通过提供详尽的信息和指导，跨专业医疗团队能够帮助夫妇积极应对这些挑战，确保他们能够建立一个幸福的家庭。

在生育过程中，不孕不育夫妇往往面临着巨大的情感压力，尤其是女性。他们的经历和治疗过程可能导致长期的心理和情感困扰，如焦虑、沮丧和愧疚等情绪。一般而言，女性相较于男性更容易出现抑郁和压力（Peterson et al.，2014）。伴侣提供情感支持的程度会影响个体的不孕症压力。如果个体认为伴侣回避和不积极回应自身需求，那么他们更容易出现不孕症压力（Van den Broeck et al.，2010）。社会工作者在这方面可以发挥关键作用，帮助这些夫妇理解二元应对的重要性。一些夫妇可能因为无法生育而对自己的家庭和婚姻感到不完整和失落，这种观念可能会对他们的婚姻关系产生负面影响，导致夫妻关系紧张和疏远。如 Tao 等人（2012）所述，无子女的现状可能会破坏他们对家庭的期望，使他们的婚姻关系受到挑战。此外，如 Benyamini 等人（2009）所指出，如果夫妻之间的沟通再出现问题，可能会导致更多的婚姻冲突和不满，甚至可能导致婚姻破裂。因此，社会工作者可以借助危机干预、夫妻关系培训、家庭规划辅导等方法，将介入内容拓展至夫妻关系、家庭关系和理想生活期待等。以夫妇关系培训为例，分享一个简短的社工介入方案。

介入方案 ≫ **共鸣时刻**

干预目标：旨在为夫妇提供分享辅助生殖经历的交流平台，加强他们之间的沟通与理解，并帮助他们制定相互支持的行动计划。

具体流程：

- 开场：简介活动目的，向夫妇强调安全、不评判的环境。
- 情感分享：夫妇轮流分享治疗过程和内心感受。伴侣全程倾听，不打断、不评价。
- 讨论分享：社工提出一些指导问题，如，"你们如何共同面对这些挑战"或"你们在这个过程中学到了什么"。夫妇分享应对策略。
- 行动计划：鼓励夫妇制定简单行动计划，如每周深入沟通、每月夫妻约会。
- 活动总结：夫妇分享活动感受。社工强调日常沟通的重要性。

一些夫妇在辅助生殖治疗中可能会遭遇失败，这常常使他们陷入深深的失落和悲伤。尽管如此，他们通常还是会选择继续下一个治疗周期，希望下一次能够成功。这样的"希望与绝望的反复循环"（Greenfeld，1997）会累积失落感，造成情绪问题。社会工作者需要密切关注这些夫妇的情感状态，为他们提供持续的心理支持，帮助他们处理多次失败带来的情感创伤。当一个周期治疗失效后，面对是否继续治疗的决策，夫妇可能会感到迷茫和压力。他们既害怕永远无法实现生育的愿望，又对下一次治疗抱有期望，这种矛盾的情感可能会影响到他们的日常生活规划，甚至导致生活出现混乱。有研究便指出，女性在IVF/ICSI周期中会出现社交减少的情况。此外，在IVF/ICSI周期中，有六成的患者报告曾因治疗缺席工作，患者平均缺席工作为 23 小时（Bouwmans et al., 2008）。为了帮助他们更好地面对这些挑战，社会工作者可以与夫妇合作，制定一个明确的辅助生殖治疗阶段规划，帮助他们更好地掌控自己的生活，减轻因多次失败带来的情感负担，并为他们提供必要的心理支撑。

心理社会干预

生育会给家庭带来多方面的压力，包括个人生活的改变、工作状况的变化、家庭结构的调整和住房情况变动等。在某些极端情况下，女性甚至可能面临家庭暴力的威胁。当这些压力超出她们的适应能力时，可能会导致心理健康问题。焦虑和抑郁是孕产期最常见的心理症状，这些症状与社会经济因素有关，并可能对孕妇的心理和社会适应产生不良影响（Kaaya et al., 2010）。研究数据显示，孕期抑郁症的患病率在整个孕期为 10.7%，在孕期阶段中会由怀孕初期的 7.4% 增加到中期的 12.8%（Dennis and Hodnett, 2007）。一项共涉及 2.3 万名参与者，旨在评估产前抑郁症筛查的效果的系统研究发现，患有产后抑郁症的女性比例在 10% 至 67%（Hamid et al., 2008）。因此，生育服务应重视夫妇的精神健康水平，特别是女性。

不孕不育夫妇的心理健康同样值得我们的关注。这些夫妇渴望拥有自己的孩子，但同时他们又面临生育障碍。尽管并不是所有的夫妇都选择医疗干预，但有超过 10% 的育龄人口选择了辅助生殖技术（ART）来实现生育梦想（Frederiksen et al., 2015）。然而，ART 治疗不仅带来身体上的挑战，更有心理上的压力，而且这种压力与经历创伤性事件的情感压力相当。令人担忧的是，约有 23% 的患者因为这种压力而选择放弃治疗。而在完成治疗后，约有三分之一的患者未能成功怀孕，他们往往难以接受这一事实。即便成功怀孕，夫妇们在后续妊娠和分娩过程中也会对胎儿的健康和存活充满焦虑。面对这些情绪压力，尤其是抑郁和焦虑，药物治疗可能会对身体产生副作用。相比之下，心理社会干预不仅能够缓解这些情绪，而且可能产生积极的长期效果。

身体上的不适，如疼痛、疲劳、肌肉紧张和食欲不振，通常是女性遭受情绪压力时所经历的。不同于传统的身体照料与护理，心理社会干预更加看重身体与心理之间的密切联系，强调从心理与社会双重角度入手调节目标群体的不良症状。一项荟萃分析表明，接受某种形式的心理干预的妇女怀孕的可能性大约是接受标准化护理或积极控制干预的对照组的两倍（Frederiksen et al., 2015）。面对孕产群体多种多样的需求，如认知、行为、关系、社会和情感等（Gameiro et al., 2015），社会工作者往往采取不同的干预措施进行配合。常用的干预措施包括认知行为干预（Cognitive Behavioral Intervention, CBI），身心干预（Mind-Body Intervention, MBI），如正念（mindfulness）、瑜伽（yoga）、放松训练（relaxation）等，其他干预类型包括咨询（counselling）、心理教育（psychoeducation）、支持性治疗（supportive therapy）、表达性写作（expressive writing intervention）和叙事治疗（narrative）等（Frederiksen et al., 2015）。下面以MBI为例介绍一些可以使用的工作方法。

正念呼吸

从怀孕、产后、抚育、教育到不孕不育，夫妇在生育过程中可能会遇到各种压力和挑战。正念疗法，作为一种心理干预手段，已在社会工作实务中得到广泛应用，帮助夫妇应对生育过程中的各种压力。怀孕期是夫妇共同期待新生命到来的时期，但也是充满不确定性和焦虑的时期。正念疗法可以帮助个体适应孕期的生理和心理变化，减少焦虑和压力。例如，夫妇可以通过身体扫描和冥想关注自己的身体和情绪，及时发现和处理心理问题。在养育孩子的过程中，夫妇可以坚持正念训练，更加耐心和宽容地对待孩子，提高教育和抚养的质量。

对于面临不孕不育挑战的夫妇，正念疗法更是一种宝贵的心理支持，鼓励夫妇放下对生育的执着，接纳自己的情况，减轻心理压力。

工作技巧 》 帮助不孕不育夫妇在治疗过程中渡过难关

● 有计划：制定一份详细的治疗日程表，记录每次治疗的进展，并妥善保存相关档案，以备将来参考之需。

● 卸包袱：减少反复回忆治疗过程中的每个步骤。请记住，生育障碍并不代表个人失败。如果感到无法承受更多压力，也要允许自己情绪低落，这是正常的情感反应。

● 爱沟通：经常与伴侣分享你的感受，让他们了解你的内心体验，告诉他/她自己期待的配偶支持方式。

这些小贴士可以帮助不孕不育夫妇更好地应对治疗过程中的挑战，促进夫妇之间的互相理解和支持，以及保持情感健康。

腹式呼吸

在社会工作实务中，孕期和分娩期间，女性不仅面临生理上的巨大变化，还会经历心理上的挑战。在孕期，许多妇女会因为对分娩的担忧、对胎儿健康的关心以及对未来角色转变的不确定性而感到紧张和焦虑。腹式呼吸通过深入的呼吸，能够刺激迷走神经，从而促进身体的放松反应，帮助孕产妇进入一种平静和放松的状态。另外，腹式呼吸能够强化身心相连的信念。在孕期，女性的身体经历了许多变化，这些变化可能会导致她们不接纳自己的身体。通过腹式呼吸，孕产妇可以更加关注自己的身体，感受每一次呼吸带来的腹部的膨胀和塌陷，从而增强与身体的联系，提高身体觉察，同时调节情绪压力。

意象引导

意象引导指的是运用想象力来唤起一种或多种感官，通过心灵体验指导个人提升身体觉察和内在感受，从而缓解压力，提升整体身心健康水平。意象引导鼓励个体从日常生活中释放担忧，全神贯注于当下的临在。意象引导的脚本一般需要设定一个合适的场景，为参与者创造新的身心体验。在过程中，社工可以播放轻柔的背景音乐，保持室内空气清新，确保周围环境能够给参与者安静舒缓的感受（Roffe et al., 2005）。意象引导已经被广泛应用到生育情境中，研究证实该方法可以显著减少妊娠四周与七周孕妇的焦虑与抑郁情绪（Nasiri et al., 2018）。

工作技巧 》 引导开展孕妇意向引导时的指导语

亲爱的准妈妈们，您是否曾经观察过新生儿的呼吸方式？当宝宝吸气时，他们的小腹部会像充满了气的气球一样鼓起，而呼气时则会慢慢地收缩。这种呼吸方式是如此自然和轻松，但随着我们的成长，我们的呼吸方式往往会发生变化。为了更好地进入冥想状态，我们建议您尝试这种宝宝式的呼吸法。

在开始冥想之前，请您找一个舒适的位置坐下或躺下。您可以使用坐垫或靠垫为自己提供额外的支撑，确保自己的身体完全放松。调整好姿势后，您可以开始进行宝宝式的呼吸。试着让呼气和吸气越来越均匀，越来越深，越来越自然舒畅。

请闭上眼睛，将您的注意力集中在自己的身体上。从头到脚，每一个部分都是您与宝宝沟通的桥梁。您可以轻轻地移动身体，感受每一个部位的存在，与宝宝进行无声的交流。

我们现在尝试收拾心情，将注意力集中，慢慢将手放在您的子宫上，感受宝宝的跳动，想象着您的呼吸进入到您的子宫，给您的宝宝带来新鲜的氧气和能量，想象着宝宝在慢慢伸展他的小胳膊，正在因为这些新鲜的能量使他微笑开心，他在感谢妈妈。

虽然和肚子里的这个宝宝还没有真正见面，但是你们已经在一起度过很长一段时间啦。想象一下，您可以在心中默念你想告诉宝宝的话，可以是告诉宝宝你的爱、关心和期待，或者分享您的想法、感受、希望以及您对他未来的期望。

现在可以轻轻地抚摸您的肚子，感受宝宝的存在并和他建立触觉上的联系，用温暖的手掌在肚子上轻轻地画圈或者轻拍，给予宝宝爱和安慰的触感，想象着现在宝宝也在肚子里用小手轻轻回应您的抚摸，向您表达着爱意。

您已经为宝宝提供了爱与能量，此刻，当您沉浸在这份宁静与放松中，也请别忘了善待自己。深深地告诉自己："我为自己感到骄傲，我深爱着自己。"轻轻地拥抱自己，低声地说："你做得很好，我真的很爱你。"

现在，开始缓缓地回到这个时刻，温柔地对待自己。您可以轻声数到三，然后逐渐地睁开眼睛。请花几分钟的时间，静静地感受与宝宝之间的深厚联系，以及对自己身体的认知。如果此刻，您有任何想要表达的话或动作，就让它自然地流露出来。

孕妇瑜伽

孕妇瑜伽，作为一种基于体育锻炼的技术，已被证明对于缓解孕妇的抑郁和孕前不适具有积极效果。但孕妇瑜伽并不是简单地复制常规瑜伽课程。它更注重安全和舒适，确保母婴健康。与普通瑜伽相比，孕妇瑜伽更为舒缓，旨在增强体力、肌肉张力和平衡感，同时提高柔韧度和灵活度。研究表明，瑜伽不仅有助于孕妇身体健康，还能够缓解心理压力，为分娩做好准备（Narendran et al., 2005; Gong et al., 2015）。以下是一些简单的孕妇瑜伽动作。

1. 坐姿扩胸式：坐稳，双手放在胸前，缓慢地向后伸展，打开胸部，深呼吸。

2. 蝴蝶式：坐下，双脚底相对，双膝向两侧打开。这有助于舒缓髋部不适。

3. 肩部旋转：坐或站，放松双臂，旋转双肩，缓解肩颈紧张。

4. 腹式呼吸：盘腿坐，双手放在肚子上，深呼吸，放松骨盆肌肉。

5. 猫牛式：跪姿，手膝着地，拱起背部，然后弯曲背部，有助于放松背部。

值得注意的是，每位孕妇的身体状况和所处的妊娠阶段不同。如果社会工作者没有资质开展产前瑜伽的培训，可以积极链接资源，邀请专业的产前瑜伽教练开展相关服务。在开始瑜伽练习之前，建议先咨询医生，确保瑜伽练习安全和有效。

哀伤辅导

尽管全球的围产期婴儿死亡率已经显著降低，但对于经历过婴儿早夭的父母，这无疑是一种无法言喻的痛苦。研究表明，与未经历过丧子之痛的父母相比，丧子母亲面临抑郁症状的风险是其4倍，面对创伤后应激障碍（PTSD）症状的风险则是其7倍。这一发现凸显了失去孩子这一事件对父母产生的深远影响，以及它可能引发的极端心理压力（Gold et al., 2016）。在这样的背景下，社会工作者在围产期丧子哀伤辅导中能起到关键作用。他们不仅可以陪伴和支持父母度过这段艰难时期，还能鼓励他们积极面对丧子带来的身心影响和社会影响。这种辅导不只是关注父母的身心需求，还需要考虑他们的家庭文化背景。从与父母的第一次接触开始，社会工作者就需要提供全方位的关怀，这包括在整个怀孕、分娩和产后期间与他们一起探讨对胎儿的担忧，并提供长期的家庭支持。当遭遇婴儿的不幸去世时，社会工作者能够正视这一事实，认识到这对父母来说是巨大的打击，并理解他们可能会经历的各种情感，如悲伤、焦虑、抑郁、内疚和愤怒等，这些都是正常的丧子反应。

失去宝宝后，夫妇的悲伤体验因人而异。一般而言，母亲和父亲都可能经历悲伤、易怒、内疚和愤怒等情感反应，尽管父亲通常表达的悲伤水平较低。此外，丧子后夫妇可能会因无法处理哀伤而相互指责，导致离婚的概率上升。需要明确的是，围产期丧子不是一个孤立的事件，而是一个包含多个阶段的情感过程，包括从"新生命"离世的情感损失、与孩子身体的分离，以及作为父母所扮演的社会角色的丧失等（Constance et al.，2008）。在这个过程中，有一些基本原则和核心目标，旨在确保夫妇能够在丧子的艰难时刻获得最佳关怀和支持。如图5-2所示，Boyle等人（Boyle et al.，2020）概括了围产期丧子的哀伤辅导中的五个主要工作原则。在围产期丧子的情境中，提供有效的悲伤辅导至关重要。Boyle等人概括了围产期丧子哀伤辅导的关键原则，可用于确保高质量的哀伤支持。

1. 良性沟通：这一点是核心。在面对父母的情感痛苦时，敏感和富有同情心的沟通方式是至关重要的。医疗专业人员需要以易于理解的语言与父母进行口头和书面沟通，避免使用模糊或陌生的术语，还可以使用父母已经给宝宝取的名字，以更好地尊重和接受宝宝的存在。

2. 共同决策：父母可能需要做出许多困难的决策，如宝宝的出生方式和时间，或者宝宝生命末期护理等。共同决策是一种有效处理问题的方法，通过分享彼此的看法，支持父母考虑不同选择，以实现理性的选择。这有助于父母感到更加能够掌控自己的决策，减少后悔的可能性。

3. 认可父母身份：理解（准）父母已经内化的亲子关系以及所经历的丧失是关键。通过以同等尊重和关怀对待宝宝，如为宝宝起名字、与宝宝交谈和为宝宝着装，可以帮助验证和正常化父母的经历。

4. 有效支持：综合考虑父母和其他家庭成员的短期和长期需求，包括心理、身体健康和实际支持。父母可能需要来自社会工作者及时的社会支持，同时也需要了解社区中的社会支持资源。社会工作者应根据父母的需求和偏好，提供适当的社会支持，以帮助他们度过丧子这个负向的生活事件。

5. 组织支持：医疗机构需要创建制度化的服务体系，以确保医疗专业人员能够提供高质量的护理。这需要医疗机制可以设立专门岗位，例如社会工作者、心理咨询师，哀伤辅导师等角色，发展医疗机构内的社会心理服务，避免丧子之痛成为"被剥夺的哀伤"（disenfranchised grief）。

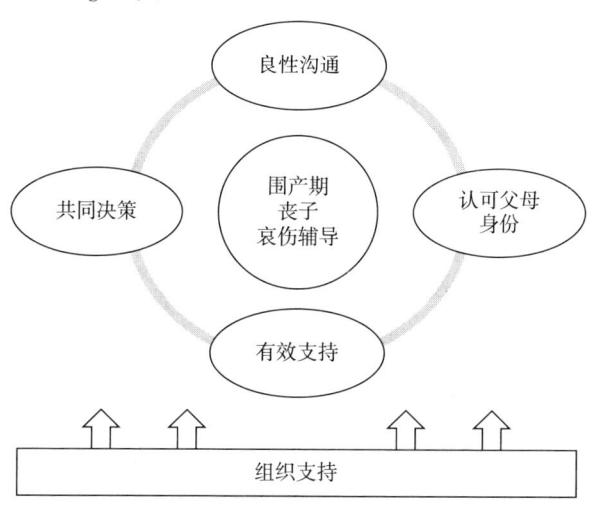

图 5-2 围产期哀伤照护中的关键元素

在面对围产期丧子，社会工作者可以利用多种心理干预方法提供服务，包括正念练习、心理辅导、眼动身心重建法和表达性写作等（Hollins, Martin and Reid, 2022）。另外，社会工作者可以鼓励夫妇坦诚表达感受并争取支持，尤其是采用身体表达方式。舞蹈治疗是一种基于身体运动的干预方法，有助于围产期丧子的夫妇的情感表达、身份重建和促进夫妻相互支持（Tilki, 2018）。经历围产期丧子的夫妇可以通过身体动作释放悲伤、愤怒、失落和无助等与丧子有关的强烈情感，这种情感的释放有助于情感康复。舞蹈治疗帮助父母重新建立与自己身体的联系和认知，尤其是在经历了生理和情感创伤后。这种身体觉察和重新连接对于自我康复至关重要。此外，在团体舞蹈治疗环境中，父母有机会与其他经历相似困境的人互动，这种社交互动有助于减轻孤独感，同时提供宝贵的社交支持。通过与他人分享彼此的体验，父母们可以找到理解和共鸣，从而有助于他们的情感康复过程。

工作技巧 》 围产期丧子情境中社工可以应用的舞蹈治疗方式

舞蹈表达：在一个安全和支持的环境中，鼓励夫妇通过自由舞蹈来表达他们因丧子而产生的痛苦、失落、哀伤和其他复杂情感。舞蹈的形式允许他们直接、无拘束地表达自己的内心世界。

亲密舞蹈：在哀伤阶段，夫妻之间的支持和理解尤为重要。通过拥抱、慢舞或其他轻柔的合作动作，增强夫妻之间的情感纽带，为双方提供必要的情感支持。

情感的舞蹈化身：鼓励夫妇通过舞蹈动作，如模仿动物或自然元素，来表达他们的情感状态。这种非传统的表达方式可以帮助他们更深入地探索和理解自己的情感。

镜像舞蹈：在这个活动中，双方相互模仿彼此的舞蹈动作，就像他们是彼此的镜像。这种互动鼓励夫妻之间的配合和理解，帮助他们在这个困难的时期更加紧密地联系在一起。

舞蹈治疗为围产期丧子的夫妇提供了一个情感的出口和支持，帮助他们在这个困难的时期找到治愈和前进的力量。

亲职培训

亲职教育是一项旨在帮助父母改变或增强其教育理念，使他们具备抚养和教育子女所需的知识和技能的教育活动。儿童的健康成长和发展在很大程度上依赖他们的主要照顾者，也就是父母。在儿童成长过程中，父母需要为孩子提供足够的身体护理、安全感和情感能量。然而，各种原因之下，许多父母可能会缺乏提升育儿技能的机会。这可能源自他们自身作为儿童的经验，或是由于受限于观察他人、书籍、视频等次级信息来源。因此，随着时代的发展，亲职教育变得尤为重要，它成为家庭教育活动中的重要内容。

在国外，亲职教育已经取得广泛传播。在 19 世纪，美国心理学家 Thomas Gordon 在加利福尼亚州多个社区开展了大规模的父母团体，旨在为父母提供合理有效的养育方法，这被称为"父母效能训练"（Parent Effectiveness Training，PET），标志着亲职教育的起源。随着科学的进步，心理学和教育学为亲职教育注入新的活力，引入了新的方法和实践。西方国家也陆续开始出台政策，鼓励组织提供亲职教育服务，例如 Tripe P（Positive-Parenting-Program）、"安全圈"（Circle of Security）和"令人难以置信的岁月"（The Incredible Years）等。然而，在中国，亲职教育仍处于发展初期，家长的育儿知识主要来自亲友和网络，缺乏系统性培训。此外，现有的亲职教育活动通常采用讲座和教学形式，难以满足家长实际问题的解决需求（许璐颖、周念丽，2016）。亲职教育在中国的发展也存在地区不平衡的问题，只有一些发达城市提供专门的亲职教育服务，导致了亲职教育资源的不均衡分布（王艳辉，2017）。

【案例分享】

　　李先生和李太太结婚已经五年了，住在一个二线城市，他们有一个活泼好动的两岁男孩，名字叫小东。李先生和李太太都是全职工作，经常面临工作与家庭的平衡问题。他们发现，小东最近总爱发脾气，经常大声哭闹，有时甚至撕毁他最喜欢的书籍和玩具。这种紧张的氛围开始影响到了他们的婚姻关系，他们常常因为孩子的问题而争吵。夫妇二人决定寻求帮助，他们听说了积极育儿理念，并决定尝试一下。于是，他们报名参加了当地社区组织提供的积极育儿课程。

　　在课程中，他们学到了一些重要的技巧和原则。

　　● 积极互动：他们学会了如何创造一个积极、有趣、互动丰富的家庭环境，让孩子感到更加快乐和安全。

　　● 有效奖惩：夫妇二人学会了如何制定明智而有效的奖励和处罚原则，以鼓励孩子的积极行为，同时纠正不当行为。

　　● 合理期望：通过学习儿童心理发展阶段理论，夫妇二人明白，要根据孩子的年龄和发展水平来设定合理的期望，不要对他要求太高。

　　● 家庭规则：在社工的辅导下，他们制定了一套家庭规则，让每个家庭成员都知道应该遵守什么，这有助于减少争吵和混乱。

　　● 自我照顾：夫妇二人还学到了照顾好自己的重要性，因为只有当他们身心健康时，才能提供稳定的家庭环境。

　　经过几个月的课程学习和实践，夫妇二人表示他们不再感到无助，彼此在育儿过程中都更加自信了。此外，他们的婚姻关系变得更加和谐，孩子的行为问题也有了明显的减少。积极育儿课程可以在复杂的家庭情况下取得成功，帮助父母提高育儿能力，改善家庭关系，培养健康、快乐的孩子。

在亲职教育方面，社会工作者可以提供多种支持和资源，以协助那些可能面临困难的父母，包括提供心理支持、情感支持和育儿技能培训等。首先，社会工作者可以向父母提供关于儿童发展、育儿技巧和有效家庭沟通的信息。他们可以教导父母如何建立积极的亲子关系，从而促进孩子的健康成长。其次，社会工作者可以提供情感支持，帮助父母应对育儿过程中的挑战和压力。这种支持有助于增强父母的情感健康，使他们更有能力照顾孩子。再次，社会工作者可以提供协调家庭服务，确保父母和孩子都能够获得他们所需的支持。他们可以协助家庭获取医疗保健、心理健康服务和其他社会服务资源。最后，当家庭出现危机或儿童面临安全问题时，社会工作者可以迅速介入并采取必要的行动，以确保儿童的安全和福祉。除了提供直接的支持和服务，社会工作者还可以积极设计和执行亲职教育项目。很多时候，社会工作者会利用小组工作构建支持网络，邀请有经验的父母或者课程毕业的父母作为导师，与新手父母建立联系。因为他们曾经成功地应对了相似的挑战，这些有经验的父母能够在那些新手父母陷入困境时提供支持、指导并给予希望。

组建支持小组

做一名母亲无疑是世界上最具挑战性的职业之一。很多时候，人们习惯性地给新生儿母亲戴上了母性的光环。然而，中国家庭环境似乎不允许女性谈论成为母亲后的辛酸，这使得妈妈们没有安全的空间去谈论她们的挣扎、问题、克服和成功。一个令人担忧的统计数据是，每五位母亲中就有一位在怀孕期间或生下宝宝后的第一年内会经历某种形式的心理健康问题。因此，母亲在分娩前、分娩期间和分娩后接受的关怀是很重要的。

围产期包括女性怀孕到生产后一年的时间。产前，准妈妈/准生妈妈会因为分娩恐惧，而感到精神紧张。对于准妈妈和新手妈妈来说,支持小组和心理教育课程可以减少压力因素,建立和加强关系,逐渐提高母亲和宝宝的社会福祉。宝宝出生后,父母都会面临适应危机,包括发现新的家庭责任,转变生活方式,处理复杂的家庭关系等。许多母亲还需要面对分娩和生产过程中产生的与怀孕有关的并发症。产后抑郁症是母亲在分娩后面对的一种常见情绪困扰。怀孕会引起激素水平的显著波动,特别是雌激素和孕激素,导致孕妇压力的增加、感到不堪重负、睡眠不足和焦虑情结。

在孕育过程中,许多女性会主动向外寻求帮助和支持,以满足她们在这个特殊阶段的需求。一些孕产妇会在社交软件和在线平台分享经历,但这也存在一些潜在的风险,例如,虚假信息、不准确的建议和负面情绪的传播(Lupton and Pedersen,2016)。对此,社会工作者可以组织线上或者线下的小组,为正在面对生育相关挑战的个人和夫妇提供一个安全的互助环境,让他们能够相互交流、分享经验、解决问题,并建立亲密的社交网络,帮助她们应对怀孕和产后的挑战(Antoniou et al.,2021)。

在刚开始的阶段,成员可能感到紧张和不熟悉,通过合适的破冰游戏可以帮助打破僵局,让成员们感到更加放松和舒适;还可以引导成员们相互交流、分享个人信息和经历,从而增进彼此之间的了解和认识,进而建立起互相信任的关系。这种信任和支持是互助小组工作成功的基础。

工作技巧 》 **孕产妇小组活动的破冰游戏**

• 揉肩捶背:引导组员之间通过揉肩和捶背增加肢体接触,加深组员之间的联系。

• 宝宝照片墙:放置组员的小时候的照片,猜测照片对应的成员;分享自己的想法、猜测的依据以及与照片相关的回忆和故事。

● 怀孕故事连环画：成员在纸上画出自己的怀孕故事的一个场景或关键时刻；将纸板拼接在一起，形成一个连环画；可以共同欣赏这个连环画，并分享自己的怀孕经历。

● 宝宝名字分享：成员分享自己计划或已经选择的宝宝名字，并解释背后的意义或故事。

● 亲子童年回忆：成员们分享自己童年时期的愉快回忆，可以是与父母、兄弟姐妹或朋友的故事。

在生育支持性小组中纳入配偶是至关重要的，因为怀孕和生产过程不仅是女性个体的责任，更是整个家庭的责任。将配偶纳入怀孕和生育支持性小组中，可以产生多重积极效应。孕期是夫妻关系中一个关键的时期，而孕妇可能会面临各种情感上的挑战，包括焦虑、恐惧和压力等。在这种情况下，配偶的参与可以提供重要的情感支持，减轻孕妇的焦虑，帮助她们更好地应对情绪波动。除了言语表达情感支持外，肢体上的互动也非常重要。例如，来自丈夫的拥抱和按摩等身体活动可以帮助孕妇放松身体，还能维持夫妻之间的亲密关系，增进情感联系。通过分享经验和情感，夫妻可以更好地理解对方的需求和情感，建立更加牢固的关系基础。总之，一个支持性的伴侣可以帮助孕妇适应新的角色和责任，使整个家庭更加团结和幸福。孕产家庭小剧场是一个有益的社会工作活动，旨在帮助孕妇和她们的伴侣应对怀孕和育儿期间的情感挑战，以及为人父母的角色转变。

工作技巧 》 **孕产家庭小剧场具体流程**

● 电影放映和讨论：组织一个电影放映会，播放与孕产相关的电影或影视片段，例如《为爱出发》（介绍见后）。在电影放映后，为参与者提供一个开放的讨论机会,以分享他们观看电影后的感受和思考。

● 情感认同与支持:在讨论中,社会工作者可以引导孕妇和伴侣认识到自己的情感经历是正常的,并鼓励他们坦诚地表达和分享自己的感受。这有助于建立情感认同,让孕妇和伴侣感到被理解和接纳,从而促进他们的情感健康和自我认同。

● 角色转变的讨论:社会工作者可以引导参与者讨论电影中主人公所经历的角色转变,以及他们对成为父母的思考和挑战。通过讨论电影中的情节和角色发展,参与者可以更深入地思考自己在孕产过程中的情感和角色转变。

● 探索支持系统:在活动中,社会工作者可以启发参与者思考他们自己的支持系统和社会资源。通过讨论电影中主人公寻找理想家庭和支持系统的经历,社会工作者可以帮助参与者思考如何建立支持性的关系网络,以应对未来的育儿挑战。

* 《为爱出发》(*Away We Go*)是一部 2009 年上映的喜剧剧情片,由 Sam Mendes 执导。电影讲述了一对准父母贝丝(Maya Rudolph 饰)和伯恩斯(John Krasinski 饰)在孕期的旅程,他们穿越美国各地寻找理想的家庭和支持系统。

故事开始时,贝丝和伯恩斯得知他们即将迎来第一个孩子,但他们对未来的角色和责任感到困惑。他们意识到自己的家庭和朋友并不是理想的支持系统,于是他们决定踏上一段旅程,寻找一个更适合他们的地方。

他们先后前往亚利桑那州、威斯康星州、蒙特利尔和佛罗里达州,拜访了一些亲戚和朋友。在每个地方,他们遇到了不同类型的家庭和育儿方式,从中获得各种经验和教训。他们遇到了一对开放自由的年轻夫妇、一位严厉却热爱的父亲、一对自由奔放的艺术家夫妇，以及一个充满爱心的家庭。

在旅途中，贝丝和伯恩斯经历了情感的起伏，也思考了很多。他们厘清了自己的角色和未来的不确定感，以及对自己是否准备好成为父母的疑惑。故事结尾，他们也通过观察和与其他家庭的互动，逐渐认识到家庭并非完美，而是由爱、支持和相互理解构建的一个过程。

观影并非目标，观影后的夫妻互动和讨论是活动的目标。通过讨论和夫妻间的情感支持，帮助孕妇和伴侣更好地理解自己的情感经历，应对角色转变，建立支持系统，并增进他们的情感健康。通过共同参与这一活动，夫妻可以更紧密地协作，准备迎接新的家庭成员的到来。

在支持性小组中，怀孕和产后夫妇通常充满期待和希望。但对于不孕不育的夫妇，他们往往承受着巨大的情感压力，参与小组活动的意愿相对随机。前期，社会工作者的任务是帮助他们意识到，他们并不是孤独面对这些挑战的。这种共鸣感可以缓解他们的焦虑情绪，让他们感到被理解和支持，从而参与小组活动。小组不仅为他们提供情感支持，还为他们分享了与生育治疗相关的实用建议，如选择医疗机构、财务规划和保险选择等。在不孕不育夫妇的支持性小组中，鼓励夫妇共同参与这些小组是非常重要的，因为夫妻间的相互理解和支持可以消除孤独和不安全感。

工作技巧 》 夫妻成长分享计划

"夫妇成长分享计划"旨在通过夫妇间的记录与分享，促进夫妇之间的理解、支持和共同成长。具体的活动流程如下。

1. 准备阶段：社会工作者组织夫妇参与培训，介绍正向观察和记录的技巧。为每对夫妇提供一个记录本，可以是简单的笔记本或艺术治疗作品本。

2. 记录阶段：夫妇在一周内记录对方的优点和待改进之处。这些记录可以是具体事件，如展现善良、关心、幽默等的瞬间，或是某些可以改进的行为。

3. 分享与反馈阶段：社会工作者组织小组活动，邀请夫妇分享所记录的内容。其他小组成员在社会工作者的引导下，给予建设性的反馈和支持。

4. 讨论与目标设定阶段：社会工作者引导夫妇进行深入讨论，探索如何在日常生活中更好地支持对方。夫妇共同设定短期和长期的成长目标。

5. 持续关注与支持：社会工作者鼓励夫妇持续使用记录本，关注彼此的进步。定期组织小组活动，让夫妇分享进展，提供必要的支持和鼓励。

在小组结束后，社会工作者还可以定期与夫妇进行一对一的沟通，了解他们的需求和困惑，提供个性化的指导和帮助。根据夫妇的反馈，不断调整和完善活动内容，确保活动的有效性和持续性。

倡导生育选择

生育自主权一直是当代社会备受瞩目的话题，它牵涉到个体在决定是否生育、何时生育以及生育方式等方面的自由选择和自主能力。然而，生育选择并非仅仅取决于个体的偏好，它还深受社会文化的影响。在男权社会结构下，生育往往被视为女性实现自我价值的必要条件，社会化过程也将女性成为母亲视为合理的社会期望。然而，在众多社会和文化因素的交织影响下，女性常常为生育选择而感到困扰、焦虑或者自我怀疑。一方面，现代社会赋予女性更多的教育和职业机会，使她们能够追求事业和个人发展。为此，女性可能会选择推迟生育，以追求教育和事业目标。另一方面，社会普遍期望女性在一定年龄段内成为母亲。这种期待可能导致女性在生育选择上感到矛盾，不确定何时是最合适的时机。因此，实现生育自主权变得更加复杂，需要综合考虑个体意愿与社会预期。

生殖正义是一种研究范式，旨在协助个体实现生育自主权，减少社会中的生育压迫。生殖正义研究可追溯至有色人种妇女的经验，她们所在的社区面临着复杂的生育压迫。这种压迫不仅仅是种族、阶级、性别和性身份的简单叠加，更是这些因素之间的相互交织与互动。生殖正义主张将性、健康和社会正义紧密结合，将堕胎和生殖健康问题置于妇女、家庭和社区的幸福与健康的核心位置。生殖正义框架包含三个核心原则，即每位女性应享有以下权利：（1）自主决定是否生育、何时生育以及在何种条件下生育；（2）自主决定是否要孩子，以及如何预防或终止妊娠；（3）在一个安全、健康的社区中，拥有足够的社会支持来抚养她们的孩子，无须担心他人和外界暴力干预。此外，生殖正义范式还强调了"生殖压迫"这一观念，为我们在努力掌控自己的身体并决定家庭及社区未来的挑战提供了分析路径。亚洲生殖正义社区进一步阐明了应对生殖压迫的三种途径：（1）生殖健康，关注服务提供；（2）生殖权利，关注法律体系；（3）生殖正义，关注社会运动建设。这三种途径为解决生育自由问题和建立生育友好型社会提供了全面而互补的愿景。

生殖正义框架将交叉性和社会正义的视角相结合，与社会工作的历史传统、伦理理念以及其推动的社会正义目标高度契合。然而，令人惊讶的是，尽管生殖议题至关重要，但在社会工作文献中对生殖权利和正义的讨论相对较少。Liddell（2019）提出，我们应该在社会工作研究和实践中更广泛地采用生殖正义框架。这一建议之所以重要，是因为许多女性的孕产健康状况正持续恶化。尽管医学、公共卫生和社会学一直在研究生育健康，但全球女性的孕产健康和儿童健康状况仍存在巨大的改进空间。Alzate（2009）进一步指出，社会工作者应采用"生殖健康范式"（将生殖健康视为一种赋权工具），而非"生物医学范式"（将改善生殖健康视为实现更好母婴医疗结果的工具）。在研究和实践中，社会工作者可以运用生殖正义范式来介入多个议题，包括制定生殖健康政策、避孕和堕胎相关的社会倡导、改善性少数群体的福利政策以及消除学校性教育方面的障碍等。

　　改善生殖健康的关键是确保妇女的自主权，即妇女有权决定是否生育、何时生育以及如何生育，她们应该拥有这些决策的能力，以便能够自由和负责任地决定子女数量和生育间隔。社会工作者应积极研究和探讨个人的生育选择权以及自主权的实质含义，并倡导广泛的关注，以确保每位女性个体都能行使她们的生育选择权和自主权。我们不能仅仅将生育视为孤立的、生物学上的事件，而应将其视为女性日常生活的一个重要组成部分，紧密与妇女在家庭和社会中的地位和作用相联系。因此，无论是生育与否、如何生育，是否使用辅助生殖技术，何时中止或暂停辅助生殖治疗等一系列选择与决策，都应该在生育主体的女性拥有充分话语权的前提下进行。

附　录

表 1　怀孕女性基本情况

访谈对象	年龄（岁）	孕周（被访时）	胎次	职业	唐筛	无创	羊穿	母婴健康问题
小宇	24	40周	头胎	公司职员，现已辞职		√		孕晚期血糖高
小舞	29	34周	头胎	教师		√		超声提示胎儿心脏三尖瓣返流
小洋	31	产后半年（疫情原因）	三胎	个体经营者	√			超声提示胎儿肾盂积水

表 2　妇科癌症幸存者基本情况

访谈对象	年龄（岁）	癌症类型及分期	生殖器官切除情况	确诊时婚育状况	现在婚育状况
毛宁	40	卵黄囊瘤"早期"	一侧卵巢切除	恋爱	已婚已育一子
丽丽	34	宫颈腺癌ⅠB1	广泛宫颈切除	单身	单身
安然	27	宫颈鳞癌ⅡB	保留两侧卵巢、子宫切除	恋爱	单身
康康	29	子宫内膜样腺癌Ⅰ期，后肝转移	子宫、卵巢全切	恋爱	单身

表 3　丁克夫妇基本情况

访谈对象	年龄（岁）	癌症类型及分期	原生家庭
小洁	34	网络达人	父母离异
丈夫	34	程序员	父母已婚

表 4　不孕不育夫妇基本情况

访谈对象	年龄	丈夫年龄	不孕症类型	不孕治疗
小梦	31	32	原发性不孕；女方原因	本周期失败
小良	29	36	继发性不孕；女方原因	周期内
小圆	33	31	继发性不孕；女方原因	周期内

注：本表与书中关于年龄的计算均截至 2023 年 10 月。

参考文献

安徽省卫生健康委员会，2022，《关于公开征求〈关于完善生育登记制度的实施意见〉意见建议的公告》，https://www.thepaper.cn/newsDetail_forward_19678913，最后访问日期：2023 - 10 - 17。

卞晶晶，2016，《从生育文化角度论"全面两孩"——新型生育文化要从口头流行到渐入人心》，《商》第 28 期。

曹慧中，杨渝东，2021，《"生"的再造：医疗空间与生育焦虑》，《福建论坛》（人文社会科学版）第 5 期。

陈淳，陈洁冰.2017，《初产妇产后母亲角色适应与产后抑郁、社会支持的相关性研究》，《全科护理》第 22 期。

陈静、段赟，2021，《家庭友好型婴幼儿照料支持：城镇双职工家庭中的"90 后"父职参与研究》，《江汉大学学报》（社会科学版）第 5 期。

陈蒙，2018，《城市中产阶层女性的理想母职叙事——一项基于上海家庭的质性研究》，《妇女研究论丛》第 2 期。

陈滔、胡安宁，2020，《个体主义还是家庭主义？——不同生育动机对生育行为的影响效应分析》，《江苏社会科学》第 2 期。

陈秀红，2017，《影响城市女性二孩生育意愿的社会福利因素之考察》，《妇女研究论丛》第 1 期。

陈莹琪，2016，《论体外受精胚胎的法律保护规则——兼释评首例体外受精胚胎权属争议案》硕士学位论文，西南政法大学。

程焉平，2003，《人类生殖与发育工程的伦理学问题及其对策》，《中国优生与遗传杂志》第 2 期。

程艺凤，2019，《中德新三国生育保障制度比较及启示》，《劳动保障世界》第 18 期。

仇剑崟、王祖承、谢斌、李德诚、罗来敏、梅丽萍，2001，《产后抑郁的有关心理、社会和生物学因素研究》，《中国神经精神疾病杂志》第 1 期。

崔晶、Jon S. T. Quah，2011，《新加坡公共住房和人口控制政策》，《东南亚纵横》第 1 期。

崔应令，2023，《生育支持的制度、观念与文化建设：人口均衡发展的路径探索》，《理论月刊》第 8 期。

戴斌荣，2000，《离异家庭子女的心理缺陷与教育》，《天津师范大学学报》（社会科学版）第 1 期。

邓欢，2021，《新手妈妈产后第一年母亲角色变化及适应研究》，硕士学位论文，四川大学应用心理学专业。

丁英顺，2019，《日本应对低生育政策再探讨》，《东北亚学刊》第 2 期。

董晓静、刘云、胡丽娜，2004，《辅助生殖技术（ART）对伦理学的挑战》，《中国性科学》第 12 期。

窦东徽、罗明明、刘肖岑，2019，《中国居民生育性别偏好变迁的横断历史研究：1981—2016》，《北京工业大学学报》（社会科学版）第 6 期。

范建霞、杨帅，2015，《单独二胎政策开放高龄产妇面临的临床问题》，《中国临床医生杂志》第 8 期。

范静，2023，《全面三孩政策下完善生育支持体系的思考与建议——基于德、俄、日、韩的经验借鉴》，《经济研究导刊》第 2 期。

方曼，2017，《风险感知跨学科研究的理论进展与范式变迁——基于心理学视域的解读》，《国外理论动态》第 6 期。

房莉杰、陈慧玲，2021，《平衡工作与家庭：家庭生育支持政策的国际比较》，《人口学刊》第 2 期。

风笑天，2018a，《影响育龄人群二孩生育意愿的真相究竟是什么》，《探索与争鸣》第 10 期。

风笑天，2018b，《给孩子一个伴：城市一孩育龄人群的二孩生育动机及其启示》，《江苏行政学院学报》第 4 期。

风笑天，2022，《三孩生育政策与新型生育文化建设》，《新疆师范大学学报》（哲学社会科学版）第 1 期。

甘代军、吴会娟，2016，《非商业性妊娠型代孕的伦理正当性分析》，《医学与哲学》第 4A 期。

耿世枫，2022，《社会工作助力"丧偶式育儿"家庭中的儿童健康成长》，《黑龙江人力资源和社会保障》第 7 期。

耿兴敏，2021，《完善生育保障制度，创建家庭友好社会》，《中国妇女报》7 月 22 日，第 2 版。

龚曦，2021，《德国生育保障体系对我国的启示》，《中国社会保障》第 9 期。

广东省卫生健康委员会，2022，《广东省卫生健康委关于印发生育登记管理办法的通知》，http://www.gd.gov.cn/zwgk/gongbao/2022/10/content/post_3912927.html，最后访问日期：2023-10-17。

郭卫华，2016，《人类辅助生殖技术与儒家生命伦理观的价值冲突与和解》，《哲学动态》第 7 期。

郭志刚、田思钰，2017，《当代青年女性晚婚对低生育水平的影响》，《青年研究》第 6 期。

国家统计局人口司，2019，《人口总量平稳增长，人口素质显著提升——新中国成立 70 周年经济社会发展成就系列报告之二十》，《中国政府网》，https://www.gov.cn/xinwen/2019-08/

22/content_5423308.htm，最后访问日期：2023 - 10 - 17。

国务院，2015，《国务院通过人口与计生法修正案草案》，https://www.gov.cn/zhengce/2015 - 12/03/content_5019418.htm，最后访问日期：2023 - 10 - 17。

韩松花、孙浩男，2020，《韩国鼓励生育政策体系改革及启示》，《延边大学学报》（社会科学版）第 1 期。

韩跃红，2005，《护卫生命的尊严》，人民出版社。

何蕾蕾，2015，《从成本效用理论角度浅析中国"丁克"家庭模式》，《经济研究导刊》第 21 期。

何兴邦，2020，《城市融入对农民工生育意愿的影响机制》，《华南农业大学学报》（社会科学版）第 3 期。

贺淑芳、郭素芳，2006，《生殖健康现状及其主要影响因素与干预策略》，《中国妇幼保健》第 13 期。

洪秀敏、朱文婷，2020，《全面两孩政策下婴幼儿照护家庭支持体系的构建——基于育儿压力、母职困境与社会支持的调查分析》，《教育学报》第 1 期。

胡安荣、杨明媚、包玉泽，2023，《工作家庭冲突对城镇职工二孩生育意愿的影响——基于计划行为理论的分析》，《人口与发展》第 3 期。

胡澎，2004，《日本在鼓励生育与促进妇女就业上的政策与措施》，《日本学刊》第 6 期。

胡荣、林彬彬，2020，《性别平等观念与女性生育意愿》，《求索》第 4 期。

胡盛仪，1997，《中国生育法律保障制度探析》，《江汉论坛》第 1 期。

黄步云，2005，《家庭生育选择行为的经济学分析》，《西北人口》第 1 期。

黄桂霞，2017，《男女不平等：从私人领域到公共领域——从〈家庭、私有制和国家的起源〉谈起》，《山东女子学院学报》第4期。

黄院玲，2023，《夫妻相对地位对生育意愿的影响研究》，硕士学位论文，安徽建筑大学公共管理系。

姬妍，2016，《我国人卵交易的伦理法律问题研究》，硕士学位论文，安徽医科大学科学技术哲学专业。

贾玉娇，2019，《生育率提高难在何处？——育龄女性生育保障体系的缺失与完善之思》，《内蒙古社会科学》（汉文版）第3期。

姜春云，2022，《性别角色观念与育龄人群的生育意愿——基于性别差异和社会变迁视角的分析》，《兰州学刊》第5期。

焦阳、乌晓晔、焦应达、李跃飞，2018，《当代生命孕育技术的伦理维度》，《锦州医科大学学报》（社会科学版）第2期。

苏洁，2018，《我国建立卵子库的道德合理性研究》，硕士学位论文，昆明理工大学。

金炳彻、都南希，2020，《低生育率危机背景下韩国家庭福利政策变迁研究》，《社会保障评论》第4期。

靳天宇、刘东浩，2019，《房价对城市人口出生率的影响——基于中国省级面板数据的分析》，《山东社会科学》第1期。

靳永爱、沈小杰，2022，《中国城市地区女性社会经济地位、生育动机与二孩生育计划》，《人口研究》第6期。

赖立里、戴媛媛，2022，《多重身体：辅助生殖技术实践的人类学观察》，《妇女研究论丛》第6期。

赖立里，2017，《生殖焦虑与实践理性：试管婴儿技术的人类学观察》，《西南民族大学学报》（人文社会科学版）第9期。

赖立里，2017，《生殖焦虑与实践理性：试管婴儿技术的人类学观察》，《西南民族大学学报》（人文社科版）第9期。

勒内·弗里德曼、亨利·阿特朗、雅克·热利、卡里娜·卢·马提侬，2016，《最美的生育史》，彭玉姣译，上海书店出版社。

李芬、风笑天，2021，《生育政策调整下年轻父母的工作家庭冲突——基于全国十二城市的调查》，《广东青年研究》第 3 期。

李洪涛，2000，《社会性别视角的解析：单亲母亲现状研究》，《妇女研究论丛》第 2 期。

李晖、晏春丽、朱姝娟、雷俊，2010，《女性不孕症患者羞辱感及相关影响因素调查研究》，《中国全科医学》第 15 期。

李静、秦玉春、王敬博、戴昕晨，2023，《女性教育对生育意愿的影响研究》，《财贸研究》第 1 期。

李静雅，2018，《已育一孩职业女性的二孩生育压力研究——基于心理学压力源理论模式的分析》，《南方人口》第 3 期。

李林英，1995，《单亲母亲的烦与忧》，《妇女研究论丛》，第 4 期。

李玲芬，2004，《人类辅助生殖技术的伦理学审视》，《贵州社会科学》第 1 期。

李敏谊、七木田敦、张倩、王路曦、管亚男，2017，《低生育率时代中日两国父母育儿压力与社会支持的比较分析》，《学前教育研究》第 3 期。

李强，1998，《社会支持与个体心理健康》，《天津社会科学》第 1 期。

李森林、张乐，2023，《民生风险感知对婚育意愿的影响——基于 CFPS2018 的实证分析》，《人口与社会》第 1 期。

李绍敏，2004，《产后抑郁症患者社会心理因素调查及护理干预》，《山东精神医学》第 3 期。

李伟旭，2007，《战后美国人口生育高峰与经济发展》，《人口与经济》第 A1 期。

李晓珊，2020，《论配子捐赠辅助生殖后代的基因来源知情权》，《东方法学》第 6 期。

李瑶玥、王桂新，2021，《再生育意愿的形成机制及影响因素——基于计划行为理论的考察及流动人口动态监测调查数据的验证》，《河南社会科学》第 10 期。

李银河，1997，《妇女：最漫长的革命——当代西方女权主义理论精选》，生活·读书·新知三联书店。

李银河，2003，《生育与中国村落文化》，文化艺术出版社。

李永红，2010，《现代生命科技的伦理问题研究》，硕士学位论文，兰州大学思想政治教育专业。

李月、张许颖，2021，《婚姻推迟、婚内生育率对中国生育水平的影响——基于对总和生育率分解的研究》，《人口学刊》第 4 期。

梁颖，2014，《日本的少子化原因分析及其对策的衍变》，《人口学刊》第 2 期。

梁元姣、杨国斌、吴元赭，2010，《代孕技术的伦理学思考》，《医学研究生学报》第 4 期。

林崇德，1992，《离异家庭子女心理的特点》，《北京师范大学学报》第 1 期。

林晓珊，2011，《母职的想象：城市女性的产前检查、身体经验与主体性》，《社会》第 5 期。

刘爱玉、佟新，2014，《性别观念现状及其影响因素——基于第三期全国妇女地位调查》，《中国社会科学》第 2 期。

刘德中、牛变秀，2000，《中国的职业性别隔离与女性就业》，《妇女研究论丛》第 4 期。

刘昉，2020，《生育成本对家庭生育决策的影响研究》，硕士学位论文，陕西师范大学。

刘欢，2022，《人类辅助生殖技术的伦理考量与法律治理》，《经贸法律评论》第 1 期。

刘杰森，2000，《社会学视野中的"丁克"家庭》，《社会》第 3 期。

刘娟、宋亭亭，2022，《"被渲染的焦虑"：社交媒体使用与女性生育风险感知》，《传媒观察》第 6 期。

刘灵熙，2014，《节制生育运动在美国的兴起》，硕士学位论文，厦门大学。

刘璐，2022，《生育风险应激：社交媒体环境下的女性"恐育"行为研究》，硕士学位论文，辽宁大学传播学专业。

刘妮英，2017，《武汉市 5—9 岁独生子女家庭二孩生育意愿现状调查》，《同济医科大学学报》（社会科学版）第 5 期。

刘婷婷，2018，《阻力与助力：工作—家庭冲突对城市职业女性二孩生育意愿的影响》，《河北学刊》第 6 期。

刘玮玮，2020，《新加坡生育政策的变迁、成效及启示》，《人口与社会》第 5 期。

刘学礼，2003，《辅助生育技术的伦理聚焦》，《中国医学伦理学》第 1 期。

刘咏芳、管烨萱，2022，《女性身份认同与生育意愿——兼论受教育程度的调节效应》，《人口与社会》第 4 期。

陆虹、郑修霞，2001，《初产妇社会支持与产后抑郁关系的探讨》，《中华护理杂志》第 10 期。

陆佳芳、时勘，2002，《工作家庭冲突的初步研究》，《应用心理学》第 2 期。

陆杰华、谷俞辰，2022，《20 世纪 50 年代以来美国人口变化特征及其对中国的启示》，《人口学刊》第 1 期。

陆树程、李佳娟、尤吾兵，2017，《全球发展视阈中的敬畏生命观》，《科学与社会》第 4 期。

陆益龙，2001，《生育兴趣：农民生育心态的再认识——皖东 T 村的社会人类学考察》，《人口研究》第 2 期。

吕世辰、许团结，2019，《发达国家生育支持政策及启示》，《山西师大学报》（社会科学版）第2期。

栾习芹，2006，《细看美国人口变迁》，《当代世界》第12期。

罗丽艳，2003，《孩子成本效用的拓展分析及其对中国人口转变的解释》，《市场与人口分析》第3期。

罗杨帆、赵智，2023，《独生父母愿意打破代际传递生育多孩吗？——基于成渝地区476份调查问卷的分析》，《西华大学学报》（哲学社会科学版）第5期。

骆娜、李秀婷、郭思佳、高雅，2023，《"成本–效用"视角下家庭生育决策的影响因素——基于文献的理论分析》，《科技促进发展》第2期。

麻宝斌、郭思思，2022，《性别正义视域下生育意愿的影响因素分析》，《哈尔滨工业大学学报》（社会科学版）第3期。

马海兰、罗克莉、龚斐、卢光琇，2013，《辅助生殖技术助孕出生婴儿性别比例的初步调查》，《生殖医学杂志》第3期。

马红鸽、贺晓迎，2021，《建党百年来中国共产党人口生育政策变迁及其启示》，《西安财经大学学报》第5期。

马玲、林秋华、杜玉开，2006，《供精人工授精的伦理与法律浅析》，《医学与社会》第6期。

马寿海，1988，《美国妇女生育状况分析》，《人口学刊》第4期。

苗德军，2007，《辅助生殖技术中应注意的伦理学问题》，《中华男科学杂志》第12期。

穆光宗、陈卫，1995，《第二次中国生育率下降过程中的新人口问题及其对策学术讨论会综述》，《人口研究》第5期。

穆光宗、林进龙，2021，《论生育友好型社会——内生性低生育阶段的风险与治理》，《探索与争鸣》第381期。

南国铉、李天国，2014，《子女教育对韩国妇女就业影响的实证研究——基于 8700 户家庭的调查》,《人口与经济》第 1 期。

南希·福布尔,2020,《照料经济的特征、价值与挑战:基于性别视角的审视》,宋月萍译,《妇女研究论丛》第 5 期。

倪渊渟,2020,《产后抑郁女性的疾病叙事与身份认同》,硕士学位论文,华中科技大学。

聂宏伟、张璀星、唐蓉、丁玲玲,2023,《以家庭平衡为目的的辅助生殖技术性别选择问题探讨》,《临床伦理》第 6 期。

牛姗、曹丽娜,2020,《日本、韩国、新加坡、中国台湾生育率比较分析》,《统计与管理》第 10 期。

牛玉宽,2013,《关于代孕问题的伦理思考》,硕士学位论文,西南政法大学伦理学专业。

潘晓放、卢旨明、肖娟、文燕,2004,《产后抑郁症的发生率及其心理社会因素研究》,《中国妇幼保健》第 11 期。

潘寅茹,2023,《跌破 0.8!韩国总和生育率创全球新低》,《第一财经日报》3 月 11 日,第 5 版。

彭希哲、戴星翼,1995,《生育决定的风险最小化模型与农村计划生育环境的优化》,《人口与经济》第 2 期。

乔嘉如,2019,《网络媒体的风险放大机制》,硕士学位论文,暨南大学。

乔晓春,2015,《从"单独二孩"政策执行效果看未来生育政策的选择》,《中国人口科学》第 2 期。

秦辉灵、雷金凤、彭婷、吴洪霞,2017,《不孕症妇女经体外受精-胚胎移植治疗失败后情感体验的质性研究》,《当代护士》(专科版)第 2 期。

秦婷婷,2023,《英国提高生育率的经验及对我国的启示》,《人口与社会》第 2 期。

卿石松、姜雨杉,2022,《夫妻生育意愿及影响因素的差异分析》,

《华东师范大学学报》（哲学社会科学版）第3期。

卿石松，2022，《生育意愿的代际传递：父母观念和行为的影响》，《中国人口科学》第5期。

邱红、王晓峰，2010，《生育外部性及生育成本分析》，《西北人口》第5期。

邱磊菊、冯宜强、史宇鹏、孙宝文，2022，《互联网使用会影响居民生育意愿吗》，《人口研究》第3期。

邱仁宗，2020，《生命伦理学》，中国人民大学出版社。

冉昊，2018，《德国"二孩"政策配套问题》，《中国人大》第19期。

冉昊，2019，《德国生育津贴制度变迁的社会功用分析——从"养育津贴"到"父母津贴"》，《贵州省党校学报》第1期。

沙勇、徐慧，2023，《北欧国家破解低生育率难题的思路与对策》，《中国社会科学报》4月3日，第7版。

陕西省卫生健康委员会，2022，《陕西省卫生健康委关于印发〈陕西省生育登记服务管理办法〉的通知》，http://sxwjw.shaanxi.gov.cn/zfxxgk/fdzdgknr/zcwj/wjwwj/202212/t20221205_2267627.html，最后访问日期：2023-10-17。

沈笛、张金荣，2018，《新型生育文化对"全面二孩"政策的影响及启示》，《海南大学学报》（人文社会科学版）第3期。

沈朗、谢利嘉、陈东红、华芮、王志坚、全松，2019，《辅助生殖技术应用中子代权益的伦理思考》，《医学与哲学》第24期。

沈秀芹，2009，《儒家伦理视野下生命科技伦理观之构建》，《山东大学学报》（哲学社会科学版）第6期。

石人炳、江丽娜，2011，《性别偏好与性别选择性生育技术利用意愿：中国与德国、英国和美国的比较》，《人口学刊》第1期。

石人炳、杨辉，2021，《两男恐惧：一种值得关注的孩子性别偏好》，

《人口学刊》第 1 期。

石智雷、郑州丽，2023，《性别视角下生育意愿研究》，《财贸研究》第 6 期。

史济纯，2002，《关于现代辅助生殖技术的伦理思考》，《医学与社会》第 3 期。

四川省卫生健康委员会，2022，《四川省卫生健康委员会关于印发〈四川省生育登记服务管理办法〉的通知》，http://wsjkw.sc.gov.cn/scwsjkw/gfxwj/2023/1/12/fe228966f2334e808beff918e25e4834.shtml，最后访问日期：2023-10-17。

宋健、阿里米热·阿里木，2021，《育龄女性生育意愿与行为的偏离及家庭生育支持的作用》，《人口研究》第 4 期。

宋健、陈芳，2010，《城市青年生育意愿与行为的背离及其影响因素——来自 4 个城市的调查》，《中国人口科学》第 5 期。

宋健、胡波，2022，《中国育龄人群的生育动机与生育意愿》，《人口与经济》第 6 期。

宋健、姜春云，2022，《生育支持政策及其实施效果的国际观察》，《人口与健康》第 6 期。

宋雪宁，2018，《19 世纪英国生育控制运动的转型》，硕士学位论文，南京大学。

宋月萍，2023，《青年生育观念变化及生育友好社会文化的构建》，《人民论坛》第 15 期。

孙唐水、汝小美，2003，《全球计划生育遏制政策评析》，《南京人口管理干部学院学报》第 1 期。

孙赟、黄国宁、孙海翔、范立青、冯云、沈浣、刘平、卢文红、王秀霞、张松英、黄学锋、伍琼芳、全松、周灿权、周从容、师娟子、孙莹璞、张云山，2018，《卵子捐赠与供/受卵相关问题的中国专家共识》，《生殖医学杂志》第 10 期。

谭雪萍，2015，《成本-效用视角下的单独二胎生育意愿影响因素研究——基于徐州市单独家庭的调查》，《南方人口》第 2 期。

汤梦君、张芷凌，2019，《法国与德国生育率差异：家庭政策的作用？》，《人口与健康》第 1 期。

汤梦君，2013，《中国生育政策的选择：基于东亚、东南亚地区的经验》，《人口研究》第 6 期。

田雪原、陈胜利，2006，《生育文化研究》，中国财政经济出版社。

佟新、刘爱玉，2015，《城镇双职工家庭夫妻合作型家务劳动模式——基于 2010 年中国第三期妇女地位调查》，《中国社会科学》第 6 期。

万慧进，2004，《生命伦理学与生命法学》，浙江大学出版社。

万素珍、王留栓，1984，《拉丁美洲地区的人口发展和人口政策》，《人口与经济》第 4 期。

王道阳、姚本先，2011，《压力源研究的理论模式》，载 Proceedings of Conference on Creative Education（CCE2011）（pp. 465 – 468），Scientific Research Publishing，USA（美国科研出版社）。

王皓田，2009，《中国"丁克"现象及其对经济社会的影响》，《生产力研究》第 16 期。

王红漫、杨磊、金俊开、王玉琪，2021，《积极生育支持背景下家庭生育支持政策与生育率的历史转变——基于中国、日本、韩国、俄罗斯、美国和德国的比较分析》，《卫生软科学》第 12 期。

王临虹、郑睿敏、狄江丽等，2010，《我国孕产妇死亡状况及防控对策》，《中国妇幼卫生杂志》第 1 期。

王巧梅、李雪婷，2010，《英国、瑞典两国人口和计划生育公共服务考察体会》，《中国计划生育学杂志》第 8 期。

王伟，2019，《日本少子化进程与政策应对评析》，《日本学刊》第 1 期。

王雅佳，2023，《辅助生殖技术应用：伦理困境与化解之道》，《中国政法大学学报》第 3 期。

王艳辉，2017，《美国亲职教育实践经验及对我国的启示》，《成人教育》第 4 期。

王毅平，2016，《全面两孩生育政策对女性的影响及其对策》，《山东女子学院学报》第 3 期。

王志章、刘天元，2017，《生育"二孩"基本成本测算及社会分摊机制研究》，《人口学刊》第 4 期。

魏南枝、常夷，2018，《美国的人口结构变化和社会不平等》，《美国问题研究》第 1 期。

魏舒，2023，《社会性不孕：辅助生殖诊疗中的性别分化研究》，《开放时代》第 5 期。

魏伟，2016，《同性伴侣家庭的生育：实现途径、家庭生活和社会适应》，《山东社会科学》第 12 期。

文华、龚斐，2017，《不同自我效能水平的不孕症妇女心理状态调查》，《中国临床护理》第 3 期。

吴帆、陈玲，2022，《当代中国年轻人低生育意愿背后的文化机制及其政策意涵》，《公共行政评论》第 5 期。

吴帆，2020，《生育意愿研究：理论与实证》，《社会学研究》第 4 期。

吴小英，2021，《母职的悖论：从女性主义批判导中国式母职策略》，《中华女子学院学报》第 2 期。

吴莹、卫小将、杨宜音、陈恩，2016，《谁来决定"生儿子"？——社会转型中制度与文化对女性生育决策的影响》，《社会学研究》第 3 期。

夏鸣、魏一，2004，《生育的外部性与计划生育利益导向》，《西北人口》第 1 期。

肖君华，2005，《现代生育伦理问题研究》，湖南人民出版社。

肖索未，2014，《"严母慈祖"：儿童抚育中的代际合作与权力关系》，《社会学研究》第6期。

锌白，1991，《苏联、美国、日本和英国1990年人口与计划生育情况简介》，《南方人口》第4期。

邢朝国，2020，《"既想生"又"不想生"——对未育青年生育矛盾心态的探索性研究》，《中国青年研究》第7期。

徐英，2000，《生活事件与产后抑郁症》，《黑龙江护理杂志》第6期。

徐兴文、刘芳，2020，《低生育率时代典型国家家庭政策的实践与启示》，《四川轻化工大学学报》（社会科学版）第3期。

许璐颖、周念丽，2016，《学前儿童家长亲职教育现状与需求》，《学前教育研究》第3期。

许琪，2021，《从父职工资溢价到母职工资惩罚——生育对我国男女工资收入的影响及其变动趋势研究（1989-2015）》，《社会学研究》第5期。

许琪，2021，《从父职工资溢价到母职工资惩罚——生育对我国男女工资收入的影响及其变动趋势研究（1989-2015）》，《社会学研究》第5期。

许艳丽、董维玲，2008，《单亲母亲家庭经济现状研究》，《人口学刊》第2期。

许志伟，2006，《生命伦理：对当代生命科技的道德评估》，中国社会科学出版社。

闫萍，2016，《家庭照料视角下家庭生育决策影响因素研究》，《北京行政学院学报》第3期。

颜学勇、刘璐璐，2023，《"生孩不易，养孩更难"：城市中间阶层养育体验的生育抑制效应研究》，《山东行政学院学报》第4期。

杨宝琰、吴霜，2021，《从"生育成本约束"到"幸福价值导向"——城市"70后""80后"和"90后"的生育观变迁》，《西北人口》第 6 期。

杨博、毛志国，2016，《辩证唯物主义与人类辅助生殖技术》，《中国社会医学杂志》第 5 期。

杨凡、何雨辰，2022，《中国女性劳动供给中的"母职惩罚"》，《人口研究》第 5 期。

杨芳、郭小敏，2017，《"全面二孩"对职业女性的影响及政策支持研究——基于工作与家庭平衡的视角》，《中国青年研究》第 10 期。

杨慧、吕云婷、任兰兰，2016，《孩对城镇青年平衡工作家庭的影响——基于中国妇女社会地位调查数据的实证分析》，《人口与经济》第 2 期。

杨菊华、杜声红，2017，《部分国家生育支持政策及其对中国的启示》，《探索》第 2 期。

杨菊华，2019，《"性别—母职双重赋税"与劳动力市场参与的性别差异》，《人口研究》第 1 期。

杨菊华，2022，《抑制与提升：丈夫家事分担的生育效应》，《中华女子学院学报》第 4 期。

杨蕾、任焰，2014，《孕产行为的医学化：一个社会建构过程的反思》，《开放时代》第 6 期。

杨晓锋，2019，《城市基础教育供给对家庭生育焦虑的影响——以中国的 50 个城市为例》，《城市问题》第 12 期。

杨雪云、陈劲竹，2023，《父职建构：背景、原因与策略》，《哈尔滨师范大学社会科学学报》第 3 期。

姚微、谈小雪，2014，《初产妇母乳喂养自我效能影响因素及与产后抑郁的相关性分析》，《中国护理管理》第 1 期。

殷豪、肖丹，2023，《我国育龄女性生育决策问题探究——基于演化博弈视角》，《西部学刊》第 6 期。

应锋、王建华、徐华伟，2001，《实施辅助生殖技术的伦理问题与原则》，《中国医学伦理学》第 5 期。

于秀伟、侯迎春，2018，《"生育友好型"个人所得税制度的构建——基于德国的经验》，《税务与经济》第 4 期。

余成普、李宛霖、邓明芬，2019，《希望与焦虑：辅助生殖技术中女性患者的具身体验研究》，《社会》第 4 期。

余明轩，2020，《性别角色态度对育龄女性生育意愿的影响研究》，硕士学位论文，重庆工商大学人口学。

於嘉、周扬、谢宇，2021，《中国居民理想子女数量的宏观影响因素》，《人口研究》第 6 期。

俞文兰、孙承业，2017，《现阶段我国职业女性生殖健康问题分析》，《中国工业医学杂志》第 4 期。

袁蓓、郭熙保，2015，《韩国从计划生育到鼓励生育的政策演变与启示》，《东南学术》第 3 期。

袁玮，2007，《妊娠代理孕母的伦理问题研究》，硕士学位论文，中国协和医科大学。

袁扬舟，2021，《生育政策与家庭微观决策及宏观经济结构》，《经济研究》第 4 期。

原新、金牛、刘志晓，2020，《女性地位、生育经历与生育意愿——聚焦少数民族省区育龄妇女的分析》，《云南师范大学学报》（哲学社会科学版）第 2 期。

战婧媛，2022，《人类婚姻家庭生育政策数据库构建下北欧家庭政策对生育率的影响及启示研究》，硕士学位论文，重庆工商大学。

张川川，2011，《子女数量对已婚女性劳动供给和工资的影响》，《人口与经济》第 5 期。

张川川，2011，《子女数量对已婚女性劳动供给和工资的影响》，《人口与经济》第五期。

张焘，2017，《从"丁克"家庭看当代女性生育观念的转变》，《劳动保障世界》第 20 期。

张静、潘晓彤，2023，《刺激生育，韩国再下血本推新政》，《环球时报》3 月 30 日，第 4 版。

张静、雍会，2022，《育龄人群三孩生育意愿的影响因素分析》，《统计与决策》第 20 期。

张良驯、赵丹丹、范策，2022，《基于自我决定理论的青年生育意愿缺失研究》，《中国青年研究》第 9 期。

张亮，2012，《"丁克"家庭：青年人的时尚？——一项国际比较研究》，《青年研究》第 5 期。

张敏、格日勒，2022，《文化与教育对生育意愿的影响及其演化趋势》，《安徽农业大学学报》（社会科学版）第 5 期。

张善余，1993，《美国 1990 年人口普查数据简析》，《人口学刊》第 5 期。

张淑华、李海莹、刘芳，2012，《身份认同研究综述》，《心理研究》第 1 期。

张淑燕、刘爽、孙新宇，2021，《社交媒体中新生代生育观呈现——基于"杨丽萍微博热搜事件"的内容分析》，《人口与社会》第 2 期。

张喜华、陆心怡，2020，《丹麦生育福利：父亲母亲共享育儿假 64 周》，《环球网》，https://health.huanqiu.com/article/3wcknd0AkNB，最后访问日期：2023 年 10 月 17 日。

张小鹿、孔海涛、阎虹戎，2023，《父职参与和生育意愿》，《劳动经济研究》第 1 期。

张晓虎、刘沈之，2009，《现代科学技术对人类生育的影响》，《中国医学伦理学》第 4 期。

张晓倩，2023，《中国女性生育意愿的变动特征：社会角色视角下的观察》，《山东女子学院学报》第 5 期。

张鑫、李一飞、崔春影、王烈，2020，《女性不孕症患者生育压力与一般自我效能及焦虑关系》，《中国公共卫生》第 5 期。

张义泉，1994，《从心理学探讨生育动机的发生及其控制》，《人口与计划生育》第 3 期。

张莹莹，2013，《新加坡人口变动及其成因分析》，《人口与经济》第 3 期。

张雨、朱亚鹏，2022，《青年购房压力对生育焦虑的影响路径研究——以重庆市为例》，《暨南学报》（哲学社会科学版）第 2 期。

张原、陈建奇，2015，《变迁中的生育意愿及其政策启示——中国家庭生育意愿决定因素实证研究（1991—2011）》，《贵州财经大学学报》第 3 期。

赵学董，1984，《试论战后美国的人口再生产》，《人口研究》第 2 期。

郑春荣，2022，《德国鼓励生育的家庭政策措施》，《人民论坛》第 6 期。

郑真真、李玉柱、廖少宏，2009，《低生育水平下的生育成本收益研究——来自江苏省的调查》，《中国人口科学》第 2 期。

郑真真，2021，《生育转变的多重推动力：从亚洲看中国》，《中国社会科学》第 3 期。

中共中央、国务院，2000，《中共中央 国务院关于加强人口与计划生育工作稳定低生育水平的决定》，https://www.gov.cn/gongbao/content/2000/content_60154.htm，最后访问日期：2023-10-17。

中共中央、国务院，2021，《中共中央 国务院关于优化生育政策促进人口长期均衡发展的决定》，https://www.gov.cn/zhengce/2021-07/20/content_5626190.htm，最后访问日期：2023-10-17。

中共中央，2013，《中共中央关于全面深化改革若干重大问题的决定》，https://www.gov.cn/jrzg/2013-11/15/content_2528179.htm，最后访问日期：2023-10-17。

中华人民共和国卫生部，2004，《人类辅助生殖技术规范》，《中国生育健康杂志》第1期。

钟晓慧、郭巍青，2017，《人口政策议题转换：从养育看生育——"全面二孩"下中产家庭的隔代抚养与儿童照顾》，《探索与争鸣》第7期。

周国红、何雨璐、杨均中，2021，《"生育主力"缘何有名无实？——基于743份城市青年生育意愿的问卷调查分析》，《浙江社会科学》第5期。

周琬琳、李瑞全，2019，《从基因编辑婴儿看基因优生学的伦理辩护与疑虑》，《医学与哲学》第7期。

周伟文，1994，《当代职业女性角色冲突对女性生育模式转变的影响》，《河北学刊》第3期。

朱洪峰，2020，《生育决策的社会影响因素及其制度性调节》，《人口与健康》第9期。

朱荟、苏杨，2019，《基于激励相容理论的韩国生育政策实践检视——兼论对中国的启示》，《人口与经济》第3期。

朱瑞娟，2015，《从女儿到母亲：80后青年女性产后身份认同与产后抑郁——一项基于31位城市女性的质化研究》，载清华大学国际传播研究中心主编2015年度中国健康传播大会优秀论文集（pp.83-96），《中国学术期刊（光盘版）》电子杂志社。

朱振，2018，《反对完美？——关于人类基因编辑的道德与法律哲学思考》，《华东政法大学学报》第1期。

庄亚儿、姜玉、王志理、李成福、齐嘉楠、王晖……、覃民，2014，《当前我国城乡居民的生育意愿——基于2013年全国生育意愿调查》,《人口研究》第 3 期。

庄渝霞,2009,《国内生育决策理论研究脉络及评述》,《科学发展》第 1 期。

庄渝霞,2020,《母职惩罚理论及其对女性职业地位的解释——理论进展、路径后果及制度安排》,《国外社会科学》第 5 期。

庄渝霞,2020,《母职惩罚理论及其对女性职业地位的解释——理论进展、路径后果及制度安排》,《国外社会科学》第 5 期。

邹寿长,2004,《优雅的生》,博士学位论文,湖南师范大学。

Abbey, A., Andrews, F. M., and Halman, L. J. 1991. "The importance of social relationships for infertile couples' well-being." *Infertility: Perspectives from stress and coping research* 61 – 86.

Agrillo, C., and Nelini, C. 2008. "Childfree by choice: a review." *Journal of cultural geography* 3: 347 – 363.

Ajzen, I. 1991. "The theory of planned behavior." *Organizational behavior and decision processes* 2: 179 – 211.

Almeling, R. 2015. "Reproduction." *Annual Review of Sociology* 1: 423 – 442.

Almeling, R. 2007. "Selling genes, selling gender: Egg agencies, sperm banks, and the medical market in genetic material." *American Sociological Review* 3: 319 – 340.

Alzate, M. M. 2009. "The Role of Sexual and Reproductive Rights in Social Work Practice." *Affilia* 2: 108 – 119.

Anderson, R. A., Amant, F., Braat, D., D'Angelo, A., Chuva de Sousa Lopes, S. M., ... & Vermeulen, N. 2020. "ESHRE guideline: female fertility preservation." *Human reproduction open* 4: 1 – 17.

Anderson, R. A., & Wallace, W. H. B. 2018. "Pregnancy and Live

Birth After Successful Cancer Treatment in Young Women: The Need to Improve Fertility Preservation And Advice for Female Cancer Patients." *Expert Review of Anticancer Therapy*: 1 – 2.

Antoniou E, Stamoulou P, Tzanoulinou MD, Orovou E. 2021. "Perinatal Mental Health; The Role and the Effect of the Partner: A Systematic Review." *Healthcare*11.

Askelson, N. M., Campo, S., & Smith, S. 2012. "Mother-daughter communication about sex: The influence of authoritative parenting style." *Health Communication* 5: 439 – 448.

Baldur-Felskov, B., Kjaer, S. K., Albieri, V., Steding-Jessen, M., Kjaer, T., Johansen, C., ...and Jensen, A. 2013. "Psychiatric disorders in women with fertility problems: results from a large Danish register-based cohort study." *Human reproduction* 28 (3): 683 – 690.

Basten, S. 2009. "Voluntary childlessness and being childfree." *The future of human reproduction: Working paper* 5: 1 – 23.

Bayley, T. M., Slade, P., and Lashen, H. 2009. "Relationships between attachment, appraisal, coping and adjustment in men and women experiencing infertility concerns." *Human reproduction* 24 (11): 2827 – 2837.

Beauchamp, T., and Childless, J. 1979. Principles of Biomedical Ethics. Oxford University Press.

Becker, G. S., and H. G. Lewi. 1973. "On the Interaction between the Quantity and Quality of Children." *Journal of Political Economy* 81 (2, Part 2): S279 – S288.

Benard, S., and Correll, S. J. 2010. "Normative Discrimination and the Motherhood Penalty." *Gender & Society* 24 (5): 616 – 646.

Benyamini, Y., Gozlan, M., and Kokia, E. 2009. "Women's and men's perceptions of infertility and their associations with psychological adjustment: a dyadic approach." *British journal of health psychology* 14 (1): 1 – 16.

Benyamini, Y., Gozlan, M.,& Kokia, E. 2009. "Women's and men's perceptions of infertility and their associations with psychological adjustment: A dyadic approach." *British Journal of Health Psychology* 14: 1 – 16.

Beresford EB 1991, "Uncertainty and the shaping of medical decisions." *Hastings Cent Rep* 21.

Berghuis, J. P., and Stanton, A. L. 2002. "Adjustment to a dyadic stressor: a longitudinal study of coping and depressive symptoms in infertile couples over an insemination attempt." *Journal of consulting and clinical psychology* 70 (2): 433.

Blackstone, A., & Stewart, M. D. 2012. "Choosing to be childfree: Research on the decision not to parent." *Sociology Compass* 9: 718 – 727.

Booth, A. L., and Kee H. J. 2009. "Intergenerational transmission of fertility patterns." *Oxford Bull Econ Statist* 71 (2): 183 – 208.

Bouwmans, C. A., Lintsen, B. A., Al, M., Verhaak, C. M., Eijkemans, R. J., Habbema, J. D. F., ...& Hakkaart-Van Roijen, L. 2008. "Absence from work and emotional stress in women undergoing IVF or ICSI: an analysis of IVF-related absence from work in women and the contribution of general and emotional factors." *Acta obstetricia et gynecologica Scandinavica* 11: 1169 – 1175.

Boyle, F. M., Horey, D., Middleton, P. F., Flenady, V. 2020. "Clinical Practice Guidelines for Perinatal Bereavement Care-An Overview."

Women and Birth: *Journal of the Australian College of Midwives*: 107 - 110.

Caroline J. Hollins Martin; Katrina Reid. 2022. "A scoping review of therapies used to treat psychological trauma post perinatal bereavement." *Journal of Reproductive and Infant Psychology*: 1 - 17.

Carter, A., Carey, L., Hamm, R., Burks, H., Hansen, K., and Craig, L. 2011. "Female infertility patients and their male partners under-report anxiety and depression." *Fertility and Sterility* 95 (4): S24.

Chan, J. L., Letourneau J, Salem W, et al. 2017. "Regret around fertility choices is decreased with pre-treatment counseling in gynecologic cancer patients." *J Cancer Surviv* 11: 58 - 63.

Chan, J. L., & Wang, E. T. 2017. "Oncofertility for women with gynecologic malignancies." *Gynecologic Oncology* 3: 631 - 636.

Chodorow, Nancy & Contratto, Susan. 1992. "The Fantasy of the Perfect Mother." In *Rethinking the Family*: *Some Feminist Questions*, edited by Barrie Thorne & Marilyn Yalom. Boston: Northwestern University Press.

Chodorow, N. 1978. *The Reproduction of Mothering*: *Psychoanalysis and the Sociology of Gender*. Berkeley: University of California Press.

Christopher, K. 2012. "Extensive Mothering: Employed mothers' constructions of the good mother." *Gender & Society* 1: 73 - 96.

Clifton, J., Hurliman, A. K., Seehuus, M., Pariseau, J. S., Casson, P. R., and Rellini, A. H. 2013. "Infertility diagnosis, gender, and relationship adjustment for individuals seeking infertility treatment." *Fertility and Sterility* 100 (3): S414.

Cohany, S. R., and Sok, E. 2007. "Trends in labor force participation of married mothers of infants." *Monthly Lab. Rev* 130: 9.

Conrad, P. 1992. Medicalization and social control. *Annual review of Sociology*, 1: 209 – 232.

Constance, W., David, M., John, Z., Haresh, K. 2008. "Supporting Bereaved Parents: Practical Steps in Providing Compassionate Perinatal and Neonatal End-of-Life Care-A North American Perspective." *Seminars in Fetal and Neonatal Medicine*: 335 – 340.

Constance Williams, David Munson, John Zupancic, Haresh Kirpalani. 2008. "Supporting bereaved parents: practical steps in providing compassionate perinatal and neonatal end-of-life care-A North American perspective." *Seminars in Fetal and Neonatal Medicine*: 335 – 340.

Correll, S. J., Benard, S., and Paik, I. 2007. "Getting a job: Is there a motherhood penalty?" *American journal of sociology* 112 (5): 1297 – 1338.

Cousineau, T. M., and Domar, A. D. 2007. "Psychological impact of infertility." *Best practice & research Clinical obstetrics & gynaecology* 21 (2): 293 – 308.

Cox, C. M., Thoma, M. E., Tchangalova, N., Mburu, G., Bornstein, M. J., Johnson, C. L., & Kiarie, J. 2022. "Infertility prevalence and the methods of estimation from 1990 to 2021: a systematic review and meta-analysis." *Human Reproduction Open* 4: hoac051.

Davies, M. J., Moore, V. M., Willson, K. J., Van Essen, P., Priest, K., Scott, H., ... and Chan, A. 2012. "Reproductive technologies and the risk of birth defects." *New England Journal of Medicine* 366 (19): 1803 – 1813.

Dennis, C. L., and Chung-Lee, L. 2006. "Postpartum depression help-seeking barriers and maternal treatment preferences: A qualitative systematic review." *Birth* 4: 323 – 331.

Dennis, C. L., & Hodnett, E. D. 2007. "Psychosocial and psychological interventions for treating postpartum depression." *Cochrane database of systematic reviews* 4.

Dever, M. and L. Saugeres. 2004. "I Forgot to Have Children! Untangling Links between Feminism, Careers and Voluntary Childlessness." *Journal of the Association for Research on Mothering* 6: 116 – 26.

Domar, A., Gordon, K., Garcia-Velasco, J., La Marca, A., Barriere, P., and Beligotti, F. 2012. "Understanding the perceptions of and emotional barriers to infertility treatment: a survey in four European countries." *Human Reproduction* 4: 1073 – 1079.

Donnez, J., Dolmans, M. M., Diaz, C., & Pellicer, A. 2015. "Ovarian cortex transplantation: time to move on from experimental studies to open clinical application." *Fertility and sterility* 5: 1097 – 1098.

Edward Gross. 1968. "Plus CA Change…? The Sexual Structure of Occupations Over Time." *Social Problems* 2: 198 – 208.

England, P., Bearak, J., Budig, M. J., and Hodges, M. J. 2016. "Do highly paid, highly skilled women experience the largest motherhood penalty?" *American sociological review* 6: 1161 – 1189.

Ethics Committee of the American Society for Reproductive Medicine. 2013. "Oocyte or embryo donation to women of advanced age: a committee opinion." *Fertility and sterility* 2: 337 – 340.

Ferland, P., & Caron, S. L. 2013. "Exploring the long-term impact of female infertility: A qualitative analysis of interviews with postmenopausal women who remained childless." *The Family Journal* 2:

180 – 188.

Finch, N. 2008. "Family Policy in the UK." In *Family Policies in the context of Family Change*, edited by Ilona Ostner and Christoph Schmitt, pp. 129 – 154. Wiesbaden: VS Verlag für Sozialwissenschaften.

Ford, M. T., Heinen, B. A., and Langkamer, K. L. 2007. "Work and family satisfaction and conflict: A meta-analysis of cross-domain relations." *Journal of Applied Psychology* 1: 57 – 80.

Fordyce, L. 2013. Accounting for fetal death: Vital statistics and the medicalization of pregnancy in the United States. *Social Science & Medicine*, 92: 124 – 131.

Franklin, S. 2022. *Embodied progress: A cultural account of assisted conception*. Taylor & Francis.

Frederiksen, Y., Farver-Vestergaard, I., Skovgård, N. G., et al. 2015. "Efficacy of psychosocial interventions for psychological and pregnancy outcomes in infertile women and men: a systematic review and meta-analysis." *BMJ open* 1: e006592.

Galhardo, A., Cunha, M., and Pinto-Gouveia, J. 2011. "Psychological aspects in couples with infertility." *Sexologies* 4: 224 – 228.

Galhardo, A., Cunha, M., Pinto-Gouveia, J., and Matos, M. 2013. "The mediator role of emotion regulation processes on infertility-related stress." *Journal of Clinical Psychology in Medical Settings* 20: 497 – 507.

Galhardo, A., Pinto-Gouveia, J., Cunha, M., & Matos, M. 2011. "The impact of shame and self-judgment on psychopathology in infertile patients." *Human reproduction* 9: 2408 – 2414.

Gameiro S, Boivin J, Dancet E, et al. 2015. ESHRE guideline: routine psychosocial care in infertility and medically assisted reproduction-a guide for fertility staff. *Human reproduction* 11: 2476 – 2485.

Gana, K., and Jakubowska, S. 2016. "Relationship between infertility-related stress and emotional distress and marital satisfaction." *Journal of health psychology* 6: 1043 – 1054.

García, D., Brazal, S., Rodríguez, A., Prat, A., & Vassena, R. 2018. "Knowledge of age-related fertility decline in women: A systematic review." *European Journal of Obstetrics & Gynecology and Reproductive Biology* 230: 109 – 118.

Gilbert, E., Ussher, J. M., & Perz, J. 2011. "Sexuality after gynaecological cancer: a review of the material, intrapsychic, and discursive aspects of treatment on women's sexual-wellbeing." *Maturitas* 1: 42 – 57.

Gillespie, R. 2000. "Disbelief, Disregard and Deviance as Discourses of Voluntary Childlessness." *Women's Studies International Forum* 23: 223 – 34.

Glauber R. 2018. "Trends in the Motherhood Wage Penalty and Fatherhood Wage Premium for Low, Middle, and High Earners." *Demography* 5: 1663 – 1680.

Gold, K. J., Leon, I., Boggs, M. E., Sen, A. 2016. "Depression and Posttraumatic Stress Symptoms after Perinatal Loss in a Population-based Sample." *Journal of Women's Health* 25: 263 – 269.

Gong, H., Ni, C., Shen, X., Wu, T., & Jiang, C. 2015. "Yoga for prenatal depression: a systematic review and meta-analysis." *BMC psychiatry* 15: 1 – 8.

Greenfeld, D. A. 1997. "Infertility and assisted reproductive technology: The role of the perinatal social worker." *Social Work in Health Care*

24: 39 - 46.

Greenhaus, J. H. , and Beutell, N. J. 1985. "Sources of Conflict between Work and Family Roles." *The Academy of Management Review* 1: 76 - 88.

Greil, A. L. , Shreffler, K. M. , Schmidt, L. , and McQuillan, J. 2011. "Variation in distress among women with infertility: evidence from a population-based sample." *Human Reproduction* 8: 2101 - 2112.

Hamid, F. , Asif, A. , & Haider, I. I. 2008. "Study of anxiety and depression during pregnancy." *Pak J Med Sci* 6: 861 - 4.

Hammer, R. P. , & Burton-Jeangros, C. 2013. "Tensions around risks in pregnancy: A typology of women's experiences of surveillance medicine." *Social Science & Medicine* 93: 55 - 63.

Harper, J. C. , Kennett, D. , and Reisel, D. 2016. "The end of donor anonymity: how genetic testing is likely to drive anonymous gamete donation out of business." *Human reproduction* 6: 1135 - 1140.

Hartnett, K. P. , Mertens, A. C. , Kramer, M. R. , Lash, T. L. , Spencer, J. B. , Ward, K. C. , & Howards, P. P. 2018. "Pregnancy after cancer: does timing of conception affect infant health?" *Cancer* 22: 4401 - 4407.

Hays, S. 1996. *The cultural contradictions of motherhood.* New Haven: Yale University Press.

H. Bos, M. Balen. , and D. Boom. 2003. "Planned Lesbian Families: Their Desire and Motivation to Have Children." *Human Reproduction* 10: 2216 - 2224.

Higgins, J. A. , Popkin, R. A. , Santelli, J. S. 2012. "Pregnancy ambivalence and contraceptive use among young adults in the United States." *Perspectives on sexual and reproductive health* 4: 236 - 243.

Hochschild, A., & Machung, A. 2012. *The second shift: Working families and the revolution at home.* Penguin.

Hodges, M. J., and Budig, M. J. 2010. "Who gets the daddy bonus? Organizational hegemonic masculinity and the impact of fatherhood on earnings." *Gender & Society* 24 (6): 717 – 745.

Holter, H., Anderheim, L., Bergh, C., & Möller, A. 2006. "First IVF treatment-short-term impact on psychological well-being and the marital relationship." *Human reproduction* 12: 3295 – 3302.

Houseknecht, S. K. 1987. "Voluntary childlessness." In *Handbook of marriage and the family* (pp. 369 – 395). Boston, MA: Springer US.

Huber, S., Esber, A., Garver, S., Banda, V., & Norris, A. 2017. "The relationship between ambivalent and indifferent pregnancy desires and contraceptive use among Malawian women." *International perspectives on sexual and reproductive health* 1: 13 – 19.

Hui, L., & Bianchi, D. W. 2020. "Fetal fraction and noninvasive prenatal testing: What clinicians need to know." *Prenatal diagnosis* 2: 155 – 163.

Hui, L., Szepe, E., Halliday, J., Lewis, C. 2020. Maternity health care professionals' views and experiences of fetal genomic uncertainty: A review. *Prenatal diagnosis*, 6: 652 – 660.

Inhorn, M. C., & Birenbaum-Carmeli, D. 2008. "Assisted Reproductive Technologies and Culture Change." *Annual Review of Anthropology* 1: 177 – 196.

Iverson, H., Lindsay, B., & MacInnis, C. C. 2020. "You don't want kids?!: Exploring evaluations of those without children." *The Journal of Social Psychology* 5: 719 – 733.

Jahromi, M. K., and Ramezanli, S. 2015. "Coping with infertility: An examination of coping mechanisms in Iranian women with infertility. " *J Psychiatry* 18: 188.

Jia, N. , and Dong, X. Y. 2013. "Economic transition and the motherhood wage penalty in urban China: investigation using panel data. " *Cambridge Journal of Economics* 4: 819 - 843.

Joas, H. , & Beckert, J. 2002. "A theory of action: Pragmatism and the creativity of action. " *Transactional Viewpoints* 4: 1 - 4.

Johansson, M. , and Berg, M. 2005. "Women's experiences of childlessness 2 years after the end of in vitro fertilization treatment. " *Scandinavian Journal of Caring Sciences* 1: 58 - 63.

Joja, O. D. , Dinu, D. , and Paun, D. 2015. "Psychological aspects of male infertility. An overview. " *Procedia-Social and Behavioral Sciences* 187: 359 - 363.

Juliet Mitchell. 1966. "Women: the Longest Revolution. " *New Left Review*: 11

Kaaya, S. F. , Mbwambo, J. K. , Kilonzo, G. P. , Van Den Borne, H. , Leshabari, M. T. , Fawzi, M. S. , & Schaalma, H. 2010. "Socio-economic and partner relationship factors associated with antenatal depressive morbidity among pregnant women in. " *Tanzania journal of health research* 1: 23 - 35.

Kahn, J. R. , García-Manglano, J. , and Bianchi, S. M. 2014. "The Motherhood Penalty at Midlife: Long-Term Effects of Children on Womens Careers. " *Journal of Marriage and Family* 1: 56 - 72.

Kangmoon Kim and Young-Mee Lee 2018, "Understanding uncertainty in medicine: concepts and implications in medical education. " *Korean J Med Educ* 3.

Kasperson, R. E. 2012. " A Perspective on the Social Amplification of

Risk." *The Bridge*: 23 - 27.

Keye, W. R. 2006. "Medical aspects of infertility for the counselor." Covington. S. & Hammer Burns, L. (Eds.), *Infertility Counseling*: 20 - 36.

Killewald, A. 2013. "A reconsideration of the fatherhood premium: Marriage, coresidence, biology, and fathers' wages." *American sociological review* 1: 96 - 116.

Kimberly, L. L., Sutter, M. E., and Quinn, G. P. 2020. "Equitable access to ectogenesis for sexual and gender minorities." *Bioethics* 34 (4): 338 - 345.

Kimberly, L. L., Sutter, M. E., Quinn, G. P. 2020. "Equitable Access to Ectogenesis for Sexual and Gender Minorities." *Bioethics*: 338 - 345.

Kim, K., and Lee, Y. M. 2018. "Understanding Uncertainty In Medicine: Concepts and Implications in Medical Education." *Korean Journal of Medical Education*: 181 - 188.

Kimmel, M., Hess, E., Roy, P. S., Palmer, J. T., Meltzer-Brody, S., Meuchel, J. M., ... and Payne, J. L. 2015. "Family history, not lack of medication use, is associated with the development of postpartum depression in a high-risk sample." *Archives of women's mental health* 18: 113 - 121.

Kohli, M., & Albertini, M. 2009. "Childlessness and intergenerational transfers: what is at stake?" *Ageing & Society* 8: 1171 - 1183.

Kreyenfeld, M. 2012. "Uncertainties in Female Employment Careers and the Postponement of Parenthood in Germany." *European Sociological Review* 3: 351 - 366.

Kääriäinen, H., Evers-Kiebooms, G., and Coviello, D. 2005. "Medically assisted reproduction and ethical challenges." *Toxicology and*

Applied Pharmacology 2: 684 - 688.

Lechner, L., Bolman, C., and van Dalen, A. 2007. "Definite involuntary childlessness: associations between coping, social support and psychological distress." *Human reproduction* 1: 288 - 294.

Lee, G. L., Hui Choi, W. H., Chan, C. H., Chan, C. L., and Ng, E. H. 2009. "Life after unsuccessful IVF treatment in an assisted reproduction unit: a qualitative analysis of gains through loss among Chinese persons in Hong Kong." *Human Reproduction* 8: 1920 - 1929.

Lee, T. Y., Sun, G. H., & Chao, S. C. 2001. "The effect of an infertility diagnosis on the distress, marital and sexual satisfaction between husbands and wives in Taiwan." *Human reproduction* 8: 1762 - 1767.

Leibenstein H. 1957. *Economic backwardness and economic growth: studies in the theory of economic development.* New York: Wiley & Sons.

Lendon, J. P. 2017. "A Decade of Love and Hate: Trajectories of Intergenerational Ambivalence Experienced by Two Cohorts of Older Parents and Adult Children." *Journal of Family Issues* 3: 336 - 357.

Liddell, J. L. 2019. "Reproductive justice and the social work profession: Common grounds and current trends." *Affilia* 1: 99 - 115.

Lothian, J. A. 2009. Safe, healthy birth: What every pregnant woman needs to know. *The Journal of Perinatal Education*, 3: 48 - 54.

Lundberg, S., and Rose, E. 2000. "Parenthood and the earnings of married men and women." *Labour Economics* 6: 689 - 710.

Lupton, D., Pedersen, S. 2016. "An Australian survey of women's use of pregnancy and parenting apps." *Women and Birth*: 368 - 375.

Lutz, W., and Skirbekk, V. 2005. "Policies addressing the tempo effect in low-fertility countries." *Population and Development Review* 4: 699 – 720.

Maher, J., and Saugeres, L. 2007. "To be or not to be a mother? Women negotiating cultural representations of mothering." *Journal of sociology* 1: 5 – 21.

Mamo, L. 2007. *Queering Reproduction: Achieving Pregnancy in the Age of Technoscience*. Durham: Duke University Press.

Mari, G. 2019. "Is there a fatherhood wage premium? A reassessment in societies with strong male-breadwinner legacies." *Journal of Marriage and Family* 5: 1033 – 1052.

Marina, S., Marina, D., Marina, F., Fosas, N., Galiana, N., and Jové I. 2010. "Sharing mothehood: biological lesbian co-mothers, a new IVF indication." *Human Reproduction* 4: 938 – 941.

Martins, M. V., Peterson, B. D., Almeida, V. M., and Costa, M. E. 2011. "Direct and indirect effects of perceived social support on women's infertility-related stress." *Human Reproduction* 8: 2113 – 2121.

Matsuo, K., Machida, H., Shoupe, D., Melamed, A., Muderspach, L. I., Roman, L. D., & Wright, J. D. 2016. "Ovarian conservation and overall survival in young women with early-stage low-grade endometrial cancer." *Obstetrics and gynecology* 4: 761.

Maume, D. J., Sebastian, R. A., and Bardo, A. R. 2010. "Gender, Work-Family Responsibilities, and Sleep." *Gender & Society* 6: 746 – 768.

McDonald, P. 2008. "Very low fertility: consequences, causes and policy approaches." *The Japanese Journal of Population* 1: 19 – 23.

Miller, D. I., & Halpern, D. F. 2014. The new science of cognitive sex differences. *Trends in cognitive sciences* 1: 37-45.

Miller, T. 2011. *Making Sense of Fatherhood*. Cambridge: Cambridge University Press.

Miller, W. B., and Pasta, D. J. 1993. "Motivational and nonmotivational determinants of child-number desires." *Population and Environment* 15: 113-138.

Miller, W. B., Jones, J., & Pasta, D. J. 2016. "An implicit ambivalence-indifference dimension of childbearing desires in the National Survey of Family Growth." *Demographic Research* 34: 203-242.

Mills, M. 2010. "Gender roles, gender (in) equality and fertility: An empirical test of five gender equity indices." *Canadian Studies in Population* [ARCHIVES] 37 (3-4): 445-474.

Mohllajee, A. P., Curtis, K. M., Morrow, B., & Marchbanks, P. A. 2007. "Pregnancy intention and its relationship to birth and maternal outcomes." *Obstetrics & Gynecology* 3: 678-686.

Nagy, E., and Nagy, B. E. 2016. "Coping with infertility: Comparison of coping mechanisms and psychological immune competence in fertile and infertile couples." *Journal of health psychology* 8: 1799-1808.

Nancy Folbre. 2020. "Cooperation & Conflict in the Patriarchal Labyrinth." *Daedalus* 149 (1): 198-212.

Narendran, S., Nagarathna, R., Narendran, V., Gunasheela, S., & Nagendra, H. R. R. 2005. "Efficacy of yoga on pregnancy outcome." *Journal of Alternative & Complementary Medicine* 2: 237-244.

Nasiri, S., Akbari, H., Tagharrobi, L., & Tabatabaee, A. S. 2018. "The effect of progressive muscle relaxation and guided imagery on stress, anxiety, and depression of pregnant women referred to health centers." *Journal of education and health promotion* 7.

Nicol, M. 2007. Vulnerability of first-time expectant mothers during ultrasound scans: an evaluation of the external pressures thatinfluence the process of informed choice. *Health care for women international*, 6: 525 – 533.

Nordberg, A., Minssen, T., Feeney, O., de Miguel Beriain, I., Galvagni, L., and Wartiovaara, K. 2020. "Regulating germline editing in assisted reproductive technology: An EU cross-disciplinary perspective." *Bioethics* 1: 16 – 32.

Oakley, A. 2016. The sociology of childbirth: an autobiographical journey through four decades of research. *Sociology of Health & Illness*, 5: 689 – 705.

Ockhuijsen, H. D. L., van Smeden, M., van den Hoogen, A., Boivin, J. 2017. "Validation study of the SCREENIVF: An Instrument to Screen Women or Men on Risk for Emotional Maladjustment before the Start of A Fertility Treatment." *Fertility and sterility*: 1370 – 1379.

Olafsdottir, H. S., Wikland, M., and Möller, A. 2012. "Nordic couples' decision-making processes in anticipation of contacting a fertility clinic." *Journal of Reproductive and Infant Psychology* 2: 180 – 192.

Paulson, R. J., Boostanfar, R., Saadat, P., Mor, E., Tourgeman, D. E., Slater, C. C., …and Jain, J. K. 2002. "Pregnancy in the sixth decade of life: obstetric outcomes in women of advanced reproductive age." *Jama* 18: 2320 – 2323.

Payne, J. L., MacKinnon, D. F., Mondimore, F. M., McInnis, M. G., Schweizer, B., Zamoiski, R. B., …and Potash, J. B. 2008. "Familial aggregation of postpartum mood symptoms in bipolar disorder pedigrees." *Bipolar Disorders* 10 (1): 38 – 44.

Pereira, N., & Schattman, G. L. 2017. "Fertility preservation and sexual health after cancer therapy." *Journal of oncology practice* 10: 643 - 651.

Peterson, B. D., Newton, C. R., and Rosen, K. H. 2003. "Examining congruence between partners' perceived infertility-related stress and its relationship to marital adjustment and depression in infertile couples." *Family process* 1: 59 - 70.

Peterson, B. D., Newton, C. R., Rosen, K. H., and Skaggs, G. E. 2006a. "The relationship between coping and depression in men and women referred for in vitro fertilization." *Fertility and Sterility* 3: 802 - 804.

Peterson, B. D., Newton, C. R., Rosen, K. H., and Skaggs, G. E. 2006b. "Gender differences in how men and women who are referred for IVF cope with infertility stress." *Human Reproduction* 9: 2443 - 2449.

Peterson, B. D., Sejbaek, C. S., Pirritano, M., and Schmidt, L. 2014. "Are severe depressive symptoms associated with infertility-related distress in individuals and their partners?" *Human reproduction* 1: 76 - 82.

Peterson, B. D., Sejbaek, C. S., Pirritano, M., & Schmidt, L. 2014. "Are severe depressive symptoms associated with infertility-related distress in individuals and their partners?" *Human reproduction* 1: 76 - 82.

Phillips, E., Elander, J., and Montague, J. 2014. "Managing multiple goals during fertility treatment: An interpretative phenomenological analysis." *Journal of Health Psychology* 4: 531 - 543.

Pinto-Gouveia, J., Galhardo, A., Cunha, M., and Matos, M. 2012. "Protective emotional regulation processes towards adjustment in infertile patients." *Human Fertility* 1: 27-34.

Pinto-Gouveia, J., Galhardo, A., Cunha, M., & Matos, M. 2012. "Protective emotional regulation processes towards adjustment in infertile patients." *Human Fertility* 1: 27-34.

Péloquin, K., and Lafontaine, M. F. 2010. "What are the correlates of infertility-related clinical anxiety? A literature review and the presentation of a conceptual model." *Marriage & family review* 8: 580-620.

Qiao, J., Wang, Y., Li, X., Jiang, F., Zhang, Y., Ma, J., ... & Hesketh, T. 2021. "A Lancet Commission on 70 years of women's reproductive, maternal, newborn, child, and adolescent health in China." *The Lancet* 397: 2497-2536.

Ranjbar, F., Gharacheh, M., Vedadhir, A. 2019. Overmedicalization of pregnancy and childbirth. *International Journal of Women's Health and Reproduction Sciences* 3: 419-420.

Raque-Bogdan, T. L., and Hoffman, M. A. 2015. "The relationship among infertility, self-compassion, and well-being for women with primary or secondary infertility." *Psychology of women quarterly* 4: 484-496.

Renn, O., Burns, W. J., Kasperson, J. X., Kasperson, R. E., and Slovic, P. 1992. "The social amplification of risk: Theoretical foundations and empirical applications." *Journal of social issues* 4: 137-160.

Rienzi L, Ubaldi FM. 2015. "Oocyte versus embryo cryopreservation for fertility preservation in cancer patients: guaranteeing a women's autonomy." *Journal of assisted reproduction and genetics* 32: 1195-1196.

Roffe, L., Schmidt, K., & Ernst, E. 2005. "A systematic review of guided imagery as an adjuvant cancer therapy." *Psycho-Oncology* 8:

607 – 617.

Santelli, J. S., Lindberg, L. D., Orr, M. G., Finer, L. B., & Speizer, I. 2009. "Toward a multidimensional measure of pregnancy intentions: evidence from the United States." *Studies in family planning* 2: 87 – 100.

Scott, J. L., Halford, W. K., & Ward, B. G. 2004. "United we stand? The effects of a couple-coping intervention on adjustment to early stage breast or gynecological cancer." *Journal of consulting and clinical psychology* 6: 1122.

Stahnke, B., Blackstone, A., & Howard, H. 2020. "Lived experiences and life satisfaction of childfree women in late life." *The Family Journal* 2: 159 – 167.

Stegen, H., Switsers, L., & De Donder, L. 2021. "Life stories of voluntarily childless older people: a retrospective view on their reasons and experiences." *Journal of Family Issues* 7: 1536 – 1558.

Steuber, K. R., and Solomon, D. H. 2011. "Factors that predict married partners' disclosures about infertility to social network members." *Journal of Applied Communication Research* 39 (3): 250 – 270.

Straughan, P. T., Chan, A., Jones, G. 2008. "From population control to fertility promotion-a case study of family policies and fertility trends in Singapore." *Ultra-Low Fertility in Pacific Asia*: 199 – 221.

Sultan, S., and Tahir, A. 2011. "Psychological consequences of Infertility." *Hellenic Journal of Psychology* 8: 229 – 247.

Takhar, J., & Rika Houston, H. 2019. "Forty years of assisted reproductive technologies (ARTs): the evolution of a marketplace icon." *Consumption Markets & Culture* 5: 468 – 478.

Tao, P., Coates, R., & Maycock, B. 2012. "Investigating marital re-

lationship in infertility: A systematic review of quantitative studies."
Journal of Reproduction & Infertility 2: 71 – 80.

Temmesen, C. G., Nielsen, H. S., Andersen, H. L. M., Birch Petersen, K., and Clemensen, J. 2021. "Using Social Media for Qualitative Health Research in Danish Women of Reproductive Age: Online Focus Group Study on Facebook." *JMIR formative research* 5: e24108.

The World Bank. 2021. "Labor Force." Female (% of Total Labor Force) -Japan.

Thompson, C. 2005. *Making parents: The ontological choreography of reproductive technologies.* MIT press.

Thompson, E. H., Woodward, J. T., and Stanton, A. L. 2012. "Dyadic goal appraisal during treatment for infertility: how do different perspectives relate to partners' adjustment?" *International journal of behavioral medicine* 19: 252 – 259.

Thornton A. 1978. "Marital dissolution, remarriage, and childbearing" *Demography* 15: 361 – 380.

Tilki, M. 2018. "Dance therapy for bereaved mothers who experience grief following the loss of a child during the perinatal period." *Journal of Pediatric Nursing*: 42.

Van den Broeck, U., D'Hooghe, T., Enzlin, P., & Demyttenaere, K. 2010. "Predictors of psychological distress in patients starting IVF treatment: infertility-specific versus general psychological characteristics." *Human Reproduction* 6: 1471 – 1480.

Vitali, A., Billari, F. C., Prskawetz, A., and Testa, M. R. 2009. "Preference theory and low fertility: A comparative perspective." *European Journal of Population* 25: 413 – 438.

Volgsten, H., Svanberg, A. S., & Olsson, P. 2010. "Unresolved grief in women and men in Sweden three years after undergoing unsuccessful in vitro fertilization treatment." *Acta obstetricia et gynecologica Scandinavica* 10: 1290 – 1297.

Wang, Yuanyuan, Fu, Yu, Ghazi, Parastou, Gao, Qin, Tian, Tian, Kong, Fei, Zhan, Siyan, Liu, Chaojie, Bloom, David E., Qiao, Jie. Prevalence of intimate partner violence against infertile women in low-income and middle-income countries: a systematic review and meta-analysis. *Lancet Global Health*. 2022, 10 (6): e820 – 30.

Withers, M. H., Tavrow, P., & Adinata, N. A. 2011. "Do ambivalent women have an unmet need for family planning? A longitudinal study from Bali, Indonesia." *Women's health issues* 6: 444 – 449.

Wong, T., and Yeoh, B. S. 2003. Fertility and the family: An overview of pro-natalist populationpolicies in Singapore. Singapore: Asian Meta Centre for Population and Sustainable Development Analysis.

Wusu, O. 2012. "A reassessment of the effects of female education and employment on fertility in Nigeria." *Vienna Yearbook of Population Research*: 31 – 48.

Yao, H., Chan, C. H. Y., Hou, Y., & Chan, C. L. W. 2022. "Ambivalence experienced by infertile couples undergoing IVF: a qualitative study." *Human Fertility*: 1 – 13.

Ying, L. Y., Wu, L. H., and Loke, A. Y. 2015. "Gender differences in experiences with and adjustments to infertility: A literature review." *International journal of nursing studies* 10: 1640 – 1652.

Yli-Kuha, A. N., Gissler, M., Klemetti, R., Luoto, R., Koivisto, E., and Hemminki, E. 2010. "Psychiatric disorders leading to hospitalization before and after infertility treatments." *Human Reproduction*

8: 2018 – 2023.

Yoo, S. H., Guzzo, K. B., Hayford, S. R. 2014. "Understanding the complexity of ambivalence toward pregnancy: Does it predict inconsistent use of contraception?" *Biodemography and social biology* 1: 49 – 66.

Yuill, C., McCourt, C., Cheyne, H., & Leister, N. 2020. Women's experiences of decision-making and informed choice about pregnancy and birth care: a systematic review and meta-synthesis of qualitative research. *BMC pregnancy and childbirth* 1: 1 – 21.

Yu, W. H., and Hara, Y. 2021. "Motherhood Penalties and Fatherhood Premiums: Effects of Parenthood on Earnings Growth Within and Across Firms." *Demography* 58 (1): 247 – 27.

Yu, Y., Peng, L., Chen, L., Long, L., He, W., Li, M., and Wang, T. 2014. "Resilience and social support promote posttraumatic growth of women with infertility: The mediating role of positive coping." *Psychiatry research* 215 (2): 401 – 405.

Zadeh, S. 2016. "Disclosure of donor conception in the era of non-anonymity: safeguarding and promoting the interests of donor-conceived individuals?" *Human Reproduction* 11: 2416 – 2420.

Zegers-Hochschild, F., Adamson, G. D., De Mouzon, J., Ishihara, O., Mansour, R., Nygren, K., ... & Van der Poel, S. 2009. "The international committee for monitoring assisted reproductive technology (ICMART) and the world health organization (WHO) revised glossary on ART terminology, 2009." *Human reproduction* 11: 2683 – 2687.

后 记

自 2018 年以来，我在中央民族大学工作，经常在探讨家庭议题的课堂上向本科同学们提出一系列问题，如"基于目前的思考，你计划一生中要生育孩子的，请举手"，"接下来，你决定不生育的，请举手"，以及"最后，你还没有明确的生育计划的，请举手"。每年，我都会进行这样的小实验，尽管情况每次都不尽相同，但总体趋势是未确定生育计划的学生比决定一定生育的人要多。尽管选择终身不生育的人相对较少，但似乎他们的选择都很坚决，这种决策除了考虑到生养成本等因素外，也与他们在原生家庭中的经历有关。尽管这个小实验并不具有普适性，但它引发了我对于我们的社会缺乏系统且温暖的生育教育的深刻思考。

实际上，在我们成长的过程中，没有人真正教导过我们为何以及如何成为父母，似乎生育是一项理所应当的任务，或是我们应该自然懂得的技能。直到我开始在香港大学从事与不孕不育相关的研究工作，我才开始了解生育对女性、男性和家庭产生的多样且深远的影响。我在香港大学跟随 Ceci 和 Celia 两位老师，曾参与面向不孕不育女性的短期干预项目。每周，我都全身心地投入到开展干预小组中，而每次结束小组后，我都需要在宿舍山脚下的一家糖水店里品尝一份甜品，以缓解自己从小组成员那里共鸣到的悲伤情绪。正是在那段时光，我开始思考自己的生育计划，发现自己对于早日建立家庭的渴望。

毕业后回到北京工作，我毫不犹豫地加速了结婚和生育的计划，以至于家人都对我的急迫感到困惑。我匆匆忙忙，终于在2020年迎来了健康的孩子。尽管我认为自己已经掌握了足够多的有关生育的知识、能够向有经验的产科医生进行咨询、在权威的公立医院进行生育准备、在昂贵的月子中心接受产后恢复服务等，然而，回首过去三年的孕育经历，我仍然感到遗憾。这些遗憾源于我没有充分享受新生儿带来的生活体验，好像在这三年里，我一直在责备自己对生育过程的陌生，焦虑自己在职业上的落后，同时也感激父母和家人在育儿方面的支持，但也遗憾于不得不妥协的跨代合作育儿方式。如果我有机会再来一次，我可能会更好地对待自己，更享受这个过程。

这本书的写作动机并不是劝说人们生育，而是希望每个人都能超越时间限制，认真思考自己的生育计划。毕竟，时间不可逆转，年轻时的选择可能会为老年境遇带来不可挽回的后果。通过这本书，我希望男女都能思考亲密关系和家庭关系的美好形式，以使孩子的到来赋予这段关系更深层的意义。当然，不可否认的是，生育后家庭将面临各种挑战，每个家庭成员都需要重新适应，但这也同样适用于不生育的家庭。唯一不同的是，这种生育或不生育的压力发生的时间不同而已。

在完成这本书的关键时刻，我要特别感谢我的硕士研究生们，包括张艺馨、张霄霄、李卓怡、王诗晨、马潇潇、朱凌琳、王雪晴、林敏和马凤雨等人。他们不仅在文献收集和资料整理方面给予支持，还在整个写作过程中督促和鼓励我。另外，在本书的撰写过程中，我还积极地利用ChatGPT来对文字进行编辑和润色，这一人工智能工具的强大帮助使得我的写作更具流畅性，使得这本书得以更好地呈现。

最后，出于时间、经验和专业水平的限制，这本书仍然存在许多不足之处。在挚友和同行的鼓励和支持下，这本书最终得以出版，它代表了我对一段学术历程的回顾。我希望与生育服务相关的专业助人者能从本书中获益，将其作为在生育服务领域中的辅助工具。同时，我希望本书能够为本土化的生育服务设计提供一些新的思考和启示。请各位同仁批评指正，让我们一起探讨更多关于生育选择的话题！

姚　红

北京海淀

2023.11.15

图书在版编目（CIP）数据

生育矛盾与选择：多元化家庭情境中的社会工作实务研究 / 姚红著 . -- 北京：社会科学文献出版社，2023.12（2024.8 重印）
　　ISBN 978 - 7 - 5228 - 3077 - 3

　　Ⅰ.①生… Ⅱ.①姚… Ⅲ.①社会工作 - 研究 - 中国 Ⅳ.①D632

　　中国国家版本馆 CIP 数据核字（2023）第 244710 号

生育矛盾与选择：多元化家庭情境中的社会工作实务研究

著　　者 / 姚　红

出 版 人 / 冀祥德
责任编辑 / 孙　瑜　佟英磊
责任印制 / 王京美

出　　版 / 社会科学文献出版社·群学分社（010）59367002
　　　　　　地址：北京市北三环中路甲 29 号院华龙大厦　邮编：100029
　　　　　　网址：www.ssap.com.cn

发　　行 / 社会科学文献出版社（010）59367028

印　　装 / 唐山玺诚印务有限公司

规　　格 / 开　本：787mm × 1092mm　1/16
　　　　　　印　张：16.25　字　数：210 千字

版　　次 / 2023 年 12 月第 1 版　2024 年 8 月第 2 次印刷

书　　号 / ISBN 978 - 7 - 5228 - 3077 - 3

定　　价 / 108.00 元

读者服务电话：4008918866

版权所有 翻印必究